Ryszard Kapuściński

DER FUSSBALLKRIEG

Ryszard Kapuściński

DER FUSSBALLKRIEG

Berichte aus der Dritten Welt

Aus dem Polnischen
von
Martin Pollack

Eichborn Verlag
Frankfurt am Main 1991

Reprint der limitierten Bleisatzausgabe.
Umschlag: Uwe Gruhle.
Satz: Greno, Nördlingen.
Druck und Bindung: Wiener Verlag, Himberg bei Wien.
ISBN 3-8218-4419-1

Gott!
Trotz zahlreicher Gebete an Dich
verlieren wir ständig unsere Kriege.
Morgen werden wir neuerlich in eine Schlacht ziehen,
die man in der Tat groß nennen kann.
Wir benötigen ganz dringend Deine Hilfe,
und daher will ich Dir etwas anvertrauen:
Diese morgige Schlacht wird keine leichte Sache sein,
in der wird man Kinder nicht brauchen können.
Daher habe ich eine Bitte an Dich:
Sende uns nicht Deinen Sohn zu Hilfe.
Komm selber.

(Gebet von Koq, Führer des Stammes
der Grikuas, vor der Schlacht
mit den Afrikaandern im Jahre 1876)

Hotel Metropol

Ich bewohne ein Floß in einer Seitengasse des Handelsviertels von Accra. Das Floß steht auf Pfosten, so hoch wie ein einstöckiges Haus, und heißt Hotel Metropol. In der Regenzeit beginnt dieses architektonische Kuriosum zu schimmeln und zu faulen, aber in den Dürremonaten trocknet es wieder aus, bis alles knarrt. Doch es bleibt ganz! In der Mitte des Floßes steht eine Baulichkeit, unterteilt in acht Verschläge. Das sind unsere Zimmer. Die freie Fläche der Plattform, von einer geschnitzten Balustrade umsäumt, nennt sich Veranda. Dort gibt es einen großen Tisch für die Mahlzeiten und ein paar kleine Tischchen, an denen wir Whisky und Bier trinken.

In den Tropen ist Trinken eine Notwendigkeit. Wenn in Europa zwei Menschen einander begegnen, sagen sie: »Guten Tag! Wie geht es?« In den Tropen begrüßt man sich anders: »Was trinkst du?« Oft wird schon tagsüber getrunken, doch das verordnete Trinken, das programmatische Trinken, findet am Abend statt. Denn auf den Abend folgt die Nacht, und die Nacht lauert nur auf den Wagehals, der den Alkohol verschmäht.

Die Tropennacht ist der treueste Bundesgenosse aller Erzeuger von Whisky, Cognac, Likören, Schnäpsen und Bieren auf der Welt, und wer diese Erzeuger nichts verdienen läßt, der bekommt die schlimmste

Waffe der Nacht zu spüren: die Schlaflosigkeit. Schlaflosigkeit ist immer ermüdend, doch in den Tropen ist sie mörderisch. Tagsüber von der Sonne gepeinigt, von nie gestilltem Durst ausgezehrt, malträtiert und entkräftet, muß der Mensch einfach schlafen.

Er muß. Wenn er aber nicht kann!

Es ist zu schwül. Feuchte, klebrige Luft hängt im Zimmer. Nur ist es keine Luft, sondern nasse Watte. Atmen bedeutet, Wattefetzen zu schlucken, vollgesogen mit warmem Wasser. Das ist unerträglich. Es bereitet Übelkeit, erniedrigt, macht wütend. Moskitos summen, Affen lärmen. Der Körper ist klebrig vom Schweiß und fühlt sich widerlich an. Die Zeit steht still, der Schlaf will nicht kommen. Um sechs Uhr morgens, das ganze Jahr hindurch unverändert um sechs Uhr morgens, steigt die Sonne über dem Horizont hoch. Und sie heizt die dumpfe Schwüle dieses Schwitzbades noch durch die Glut ihrer Strahlen auf. Es ist Zeit, aufzustehen. Doch man ist kraftlos. Napoleon bindet sich morgens nicht die Schnürsenkel, weil es ihm zu anstrengend ist, sich bis zu den Schuhen zu bücken, wie er sagt. Eine solche Nacht macht einen psychisch fertig. Der Mensch fühlt sich zerschlissen wie ein alter Pantoffel. Ausgebrannt, zahnlos, wie ein Sack. Er wird von unbestimmten Sehnsüchten gepeinigt, von unaussprechlichen Nostalgien, von düsterem Pessimismus. Er wartet, daß es Tag wird, daß die Nacht vergeht, daß endlich alles vergeht, zum Teufel!

Und er beginnt zu trinken. Er trinkt gegen die Nacht, gegen die Trübsal, gegen den Auswurf im

Kübel seines Geschicks. Zu mehr vermag er sich nicht aufzuraffen.

Onkel Wally trinkt außerdem, weil das seiner Lunge guttut. Er hat Tuberkulose. Er ist mager und atmet schwer und pfeifend. Er setzt sich auf die Veranda und ruft: »Papa — eine!« Papa geht zur Bar und bringt eine Flasche. Onkels Hände beginnen zu zittern. Er gießt Whisky ins Glas und füllt es auf mit kaltem Wasser. Er schlürft das Glas leer und beginnt schon den nächsten Drink zu mischen. Seine Augen füllen sich mit Tränen, stummes Schluchzen schüttelt ihn. Er ist eine Ruine, ein Fetzen. Er stammt aus London, in England war er Baumeister. Der Krieg verschlug ihn nach Afrika. Er ist immer noch Meister, doch er hat sich dem Trunk ergeben und trägt verfaulte Lungen mit sich herum, die er nicht behandeln läßt. Wie sollte er sie auch behandeln lassen? Die Hälfte seines Verdienstes geht für das Hotel drauf, die andere Hälfte — für Whisky. Er besitzt nichts, buchstäblich nichts. Seine einzige Hose ist oftmals geflickt, die Hemden sind zerrissen, die Sandalen abgetreten. Seine Landsleute, makellos elegante Gestalten, haben ihn längst verflucht und verstoßen. Sie haben ihm verboten, zu erzählen, daß er Engländer ist. *Dirty rag.* Ein schmutziger Strolch. Onkel Wally ist vierundfünfzig. Was ist ihm geblieben? Ein bißchen Whisky, und ab unter den Rasen. Also trinkt er und wartet darauf, bis er unter den Rasen kommt. »Ärgere dich nicht über die Rassisten«, sagt er zu mir. »Ärgere dich nicht über die Bourgeoisie. Meinst du etwa, die kommen unter einen anderen Rasen als du?«

Seine Liebe zu An. Mein Gott: Liebe. An kam, wenn sie Geld für das Taxi brauchte. Sie war einmal die Geliebte Papas gewesen und forderte dafür immer noch kleine Entschädigungen: zwei Shilling. Ihr Gesicht war tätowiert. Sie gehört zum nördlichen Stamm der Nankani, und im Norden werden schon den Säuglingen die Gesichter zerschrammt. Diese Sitte geht darauf zurück, daß die Stämme aus dem Süden jene im Norden unterdrückten und an die Weißen als Sklaven verkauften, weshalb die Menschen im Norden sich Stirn, Wangen und Nase entstellten, um als Handelsware nicht so gefragt zu sein. In der Sprache der Nankani bedeutet häßlich dasselbe wie frei. Diese beiden Worte sind Synonyme. An hatte weiche, sinnliche Augen. Sie bestand nur aus diesen Augen. Sie schaute einen lange an wie eine Katze, und wenn sie sah, daß der Blick wirkte, begann sie zu lachen und bat: »Gib mir zwei Shilling fürs Taxi.« Onkel Wally gab ihr immer etwas. Er schenkte ihr Whisky ein, Tränen strömten über sein Gesicht, er lächelte. Er sagte: »An, bleib bei mir. Ich höre auf zu trinken. Ich kaufe dir ein Auto.« Sie antwortete: »Was soll ich mit einem Auto? Ich ziehe die Liebe vor.« Er sagte: »Wir werden uns lieben.« Sie fragte: »Wo?« Onkel Wally stand vom Tisch auf, bis zu seinem Zimmer waren es nur ein paar Schritte. Er öffnete die Tür und klammerte sich an die Klinke. Im finsteren Koben standen ein Eisenbett und ein Schrank. An brach in Lachen aus: »Hier? Hier? Meine Liebe muß in Palästen leben. In den Palästen weißer Könige.«

Wir waren bei dieser Szene anwesend. Papa trat dazu, packte An am Arm und flüsterte: »Verschwinde.« Sie ging fröhlich ab und winkte uns zu — *bye, bye.* Onkel Wally setzte sich wieder an sein Tischchen. Er packte die Flasche und begann in gierigen Schlucken zu trinken. Ehe er sie geleert hatte, fiel er in den Sessel. Wir legten ihn, einen Verlorenen, in seinen Koben, auf das Eisenbett, auf das weiße Laken — ohne An.

Seit damals sagte er stets zu mir: »Red, die einzige Frau, die dich nicht betrügt, ist deine Mutter. Mehr kannst du nicht erwarten.« Ich hörte ihm gern zu. Er war weise. Er sagte: »Die afrikanischen Gottesanbeterinnen sind ehrlicher als unsere Frauen. Kennst du die Gottesanbeterin? In der Welt der Gottesanbeterin dauert die Liebeswerbung nur kurz. Dann vollziehen die Insekten die Hochzeit. Das Paar feiert die Hochzeitsnacht. Und am nächsten Morgen frißt die Gottesanbeterin den Gottesanbeter auf. Warum soll sie ihn ein Leben lang quälen? Das Ergebnis wäre schließlich dasselbe. Und alles, was man eher tut, ist ehrlicher getan.«

Diese Bitterkeit in den Äußerungen Onkels machte Papa unruhig. Papa hielt uns kurz. Wenn ich ausgehen wollte, mußte ich sagen, wohin und zu welchem Zweck. Sonst gab es Krach. »Ich habe Angst um dich!« schrie er. Wenn ein Araber schreit, braucht man dem keine Bedeutung beizumessen. Das ist seine Art zu reden. Und Papa war Araber, Libanese. Habib Zacca. Er hatte das Hotel seit einem Jahr in Pacht. »Seit der großen Katastrophe«, sagte er. Ja, die hatte ihn furchtbar getroffen. »Zacca?« rief sein Freund. »Zacca war Millionär! Ein Millionär! Zacca besaß eine Villa, er besaß Autos, Läden und Gärten.«

— »Wenn meine Uhr stehenblieb, warf ich sie zum Fenster hinaus«, seufzte Papa. »In meinem Haus standen alle Türen offen. Täglich hatten wir Scharen von Gästen. Iß, trink — was dir Spaß macht. Und jetzt? Sie kennen mich nicht mehr. Ich muß mich ihnen vorstellen, dabei haben sie bei mir Unsummen verpraßt.« Papa war vor zwanzig Jahren nach Ghana gekommen. Er hatte mit einem kleinen Textilladen begonnen und ein riesiges Vermögen gemacht, das er dann innerhalb eines Jahres verlor. Er verlor es beim Rennen. »Die Pferde haben mich aufgefressen, Red.«

Ich habe seinen Stall gesehen. Sein Stall lag in einem Palmenhain vor der Stadt. Neun weiße Pferde: wundervolle Araber. Wie er jedes einzelne kannte, wie er jedes verwöhnte! Papa beschimpfte seine Frau, doch die Pferde koste er wie Geliebte. Er führte mir eines vor. »Das beste Pferd in Afrika«, sagte er mit Verzweiflung in der Stimme, denn dieser Champion trug an der Fessel eine unheilbare Wunde. Alle Pferde hatten solche Wunden, die Tiere gingen langsam ein. Für ihn war diese Tragödie schlimmer, als Millionen zu verlieren. Der Verlust der Pferde bedeutete, daß er seine einzige Leidenschaft nicht mehr befriedigen konnte. Es gab Tage, an denen er nicht die Zeit fand, den Stall zu besuchen. Dann stapfte er gereizt herum und knurrte. Er beruhigte sich erst im Palmenhain, wenn er zusah, wie der Stallbursche die rassigen, glutäugigen Araber einen nach dem anderen herausführte.

Seiner Frau zeigte Papa die Pferde nie. Ihr gegenüber war er kurz angebunden und schroff. Sie saß oft im Lehnstuhl, regungslos und schweigend, und rauchte eine Zigarette. Ich fragte sie: »Wie alt sind Sie?« — »Achtundzwanzig.« Dabei war sie grau wie eine Taube, blaß und voller Falten. Sie hatte vier Kinder geboren. Zwei lebten im Libanon, zwei in Accra. Manchmal brachte sie die Tochter mit — ein krankes, zurückgebliebenes Mädchen. Es warf sich zu Boden, kroch auf allen vieren herum und schrie, daß einem das Blut in den Adern gefror. Es war zehn Jahre alt und konnte weder laufen noch sprechen. Es schleppte sich in die Ecke, wo ein Grammophon stand, hob den Kopf und starrte flehentlich nach oben. Die Mutter legte die Platte auf. Dalida sang, und in ihren Gesang mischte sich das seltsame Piepsen des Mädchens. Es war entzückt, und sein Gesicht strahlte. Die Platte verstummte, und aus dem Rachen des Kindes brach gurgelndes Stammeln: Es wollte mehr.

Die Kleine fühlte sich zum Premier hingezogen. Er allein durfte sie anlachen. Sie umklammerte seine Beine, schmiegte sich an ihn und schnurrte. Er streichelte ihr über den Kopf und zog sie an den Ohren. Wir nannten ihn Premier, weil er sich seiner guten Verbindungen zur Regierung Guineas rühmte. Er hatte zuvor in Conakry gewohnt und dort mit irgend etwas Handel getrieben. »Wer von euch nach Guinea fährt, der soll es sagen«, bot er sich an. »Ich gebe ihm einen Brief an Sékou Touré mit. Der ist mein Kumpel. Die Minister? Die haben nichts zu sagen: reine Zeitverschwendung.«

Mich weiht der Premier in seine geheimen Pläne ein. Er nimmt mich zur Seite und spendiert mir ein Bier. »Hör zu, Red«, setzt er an, »du bist so viel in der Welt herumgekommen, sag mir, in welchem Land ich großes Busineß machen könnte? Mein Busineß in Ghana ist klein. Winziges Busineß.«

Ich blickte den Dicken an, sein schweißnasses Gesicht, die Miene eines geprügelten Hundes. Was soll ich ihm raten? Ich denke: Er ist doch bloß die Karikatur eines Kapitalisten, kein Geldhai, nur ein Fischlein im grauen Schwarm der kleinen Händler — warum soll ich ihm keinen Tip geben? Ich überlege: Birma, Japan, Pakistan. Überall ist es eng, überall drängen sich Massen. »Vielleicht Indien?« fragt der Premier. O nein, in Indien gibt es Probleme. In jedem Land herrschen die Monopole. »Es gibt zu viele Monopole«, sage ich. »Dieser verdammte Kapitalismus.« Der Premier fährt hin, versucht auf dem Markt Fuß zu fassen, zu expandieren — er wollte schon unter vielen Himmeln seine Zelte aufschlagen, doch nie ist etwas daraus geworden. Fruchtlose Zeitverschwendung, ärgerliches Abstrampeln. »Gibt es denn gar kein Land für großes Busineß?« fragt er.

»Wahrscheinlich nicht«, sage ich. »Ich jedenfalls weiß keines.«

Ich empfinde Mitleid mit dem Premier. Er geht herum, wägt ab, stellt Fragen. Er hat sich sogar einen Globus gekauft, auf dem er mit dem Finger herumfährt. Manchmal bleibt der Finger irgendwo stehen. Er ruft mich: »Und hier, Red?« Ich schaue hin. Er zeigt auf die Philippinen. »Ach nein«, sage ich, »dort sitzen die Amerikaner.« — »Die Amerikaner?« vergewissert er sich erschrocken. »Kleines Busineß?« Ich breite die Arme aus: »Natürlich kleines Busineß. Winziges Busineß.« Er denkt eine Weile nach, dann sagt er: »Ich hätte gern großes Busineß. Lieber noch als Frauen.« — »Magst du keine Frauen?« frage ich. »Natürlich, die sind auch in Ordnung. Die schönsten Frauen gibt es in Dakar.«

Über dieses Thema liegt sich der Premier ständig mit dem jungen Khouri, dem Sohn des Großen Khouri, in den Haaren (auch die beiden Khouris sind Libanesen). Der junge Nadir Khouri ist ein echter Weltenbummler. Er hat in Paris ein Auto, in London eines und noch eines in Rom. Er ist ein richtiger Faulpelz. Die Unterhaltung mit ihm ist für mich der beste Zeitvertreib. »Komm mit mir nach Australien«, schlägt er vor. »Wenn ich doch kein Geld habe«, antworte ich. »Dann schreib deinem Vater, daß er etwas schicken soll.« — »Mein Vater ist knausrig«, erkläre ich, »der läßt mich nicht so herumgondeln.« Nadir kennt in seiner Vergnügungssucht und Verschwendung keine Grenzen. Er hat alles. Sein Vater steckt ihm unablässig Geld zu. Der Große Khouri ist vernarrt in den kleinen Khouri. Der Alte wohnt in einem bescheidenen Haus in der Ortschaft Nsawam bei Accra. Das Häuschen droht zusammenzubrechen, es ist spärlich möbliert. Eine ärmliche Unterkunft. Doch es ist die Wohnung eines der reichsten Männer Westafrikas, des Großen Khouri, eines Multimillionärs. Dieser Straßenhändler aus Beirut besitzt unermeßliches Kapital, hat aber keine Bedürfnisse. Er ißt nur am Feuer geröstete Kornfladen und häuft die Profite zu unvorstellbaren Summen auf. Er ist alt und wird in diesem Jahr vielleicht sterben. In Beirut gehört ihm ein ganzer Straßenzug. Den hat er noch nie mit eigenen Augen gesehen. Der Große Khouri ist

Analphabet. Er braucht einen Vertrauten, der ihm seine Geschäftsbriefe schreibt.

Diesen Mann gibt es, und er wohnt bei uns im Metropol. Der junge Khouri schaut stets voll Hochachtung zu ihm auf. »Ein Intellektueller«, erklärt der junge Khouri. Der Intellektuelle ist gesprächig und geistreich und schüttelt Witze aus dem Ärmel. Er zeigte uns Photographien: eine nette, ältere Dame unter einem Schirm. »Das ist meine Verlobte«, erklärte er, »sie wohnt in Kalifornien. Sie wartet schon seit fünfzehn Jahren auf mich. Sie wird noch einmal so lange warten und dann sterben. Doch der Tod ist nicht schrecklich. Man muß nur sehr müde sein.« Und er brach in Lachen aus. Der Intellektuelle betrank sich insgeheim, nie auf der Veranda. Er sagte, unter Menschen zu trinken sei unkultiviert. Mitten im Gespräch stand er auf, ging in sein Zimmer und setzte gierig die Flasche an. Dann hörten wir einen Körper zu Boden fallen; irgendwie hat er es nie geschafft, ins Bett zu finden.

Wenn der Intellektuelle nicht gerade Briefe für Khouri schrieb, verstrickte er sich in Diskussionen mit Napoleon. Dieser war ein kleines Männchen mit prall vorspringendem Bauch. »Ich sehne mich nach zu Hause«, sagte er, »ich träume von meinem Heim.« Doch er saß hier fest wie ein Stein. Er marschierte im Paradeschritt über die Veranda, hin und zurück. Dann holte er einen Spiegel hervor, um seine Falten zu zählen. »Ich bin sechzig, doch seht nur, wie jung ich bin und wie stark! Ich kann marschieren und marschieren, ohne je zu ermüden. Auf wie alt schätzt ihr mich?« Papa sagte: »Auf zwanzig.« — »Na bitte, seht ihr —«, triumphierte er und reckte sich, bis ihm die Adern an den Schläfen hervortraten. Er besaß wohl eine Katze. Irgendwann reiste er schließlich ab. Sein Stampfen hörte auf. Es wurde leiser bei uns.

Die Veranda war von der Straße aus zu sehen. Sie wurde durch ein paar schwache Glühlampen erhellt. In ihrem Licht waren von unten die Schatten auszumachen, die sich auf dem Floß bewegten. Diese Schatten gehörten zu niemandem. Ihre stumme Pantomime, ihr langsamer Tanz fanden mitten in Kokompe statt. Doch das Viertel — ein echtes Schwarzenviertel — nahm ihre Existenz nicht zur Kenntnis. Kokompe hatte sein eigenes Leben, fremd und für das Metropol unerreichbar. Nach Meinung des Viertels gehörten die Schatten auf dem Floß zu einer anderen Welt. Zur Welt der Bungalows der weißen Beamten und Kaufleute, zum Viertel des Cantonments. Ihr gehört zu jener Familie — sagte Kokompe, dessen Bewohner gleichgültig das Hotel passierten.

Doch auch für das Cantonment existierten die Schatten nicht. Woher denn! Das Cantonment wandte sich voll Abscheu und Scham vom Floß ab. Das Floß war eine Schande, über die das Cantonment lieber schwieg, das Cantonment — diese reiche, wohlerzogene, snobistische europäische Bürokratin, diese Kapitalistin.

Das Floß war an keiner Barke festgemacht: die Schatten existierten nur für sich selber. Sie konnten sich vermehren oder verschwinden — das war bedeutungslos. »Was hat Bedeutung?« fragte Onkel Wally. Keiner antwortete ihm.

1960

Wie war ich den Relikten begegnet, die auf dem Floß lebten? Gewiß hätte ich sie nie kennengelernt, wäre da nicht ein Zufall gewesen und auch ein gewisses Mädchen, das einen Araber nicht mochte. Im Jahre 1958 flog ich von London aus nach Accra. In einer großen und behäbigen Super-Constellation der British Airways. Ich war voller Emotionen (meine erste Reise nach Afrika!) und Unsicherheit aufgebrochen, denn ich kannte keine Seele in Ghana, besaß keine Namen, keine Adressen, keine Kontakte und, was noch schlimmer war, auch nicht viel Geld. Ich bekam einen Fensterplatz, rechts von mir saß ein Araber und neben diesem ein blondes Mädchen von skandinavischem Aussehen, das einen Blumenstrauß im Schoß hielt.

Wir flogen in der Nacht über die Sahara: Diese Flüge sind immer wunderbar, weil sie den Eindruck vermitteln, die Maschine schwebe zwischen den Sternen. Sterne über uns — das ist klar. Doch auch unter uns blitzen Sterne, am Boden der Nacht. Wie das kommt, weiß ich nicht.

Die ganze Zeit über versuchte der Araber, sich an das skandinavische Mädchen heranzumachen, das — wie sich herausstellte — zu seinem Verlobten reiste (einem Techniker, der im Auftrag einer staatlichen Firma in Afrika war), dem es die Blumen mitbringen wollte. Doch mein Nachbar ließ sich nicht aus der Fassung bringen, er wollte gleich um ihre Hand anhalten und versprach ihr ein herrliches Leben in Luxus an jedem beliebigen Ort der Welt. Er versicherte ihr, daß er reich sei, daß er viel money habe, und nochmals: viel money. Bis ihm die Skandinavierin, anfangs ruhig und geduldig, dann gelangweilt und schließlich gereizt und wütend erklärte, er solle endlich aufhören, sie zu belästigen; dann stand sie auf und suchte sich einen anderen Platz.

Eine gewöhnliche und banale Geschichte, die jedoch den Araber zwang, seine Aufmerksamkeit anderen Dingen zuzuwenden — gelangweilt wandte er sich mir zu und begann mit mir zu plaudern. Er heiße Nadir Khouri. Und ich? Soundso. Und wer ich denn sei? Ein Reporter. Und weshalb ich reise? Um zu schauen, herumzulaufen, Fragen zu stellen, zuzuhören, zu riechen, zu denken, zu schreiben.

Aha.

Wo ich wohnen wolle? Ich wußte es nicht. Dann werde er mir ein gutes Hotel nennen. Vielleicht kein besonders gutes, doch ein gutes. Er werde mich dort hinbringen und empfehlen. Und tatsächlich brachte mich Nadir Khouri direkt vom Flughafen zum Hotel Metropol und übergab mich der Obhut von Habib Zacca.

Damals war die Welt ehrlich an Afrika interessiert. Afrika war ein Rätsel, ein Geheimnis — niemand wußte, was geschieht, wenn dreihundert Millionen Menschen sich erheben und fordern, angehört zu werden. Es entstanden dort neue Staaten, und diese Staaten kauften Waffen; da wurde in verschiedenen ausländischen Zeitungen die Frage erhoben, ob Afrika nicht vielleicht zum Sturm auf Europa ansetze. Heute erscheint eine solche Frage eher komisch, doch damals wurde sie voll Ernst *und Unruhe gestellt. Daher wollten die Menschen wissen, was auf jenem Kontinent vor sich ging, wohin er strebte, welche Ziele er sich gesetzt hatte.*

Die sogenannte Exotik hat mich nie fasziniert, obwohl ich später rund fünfzehn Jahre in einer Welt lebte, die man exotisch nennen könnte. Ich schrieb weder über Krokodiljagden noch über Kopfjäger, obwohl ich zugeben muß, daß das spannende Themen sind. Doch ich entdeckte für mich selber eine andere Wirklichkeit, die mich mehr lockte als eine Expedition in ein Dorf von Zauberern oder in ein Reservat mit wilden Tieren. Ein neues Afrika wurde geboren, und das war keine Metapher, keine Phrase eines Leitartikels. Die Geburtsstunden waren oft schmerzhaft und dramatisch, dann wieder leicht und froh, doch in beiden Fällen verlief alles ganz anders (von unserer Warte aus gesehen), und ebendas war für mich die neue Exotik, die bislang keiner beschrieben hatte.

Ich dachte, daß ich am besten über Afrika erzählen könnte, wenn ich über den Menschen schrieb, der damals die größte Persönlichkeit des ganzen Kontinents war, ein Politiker, Visionär, Tribun und Magier — über Nkrumah.

Ein Obdachloser aus Harlem

Auf dem Westendplatz – ein Menschengewühl.

Ein Scheiterhaufen wird errichtet.

Flammen lodern empor.

Wer wird das Opfer sein?

Am Morgen fuhren Lautsprecherwagen der Partei durch die Stadt:

»Ihr alle, die ihr durch die Straßen geht, die ihr am Marktplatz steht, die ihr zu Hause oder im Büro sitzt — KOMMT, UM EURE WUT ZU ZEIGEN.«

Das braucht nicht zweimal gesagt zu werden. Es ist die Pflicht des Volkes, seine Gefühle zum Ausdruck zu bringen. Und das Volk hier kennt seine Pflichten. Also ist der Platz gerammelt voll. Man steht dicht gedrängt, doch geduldig, ist aufgeheizt, doch ausdauernd. Man wird von der Sonne geplagt — doch die Sonne gehört zum Alltag. Man leidet Durst — doch es gibt kein Wasser. Es brennt von unten her (vom Boden), von oben (vom Himmel), doch im Griff dieser Brennzange bleibt man am besten ruhig stehen: jede Bewegung ermüdet. Die Menschen stehen da, Feuer unter sich, Feuer über sich, und warten auf ein drittes Feuer.

Auf die Flammen des Scheiterhaufens.

Ich frage herum – was wird geschehen? Keiner weiß es. Sie haben uns befohlen zu kommen, deshalb sind wir da. Grundlos würden sie das Volk nicht rufen. Erstaunte Blicke der Befragten: Was soll diese Fragerei? Es wird schon erklärt werden. Wenn wir an der Reihe sind, werden wir es erfahren. Welbeck wird es gleich sagen.

Welbeck, Staatsminister, stattlich, bescheiden, mit einem schwarzen Moslemkäppchen, nimmt das Mikrophon zur Hand. Man hört ihn nur schwach, doch der Inhalt ist klar:

» ... der Imperialismus drängt ... Nkrumah wurde beleidigt ... eine Schande ... das dürfen wir nicht ... «

Oho, eine ernste Sache! Alle spitzen die Ohren, schieben sich näher an Welbeck heran. Das Meer der Köpfe wogt, beruhigt sich, der Minister fährt fort:

»... der Imperialismus will ... doch wir ... wir werden niemals ...«

»Nieder mit ihm!« fordern ein paar Ungeduldige. Ihre Nachbarn bringen die Hitzköpfe zum Schweigen. Es gibt einen Tumult, die Aufregung legt sich, es herrscht wieder Ruhe.

»Das amerikanische Nachrichtenmagazin *Time* hat Nkrumah verleumdet. Es präsentierte ihn als kleinen Karrieristen, ihn, den Führer, Schöpfer und Magier des modernen Nationalismus!«

Alles klar: Da gibt es also ein Nachrichtenmagazin, das nennt sich *Time,* in dem übergießen die Imperialisten Kwame mit Schmutz.

Hier die Notiz, welche das Magazin *Time* am 21. Dezember 1959 publizierte:

»Anfangs nannten ihn seine Leute *show-boy*. Später wurde er Premierminister. In diesem Jahr wurde er zum privaten Berater der Königin ernannt. Heute nennen ihn seine fanatischen Anhänger in Ghana auch Ersten Bürger von Afrika. Es hat den Anschein, als sei die Liste der Titel für Kwame Nkrumah, 50, unerschöpflich. Vorige Woche meldeten die *Evening News* in Accra, eines der Leibblätter des Premiers (es bringt fast täglich sein Bild oder auch gleich deren mehrere), daß die Bevölkerung Ghanas im März über zwei Fragen abstimmen wird: 1) ob das Land unabhängige Republik werden und Elizabeth II. als Königin von Ghana anerkennen soll, 2) ob es Nkrumah als ersten Präsidenten für sieben Jahre bestätigen will. Nach Meinung der *Evening News* erfüllt nur ein Mann alle Anforderungen für diesen Posten. Das ist:

OSAGYEFO (Der Große Mann),

KATAMANTO (Der Mann, dessen Wort unwiderruflich ist),

OYEADIEYIE (Der Mann der Tat),

KUKUDURUNI (Der Mann mit dem Mut eines Löwen),

NUFENU (Der Stärkste der Starken),

OSUODUMGIA (Der Löscher des Feuers),

KASAPREKO (Der Mann, dessen Wort Gesetz ist) — Kwame Nkrumah, der Befreier und Schöpfer Ghanas.«

Diese Notiz ist tatsächlich bodenlos frech. »Die Liste der Titel ist unerschöpflich.« Und was, bitte, hat das diese Herrschaften zu kümmern? Ich fühle, wie ich von der Stimmung der Menge angesteckt werde, und dränge zum Rednerpult hin. Ich will besser hören.

»Solch schändliche Intrigen sind zum Scheitern verurteilt. Daß wir Kwame haben, ist ein Segen für

Ghana, so wie Lincoln ein Segen für Amerika war, Lenin für Rußland und Nelson für die Engländer. Nkrumah ist ein unschätzbares Juwel in der Krone des weltweiten Nationalismus. Er ist Messias und Organisator zugleich, Freund der leidenden Menschheit, der durch Schmerzen, Dienen und Entsagung seine jetzige Spitzenposition erreichte.«

Das hat Welbeck schön gesagt, die Menschen spenden anerkennend Beifall. Er hat es den Herrschaften von *Time* aber gegeben! Die haben hier nichts verloren. Ich stehe eingekeilt in der Menge und schreibe, doch mit einem Mal fühle ich, daß ich freier atmen kann, daß ich nicht mehr so eingeklemmt bin. Daß meine Nachbarn von mir abrücken. Ich schaue auf — böse Augen starren mich an, eisige Blicke sind auf mich gerichtet, mir wird plötzlich kalt, ich habe begriffen. Ich bin der einzige Weiße weit und breit und schreibe in meinen Notizblock. Das kann nur bedeuten, daß ich Journalist bin. Ich trage ein gemustertes Hemd, das heißt, daß ich kein Engländer bin, denn ein Engländer würde nie ein Hemd mit solchem Muster tragen. Wenn ich aber kein Engländer bin, wer kann ich dann sein? Gewiß ein Amerikaner, kein Zweifel. Ein amerikanischer Journalist! Mein Gott, wie komme ich je wieder weg von hier?

»Verbrennen! Verbrennen!« rufen die Aktivisten und drängen zum Scheiterhaufen. Wilde Rufe, Drohungen, Gezänk und Gestoße. Der Ruf Welbecks geht im Lärm unter, obwohl er eben das Signal gibt:

»Anzünden!«

Sie nehmen einen Stapel Zeitschriften und stecken den Holzstoß an. Es raucht und qualmt entsetzlich, denn es ist völlig windstill. Alle wollen die Flammen sehen, stoßen und drängen zum Feuer. Welbeck ruft:

»Nicht drängen! Das ist gefährlich!«

Keiner hört auf ihn. Wer ein Stück Papier in der Hand hält, wirft es in die Flammen.

Der Scheiterhaufen lodert.

Fanfaren ertönen.

Brennendes Papier wirbelt hoch. Die Menschen pusten mit aller Kraft, versengte Seiten segeln über die Köpfe und rieseln auf die lachenden Menschen nieder. Kinder tanzen ums Feuer. Gleich werden sie Bananen am Feuer rösten.

Welbeck steigt in eine schwarze Limousine. Der Wagen kurvt durch die engen Gassen Accras zur breiten Independence Avenue. Der Minister fährt zum Flag Staff House.

Zu Nkrumah.

Der Premier lauscht dem Bericht über die Versammlung. Gewiß bricht er bald in Lachen aus, denn mit Lachen reagiert man hierzulande auf alles, was ein gutes Ende findet. Die von der Partei organisierte Versammlung sollte die Stimmung sondieren. Das Resultat ist ermutigend: Das Volk verehrt seinen Kwame.

Kwame heißt Verwandter, Bruder. So wird er genannt. Eine Frau zeigt ihren Säugling. »Wie heißt er?« frage ich. »Kwame Nkrumah.« Sie selber trägt ein Kleid mit dem aufgedruckten Porträt des Premiers. Kwame auf der Brust, Kwame auf dem Rücken usw.

Nkrumah scherzt:

»Ich möchte gern wissen, wie viele Kwame Nkrumahs es in unserem Land gibt. Ich fürchte, man könnte später einmal von mir behaupten, ich sei ungeheuer eitel gewesen.«

Er hat vor kurzem geheiratet. Er betont gern, daß er sein ganzes Leben lang Frauen, Geld und religiöse Pflichten gemieden hat.

»Ich bin der Meinung, daß diese drei Faktoren im Leben eines Mannes bloß eine untergeordnete Rolle spielen dürfen. Sollte nämlich einer von ihnen die Oberhand gewinnen, würde der Mann zum Sklaven, seine Individualität geknickt. Wenn ich zulasse, daß eine Frau eine wichtige Rolle in meinem Leben spielt, muß ich befürchten, langsam das Ziel aus den Augen zu verlieren.«

Dieses Ziel hatte sich Kwame noch als Junge gesetzt: die Befreiung Ghanas. Um diese zu erreichen, mußte er erst jemand werden. Etwas zu werden — das war das erste Ziel. Ghana war damals eine Kolonie Ein Schwarzer hat keine Aussichten, Karriere zu machen. Kwame beschließt daher, in den USA zu studieren. Der Vater — ein Goldschmied in einem kleinen Städtchen — hatte nicht genug Geld, um das Studium zu bezahlen. Doch Kwame hatte bereits das pädagogische Seminar absolviert und war Lehrer an einer katholischen Missionsschule in Elmina. Er unterrichtete fünf Jahre lang, sparte, hungerte und legte jeden Groschen zur Seite. Er wohnte in deprimierenden Verhältnissen, doch er sparte alles für die Schiffskarte.

Im Jahre 1935, er ist 26 Jahre alt, reist er in die Vereinigten Staaten. Er wird an der Lincoln-Universität aufgenommen. Wie fühlt er sich in diesem Land?

»Ich fuhr mit dem Autobus von Philadelphia nach Washington. Der Autobus hielt in Baltimore, damit sich die Passagiere erfrischen konnten. Ich war durstig und ging ins Stationsbuffet, wo ich den weißen amerikanischen Kellner um ein Glas Wasser bat. Er runzelte die Brauen und schaute mich giftig an.

›Dort kannst du trinken.‹

Und er deutete auf den Spucknapf.«

Nkrumah studiert, arbeitet, ist aktiv, verdient Geld.

»Ich war der Ansicht, es sei Zeitvergeudung, wenn ich nicht 24 Stunden am Tag arbeite.«

Also:

arbeitet er als Platzwächter in der Firma Sun (Chester Werft). »Egal wie das Wetter war, ich schuftete von Mitternacht bis acht Uhr morgens. Oft war es so bitter kalt, daß die Hände am Stahl festfroren. Tagsüber lernte ich.«

Also:

arbeitet er in einer Seifenfabrik. »Im Fabrikhof wurden Innereien und große Brocken Tierfett aufgetürmt. Ich mußte diese übelriechende Masse dann mit einer Gabel auf eine Schubkarre laden. Es fiel mir mit der Zeit immer schwerer, den Brechreiz zu unterdrücken.«

Also:

fährt er in den Ferien nach New York. »In Harlem kaufte ich mit einem Kollegen Fische zum Großhandelspreis ein und versuchte, sie an den Straßenecken weiterzuverkaufen.«

Also:

wird er Steward auf dem Dampfer *Shawnee* (auf der Linie New York — Vera Cruz). »Der Chef erklärte mir, daß ich bis zum Ende der Reise Töpfe scheuern müsse. Doch später stieg ich zum Schüsselwäscher auf.«

Er hat keine Wohnung.

In Philadelphia wird er von der Polizei von einem Hof gejagt, auf dem er Unterschlupf sucht, und übernachtet im Park. Zum Glück standen die Parktore offen, anders als bei den Grünanlagen in London. »Wir fanden ein paar Bänke und legten uns mit dem Wunsch hin, hier die restliche Nacht in Ruhe zu verbringen. Doch das Schicksal meinte es nicht gut mit uns. Kaum waren wir eingenickt, begann es schon zu regnen.«

Er studiert, nimmt an Versammlungen teil, ist eifrig und arbeitet an sich:

»Ich wurde Freimaurer des 32. Grades und blieb das während meines ganzen Aufenthaltes in den Vereinigten Staaten.«

Er ist aktiv:

»Ich organisierte auch eine Vereinigung Afrikanischer Studenten in den USA und Kanada. Ich schrieb eine Broschüre mit dem Titel *Für die Befreiung der Kolonien.*«

Er interessiert sich für den wissenschaftlichen Sozialismus:

»Vor allem die Arbeiten von Marx und Engels machten großen Eindruck auf mich.«

Er studiert Theologie, und gleichzeitig:

»Ich verbrachte einen großen Teil meiner Freizeit damit, in den Kirchen der Schwarzen zu predigen.

Fast jeden Sonntag wurde ich in diese oder jene Kirche eingeladen, eine Predigt zu halten.«

Als er 1945 die Vereinigten Staaten verließ, hatte er bereits eine Karriere als Philosophielehrer an der Lincoln-Universität (griechische Geschichte und Geschichte der Schwarzen) hinter sich. »Ich wurde als bester Professor des Jahres ausgezeichnet.«

Er fährt nach London:

»Eine meiner Vergnügungen in London war es, den *Daily Worker* zu kaufen, die einzige Zeitung, die ich gern las, ihn in der Öffentlichkeit ostentativ aufzuschlagen und zu beobachten, wie mich plötzlich alle anstarrten.«

Um das Lokal des Verbandes Westafrikanischer Studenten, dessen Vizepräsident er ist, zu beheizen, sammelt er in den Straßen Kohlenstückchen auf.

Gleichzeitig schreibt er an seiner philosophischen Doktorarbeit: über den logischen Positivismus.

Er arbeitet seine berühmte Doktrin des friedlichen Boykotts aus. Das ist die Doktrin des afrikanischen Sozialismus, gestützt auf die Taktik konstruktiven, gewaltlosen Handelns.

Kwame kehrt nach Ghana zurück.

Man schreibt das Jahr 1947.

In Ghana kennen ihn vielleicht fünf Menschen. Oder höchstens ein Dutzend. Mehr jedenfalls nicht. Doch dieses Grüppchen leitet die Befreiungsbewegung: Es steht an der Spitze des eben gegründeten Vereinigten Kongresses der Goldküste, eines lockeren, programmlosen, undefinierbaren Gebildes. Die Mitglieder der kleinen Gruppe halten sich für Denker.

Und sie suchen jemanden für die täglich anfallende Arbeit. Die soll Nkrumah erledigen.

Alles, was er hat, ist diese Arbeit. »In jenen Tagen hätte all mein Hab und Gut in diesem kleinen Köfferchen Platz gehabt.«

Im darauffolgenden Jahr macht sich ein friedlicher Demonstrationszug zur Residenz des Generalgouverneurs, Schloß Christiansborg, auf. Da marschieren Veteranen des Zweiten Weltkriegs mit einer Petition, in der sie für die Goldküste die Selbstverwaltung fordern. Die Polizei feuert ein paar Schüsse in die Demonstranten, und es gibt zwei Tote. Am Ort des Geschehens sind nun Blumen gepflanzt. Der Ort wird mir Hunderte Male gezeigt: Zwei Menschen ließen ihr Leben für die Freiheit Ghanas. Ich stehe mit geneigtem Kopf davor. Kofi stellt sich laut die Frage:

»Hat für die Freiheit Polens auch jemand sein Leben gelassen?«

In Accra beginnt es zu gären, es werden Brände gelegt, es kommt zu Plünderungen. Die Führung des Vereinigten Kongresses wandert hinter Schloß und Riegel. Nkrumah wird in den Norden gebracht, in die Steppe. »Dort wurde ich in eine kleine Lehmhütte gesteckt, wo mich die Polizei Tag und Nacht bewachte.«

Er wird freigelassen, doch als er wieder die Arbeit aufnimmt, erkennt er, daß ihn mit den früheren Führern nichts verbindet.

Diese wollen mit den Engländern hinter verschlossenen Türen paktieren.

Er möchte auch mit den Engländern paktieren. Doch mit einer zornigen Menge vor den Fenstern, wie er sagt.

Die andern haben in Oxford studiert und wollen ihr Ziel auf dem Rechtsweg erreichen. Kwame hat Lenin gelesen. Lenin führt ihn auf die Straße: »Schau«, sagt er; »das ist die Macht.« »Macht?« wundert sich Kwame.

Dichtes Gedränge in den Gäßchen, kreischende Händlerinnen, Kinder, die in Haustoren schlafen. An den Ecken stehen Banden Halbwüchsiger, die Händel suchen. Die Moslems lungern sonnentrunken herum. Sehnige Träger jammern unter der Last ihrer Körbe.

»Hier ist die Macht!« beharrt der Russe. Wenn ein Weißer etwas sagt, darf man ihm nicht alles glauben. Doch Kwame ist allein. Die Führer haben sich von ihm abgewandt. Sie wollen ihn wieder nach England schicken.

Und Kwame wendet sich an die Straße. An die Händlerinnen, die Straßenjungen, die Träger. An die Burschen und die Beamten. An die Jugend, vor allem an die Jugend. Und er hat Erfolg.

Die Engländer schwanken.

Kwame ruft zum allgemeinen Boykott auf.

Das gesamte wirtschaftliche Leben des Landes kommt zum Erliegen.

Wieder setzt es Verhaftungen, Repressionen, Knüppelhiebe. Kwame wandert ins Gefängnis. Vor dem Gefängnis sammelt sich die Menge und singt Hymnen und Lieder. Eines dieser Lieder mit dem Titel *Der Leib Kwame Nkrumahs modert im Gefängnis* bleibt mir lebhaft in Erinnerung.

Die Engländer geben nach: sie gestatten allgemeine Wahlen (der erste derartige Fall in Afrika).

Im Februar 1951 wählt Ghana. Es gibt einen Erdrutschsieg der Partei Nkrumahs: 34 von 38 Sitzen im Parlament.

Eine dumme Situation — die Partei hat die Wahlen gewonnen, doch der Leib ihres Führers modert im Gefängnis. Die Engländer müssen ihn freilassen. Auf den Schultern der Menge wird Kwame von der Gefängniszelle auf den Sessel des Premierministers gehoben. Unterwegs macht er am Westendplatz Station: »Hier begingen wir das traditionelle Reinigungsritual. Ein Lamm wurde als Opfertier geschlachtet, und ich mußte siebenmal mit bloßen Füßen ins Blut des Opfers steigen, um mich so vom Makel des Gefängnisaufenthalts zu reinigen.«

Die Tür seines Hauses steht immer offen. Die Leute kommen, um sich Rat zu holen oder um Hilfe zu bitten. Sie bringen ihm Glückwünsche. Manchmal liegt er in der Wanne und spricht durch die Tür mit einem Gast. »Durchschnittlich schlafe ich vier Stunden pro Tag. Sie lassen mir keine Ruhe, keine Erholung. Für sie bin ich wie ein Automat, den man am Morgen aufzieht, der weder Schlaf noch Nahrung braucht.«

Wenn der Premier in die Dörfer fährt, schläft er in Lehmhütten. Manchmal verplaudert er sich bis spät nachts auf der Straße, dann geht er gar nicht erst nach Hause, sondern bleibt in irgendeiner Wohnung zu Gast. Damit gewinnt er alle für sich. So verstreicht seine Zeit.

Nach sechs Jahren, am 6. März 1957, erlangt Ghana seine Unabhängigkeit. Als erstes Land in Schwarzafrika.

Die Menge steht auf dem Westendplatz. Die Menge steht in der Sonne, unter dem weißen afrikanischen Himmel. Die Menge steht und wartet auf Nkrumah, eine schwarze, geduldige Menge, eine schwitzende Menge. Der Platz, eine braune Pfanne im Zentrum Accras, ist bis an den Rand gefüllt. Die letzten versuchen sich gewaltsam auf den Platz zu drängen; es fehlt nicht viel, und der Zaun um den Platz bricht zusammen, und die Scharen der Kinder, die auf ihm hocken, fallen wie Bananen herunter. Es ist heiß.

Eine solche Versammlung sollte man näher am Meer abhalten. Dort weht ein Lüftchen, und die Palmen spenden Schatten. Doch was sollen Windhauch und Palmen, wenn es nicht mit der Geschichte übereinstimmt. Und die Geschichte lehrt uns, daß Kwame Nkrumah im Jahre 1950 ebenhier auf dem Westendplatz eine Versammlung einberief. Die Menschen strömten herbei und standen da, wie sie heute dastehen, und die Hitze lag brütend über dem Platz, es war Januar, ein Hitzemonat, ein Monat der Dürre. Kwame Nkrumah sprach damals über die Freiheit. Ghana muß unabhängig werden, und für dieses Ziel müssen wir kämpfen. Es gibt drei Wege dorthin. Den Weg der bewaffneten Revolution. Den verwarf der Redner. Den Weg der heimlichen Kompromisse. Den lehnte der Redner ebenfalls ab. Dann gibt es noch den Weg des Volkskampfes um die Freiheit mit friedlichen Mitteln. Die Losung dieses Kampfes wurde damals auf dem Westendplatz ausgegeben.

Und heute ist der Jahrestag jener Versammlung, ein Feiertag fast; der Premier spricht und sagt, was alle Premierminister auf der ganzen Welt am liebsten sagen: »Unser Weg war richtig.«

Auf dem Platz wurden hohe Masten errichtet. Zwölf Masten. An jedem hängen acht Bilder Nkrumahs. Insgesamt 96 Porträts. Zwischen den Masten ist ein Nylonseil gespannt, und auf diesem hängen kleine Fähnchen. Die Fähnchen tragen das Markenzeichen der holländischen Bierfirma Heineken. Das alles erinnert an einen riesigen Dampfer. Doch dieser Dampfer legt nie ab. Er dümpelt auf der Sandbank der Stadt, und die Menschen warten, was weiter geschieht.

Dann betreten Minister und führende Persönlichkeiten der Regierungspartei die Tribüne. Zu diesem Anlaß tragen sie Muftis, ein Kleidungsstück, das an einen Priesterornat erinnert, nur daß es nicht so steif und so reich bestickt ist. Die Menge lebt auf und klatscht. Wenn jemand einen der Minister kennt oder mit ihm verwandt ist, begrüßt er ihn laut:

»Hallo, Kofi!« (das gilt dem Erziehungsminister Kofi Baako).

»Hallo, Tawiah!« (das gilt dem Generalsekretär der Partei, Tawiah Adamafio).

Diese antworten mit Handbewegungen und nehmen in tiefen Lehnsesseln Platz. Dann tritt ein Priester ans Mikrophon. Ich erkenne ihn: es ist Revren Nimako, der Führer der Methodistenkirche in Accra. Der Priester wird ein Gebet sprechen, denn er faltet die Hände und schließt die Augen. Die alten Lautsprecher, die entlang des Platzes hängen, krächzen heiser und setzen immer wieder aus, doch der Inhalt des Gebetes ist unmißverständlich, es handelt sich um eine feierliche Danksagung. Der Pastor dankt Gott, daß er die Menschen Ghanas gesegnet hat. Daß er Kwame Nkrumah in seine Obhut nahm. Daß er die Bitten aus diesem Winkel der Erde erhörte, die zum Himmel emporstiegen. Und dann bittet er Gott, seine gütige Hand nicht von Ghana zu nehmen und die Zukunft des Landes nach dem Willen des Herrn strahlend und schön zu gestalten.

»Amen«, murmelt die Menge, und die Straßenjungen lassen zwei Böllerschüsse krachen.

Der Pastor tritt ab, und K. A. Gbedemah, der Finanzminister, geht zum Mikrophon. Er sagt, wir müßten uns gedulden, der Führer sei noch nicht angelangt, und da noch Zeit sei, wolle er vom Kampf um die Unabhängigkeit Ghanas erzählen. Dieser Bericht ist noch nicht zu Ende, da heißt es: »Nkrumah kommt.« Die Menge gerät in Bewegung, die Menschen recken die Köpfe, Kinder werden hochgehalten. Tawiah Adamafio erhebt sich und ruft:

»Genossen, wenn unser geliebter Führer erscheint, begrüßt ihn, indem ihr die Taschentücher schwenkt. Ooooh, soooo« — er zeigt es vor, und die Menge übt es zweimal.

Auf der Tribüne steht Kwame Nkrumah.

Er trägt einen grauen Mufti, wie auf dem Denkmal vor dem Parlament. In der Hand trägt er ein magisches Stäbchen, überzogen mit Affenfell, das nach dem Glauben der Menschen alles Böse und alle unreinen Kräfte vom Menschen abhalten soll.

Der Platz beginnt zu tosen. Tücher flattern, die Menschen skandieren:

»Jah-hia! Jah-hia!« — das heißt, daß sie begeistert sind. Die Säuglinge, die bislang in ihren Wickeltüchern auf den Rücken der Mütter schlummerten, beginnen sich unruhig zu regen, doch in dem Lärm geht ihr Greinen unter.

Hinter Nkrumah steigen sechs Polizisten in Motorradhelmen auf die dicht von Kindern umlagerte Tribüne. Zwei Polizisten bleiben vorn am Podium stehen, vier nehmen hinter dem Lehnsessel des Premiers in einer Reihe Aufstellung. Sie stehen mit gespreizten Beinen, die Hände auf dem Rücken, und verharren in dieser Position unbeweglich bis zum Ende der Versammlung.

Nkrumah nimmt im Lehnsessel Platz, vor sich ein Tischchen mit einer kleinen Nationalfahne, und mit einem Mal wird der Platz still. Es ist immer noch heiß, in diesem Klima ist selbst Rufen eine Anstrengung. Irgend jemand intoniert ein Parteilied, doch ehe andere es aufgreifen können, erscheinen zwei Zauberer auf der Tribüne. Einer ist Nai Wolomo, der Chefzauberer des Bezirkes Ga, in dem auch Accra liegt. Den zweiten kenne ich nicht. Sie beginnen einen rituellen Tanz. Sie vollführen zauberkräftige Sprünge und verbeugen sich immer wieder tief vor Nkrumah. Bei dieser Verneigung recken sie den Hintern empor, und die erheiterte Menge klatscht und ruft immer wieder:

»Jah-hia! Jah-hia!«

Die Zauberer halten erschöpft inne und holen zwei Flaschen Schnaps hervor. Dieser Schnaps wird von Holländern nach Ghana exportiert und schmeckt wie Selbstgebrannter, versetzt mit Parfum. Doch nun ist der Schnaps verzaubert, verwandelt in einen heiligen Trank, und die Zauberer bieten ihn Nkrumah an. Der Premier erhebt sich und nimmt ein Gläschen aus der Hand des Medizinmannes, worauf die Menge wieder klatscht. Nun wird der Rest des Getränkes unter Beschwörungen und geheimnisvollen Gesten, mit denen der böse Gott des Meeres versöhnt werden soll, über den Köpfen der Nächststehenden ausgegossen, wie bei uns in Polen beim *śmigus-dyngus,* beim Osterspritzen.

Nun beginnt Nkrumah zu sprechen (am nächsten Tag wird seine Rede in der Tageszeitung *Evening News* unter dem Titel *Eine neue Bibel für Afrika* abgedruckt). Nkrumah steht vor dem Mikrophon, blickt über den Platz und sagt:

»Alles Gute zu Weihnachten und ein glückliches neues Jahr!«

Es ist der 8. Januar, und die Menschen beginnen zu lachen. Nkrumah schaut ernst drein, und die Menge verstummt. Die Menschen blicken ihn abwartend an. Nun beginnt Nkrumah zu lachen, und alle stimmen ein in sein Lachen. Er wird wieder ernst, die Gesichter der Versammelten erstarren. Er grinst, die Menge tut es ihm nach. Er spricht anfangs in der Sprache Fanti und sagt, daß sie einander lange nicht gesehen hätten, doch soweit er das beurteilen könne, ginge es allen prächtig.

»Das haben wir dir zu verdanken, Kwame!« sind ein paar Stimmen zu hören.

Nach dieser Einführung blickt er sich um, und auf dieses Zeichen kommt Adamafio, der ein hohes Rednerpult über die Tribüne schiebt. Auf dem Pult liegt die Rede. Nkrumah spricht englisch. Er redet die Versammelten an:

»Genossen, meine Herren!«

Er spricht hart, deutlich, monoton. Nkrumah ist ein wunderbarer Redner mit sparsamer, doch ausdrucksvoller Gestik. Selbst die Engländer sagen, es sei ein Vergnügen, ihn beim Reden zu beobachten. Er ist mittelgroß, gut gebaut, gut aussehend. Ein intelligentes Gesicht mit hoher Stirn und klugem, traurigem Blick. Selbst wenn Nkrumah lacht, bleibt sein Blick traurig.

»Genossen, meine Herren!«

Er erinnert an seine beiden Grundsätze: Zuerst mußt du das politische Königreich errrichten, dann kannst du alles andere erreichen, und: Die Unabhängigkeit Ghanas bleibt eine Phrase, solange sie nicht mit der Befreiung des ganzen afrikanischen Kontinents einhergeht.

Kwame sagt, daß eine Schlacht um Ghana gewonnen ist: das Land ist frei. Nun wird die zweite Schlacht »um den Aufbau der Wirtschaft und die ökonomische Befreiung« geschlagen. Diese ist viel schwieriger und komplizierter als die erste. Sie erfordert mehr Anstrengung, Opferbereitschaft und Disziplin.

Hier setzt er zu einem scharfen Angriff gegen die eigenen Reihen an. Er verurteilt den Bürokratismus der Partei. Die Karrieristen und Würdenträger.

»Ich muß ganz energisch alle jene warnen, die von der Partei auf verantwortungsvolle Posten gesetzt wurden und sich nun vergessen und meinen, sie seien wichtiger als die Partei selber. Ich muß jene warnen, die in dem Glauben in die Partei eintreten, sie könnten diese für ihren privaten Gewinn mißbrauchen, zur Selbstbeweihräucherung auf Kosten der Partei und der Nation.«

Ah, das gefällt den Menschen! Der Platz bereitet dem Redner begeisterte Ovationen. Der Platz ruft:

»Anko, Kwame! Anko, anko!«

»Nochmals, Kwame, wiederhol das, wiederhol es!«

Unter Klatschen, begeisterten Rufen und Gesängen springt ein Bursche im rotweißgrünen Hemd (zugleich National- und Parteifarben) aus der Menge vor die Tribüne und beginnt hohe Saltos zu schlagen. Drei Saltos in eine Richtung, kehrt, drei Saltos zurück. Nkrumah unterbricht seine Ausführungen und bestaunt die Vorführung. Drei Saltos rückwärts, drei Saltos vorwärts. Schließlich wird der Junge müde und verschwindet, dankbar mit Applaus bedacht, in der Menge.

Nun wendet sich Nkrumah seinem Lieblingsthema zu: er spricht über Afrika.

Während der Rede Nkrumahs steht Adamafio, der Generalsekretär der Partei, neben ihm. Adamafio nimmt ihm die bereits gelesenen Seiten ab und schaut verstohlen in jene, die der Premier gerade liest. Wenn er eine Stelle entdeckt, die ihm allgemeinen Applaus zu verdienen scheint, wendet er sich zur Menge und hebt die Hand in einer Geste, die besagen soll: Achtung, gleich fangen wir an! Nkrumah beendet die Wendung, und Adamafio läßt die Hand niedersausen: Die Menge beginnt zu toben. Wenn der Ausbruch überzeugend ausfällt, reibt sich Adamafio befriedigt die Hände und murmelt den Nächststehenden etwas zu.

Nkrumah attackiert die Kolonialisten:

»Sie wollen in Afrika schwankende und schwache, wenn auch unabhängige Staaten errichten. Die Feinde der afrikanischen Freiheit meinen, daß sie auf diese Weise unsere Staaten als Marionetten mißbrauchen können, die ihnen helfen sollen, die Herrschaft der Imperialisten in Afrika zu erhalten.«

Die Menge ist empört. Die Menschen rufen:

»Fort mit ihnen! Fort mit ihnen! Kwame, führe uns!«

Die Rede dauert eine Dreiviertelstunde. Die Menge steht da, hört zu und reagiert auf jedes Wort. Als Nkrumah mit dem Ruf »Es lebe die Einheit und Unabhängigkeit Afrikas!« endet, intoniert eine Jazzband am einen Ende des Platzes einen lärmenden Boogie-Woogie. Die Leute in der Nähe der Band beginnen zu tanzen. Der Boogie tönt über den Platz und versetzt die Hüften der Menschen in kreisende Bewegungen. Schließlich wird die Band angewiesen, den Lärm einzustellen, denn Joe-fio Myers, der Generalsekretär der Gewerkschaft, will eine Deklaration dazu verlesen, wie loyal die arbeitende Bevölkerung hinter Nkrumah steht.

Wir drängen durch die Menge zum Ausgang des Platzes. In einer Straße weit vom Platz treffen wir Kodzo. Kodzo ist Postbeamter und begeisterter Boxfan. Er ist mein Freund.

»Warum bist du nicht gekommen?« frage ich. »Es war interessant.«

»Hat Kwame über die Löhne gesprochen?«

»Über die hat er nicht gesprochen«, gebe ich zu.

»Siehst du. Warum sollte ich dann hingehen?«

1960

Entwurf eines Buches, das an dieser Stelle beginnen könnte (oder meine nie niedergeschriebenen Nöte)

1. *Ich kehre aus Afrika nach Polen zurück: ein Sprung von einem tropischen Grill in eine Schneewächte. Du bist so schön braun, warst du in Zakopane? Soll das heißen, daß unsere Vorstellung nie über Płock, Siemiatycze, Rzeszów und Zakopane hinausreichen? Ich arbeite für die* Polityka. *Mein Chef — Mieczysław F.Rakowski — schickt mich in die Provinz, so daß ich weiterhin im Busch lebe, nur eben in unserem heimischen polnischen Busch. Irgendwo unterwegs, in Olecko oder Orneta, lese ich, daß im Kongo der große Sturm losgebrochen sei, beinahe ein Weltbeben. Es sind die ersten Tage im Juli 1960. Der Kongo, für die Außenwelt das verschlossenste, unbekannteste, am wenigsten zugängliche Land Afrikas, hat die Unabhängigkeit erlangt, doch wenig später putscht die Armee, flüchten die Kolonisten, intervenieren belgische Fallschirmjäger, setzen Anarchie, Hysterie und ein großes Schlachten ein. Die Zeitungen beschreiben auf den ersten Seiten diese ganze unbeschreibliche Mischung. Ich kaufe eine Fahrkarte und kehre nach Warschau zurück.*

2. Ich bitte Rakowski, mich in den Kongo zu entsenden. Es hat mich gepackt, ich fiebere bereits.

3. An eine Abreise ist nicht zu denken — in der Zwischenzeit hat der Kongo alle Bürger sozialistischer

Länder ausgewiesen. Mit einem polnischen Reisepaß hat man nicht die geringste Aussicht, ins Land zu gelangen. Um mich zu trösten, weist mir das Reisekomitee Devisen und ein Flugticket nach Nigeria zu. Doch was soll ich in Nigeria, in Nigeria passiert nichts (damals).

4. Ich schleiche bedrückt und niedergeschlagen herum. Plötzlich ein Hoffnungsschimmer — einer berichtet, in Kairo lebe ein tschechischer Journalist, der durch den Dschungel in den Kongo gelangen wolle. Ich sage offiziell, daß ich nach Nigeria fahren will, lasse jedoch insgeheim mein Flugticket auf Kairo umschreiben und fliege von Warschau ab. Nur wenige Kollegen sind in den Plan eingeweiht.

5. In Kairo finde ich den Tschechen, er heißt Jarda Bouček. Wir sitzen in seiner Wohnung, die einem kleinen Museum arabischer Kunst gleicht. Vor dem Fenster lärmt die heiße, gigantische Stadt, eine Steinoase, die der Nil in zwei Hälften zerschneidet. Jarda möchte über den Sudan in den Kongo gelangen, das heißt mit dem Flugzeug bis Khartum, dann weiter mit einem Flugzeug nach Dschuba, wo wir ein Auto kaufen wollen, und alles Weitere ist eine einzige große Unbekannte. Zielpunkt des Unternehmens ist Stanleyville — die Hauptstadt der Ostprovinz des Kongos, wo die Regierung Lumumbas Unterschlupf gefunden hat (Lumumba selber ist bereits verhaftet, die Regierungsgeschäfte führt sein Freund Antoine Gizenga). Ich schaue zu, wie der Zeigefinger Boučeks den Nil hinaufwandert, kurz bei den Touristen- und Natursehenswürdigkeiten haltmacht (hier gibt es nur Krokodile, und hier beginnt der Dschungel), im Südwesten abbiegt und endlich das Westufer des Kongos erreicht, einen Ort, wo neben dem kleinen Kreis geschrieben steht: Stanleyville. Ich erkläre Jarda, daß ich bei dem Unternehmen mitmachen will und sogar Anweisung meiner Regierung habe, nach Stanleyville vorzudringen (das ist gelogen). Jarda ist einverstanden, warnt mich jedoch, daß uns die Reise das Leben kosten könne (was später der Wahrheit recht nahe kommen wird). Er zeigt mir eine Kopie seines Testaments, das er in der Botschaft hinterlegt hat, und fordert mich auf, es ebenso zu machen.

6. Nach zahllosen Problemen mit dem sudanesischen Visum lasse ich im Büro der United Arab Airlines mein Flugticket Warschau — Kairo — Lagos auf ein Ticket Warschau — Khartum — Dschuba umschreiben und fliege in den Sudan. Jarda bleibt in Kairo zurück, weil er noch einen zweiten Tschechen erwartet. Wir wollen uns in Khartum treffen und von dort aus gemeinsam weiterfliegen. Khartum ist tiefste Provinz und höllisch heiß — ich sterbe vor Langweile und komme vor Hitze beinahe um.

7. Jarda und sein Kollege tauchen auf, er heißt Dušan Provazník und ist ebenfalls Journalist. Wir warten ein paar Tage auf die Maschine, endlich fliegen wir in den südlichen Sudan, nach Dschuba, einer kleinen Garnisonstadt mitten in der Wüste. Keiner will uns ein Auto verkaufen, doch endlich findet sich einer, der es riskiert (auch in Dschuba sind alle der Meinung, daß keiner lebendig aus dem Kongo zurückkommt), uns gegen hohe Bezahlung zur Grenze zu fahren — eine Strecke von mehr als zweihundert Kilometern.

8. Am nächsten Tag zu Mittag machen wir uns zur Grenze auf, die von einem halbnackten Polizisten in Begleitung eines halbnackten Mädchens und eines Buben bewacht wird. Sie machen uns keine Schwierigkeiten, und alles scheint gutzugehen, bis wir nach etwa einem Dutzend Kilometern, im Städchen Aba, von einer Patrouille der Kongo-Gendarmerie gestoppt werden. Ich vergaß hinzuzufügen, daß uns noch in Kairo ein Minister der Regierung Lumumba, Pierre Mulele (der spätere Führer des Simba-Aufstandes, der dann ermordet wurde), handschriftlich auf einem Stück Papier Visa für den Kongo ausstellte. Doch wen kümmerten diese Visa? Der Name Mulele sagte den Gendarmen nichts. Ihre verschlossenen, finsteren Gesichter, bis zur Hälfte von tiefsitzenden Helmen verdeckt, blieben abweisend. Sie befahlen uns, in den Sudan zurückzukehren. Fahrt zurück in den Sudan, sagten sie, eine Weiterfahrt wäre gefährlich, je weiter, um so schlimmer. Als wären sie die Wächter der Hölle, die hinter ihrem Rücken begänne. In den Sudan können wir nicht zurück, sagte Jarda, wir haben keine Retourvisa (das entsprach der Wahrheit). Wir begannen zu feilschen. Zu diesem Zweck hatte ich ein paar Kartons Zigaretten mitgenommen und die Tschechen eine Kiste Modeschmuck. Mit ein paar Kleinigkeiten (künstliche Korallen, Ohrclips) bestachen wir die Gendarmen. Sie ließen uns weiterfahren, und ihr Anführer beorderte sogar einen Sergeanten namens Serafin ab, uns als Eskorte zu begleiten. In Aba mieteten wir einen Wagen mit einheimischem Chauffeur. Es war ein riesiger, alter, völlig heruntergekommener Ford. Doch die riesigen, alten, völlig heruntergekommenen Fords haben den

Vorteil, daß sie zuverlässig sind, daß man mit ihnen durch den ganzen afrikanischen Kontinent kommt und noch ein Stückchen darüber hinaus.

9. Beim Morgengrauen brachen wir nach Stanleyville auf — tausend Kilometer auf regennasser Erdpiste, kein einziger Kilometer asphaltiert oder gepflastert: Wir fuhren die ganze Zeit wie durch einen grünen, düsteren Tunnel, umhüllt vom Gestank modernder Blätter, faulender Äste und Wurzeln, da wir immer tiefer in den größten Dschungel Afrikas vorstießen, in eine phantastische Welt sich zersetzender und sprießender, monströs sich vervielfältigender Botanik. Wir fuhren durch tropisches Dickicht, das uns mit Angst und Bewunderung erfüllte, und mußten unseren Ford immer wieder aus roten, glitschigen Lehmkuhlen oder mit brauner Entengrütze überwachsenen Sumpflöchern ziehen. Unterwegs wurden wir von Gendarmen angehalten, die betrunken oder hungrig waren, gleichgültig oder aggressiv; aufrührerische, verwahrloste, verwilderte Soldaten, die das Land mit Raub und Vergewaltigung tyrannisierten. Wenn wir von einem solchen Posten angehalten wurden, stießen wir Serafin aus dem Wagen und schauten, was passierte. Wenn Serafin den Gendarmen um den Hals fiel, atmeten wir erleichtert auf; das bedeutete, daß sie Stammesbrüder waren. Wenn sie ihn jedoch ohrfeigten und mit Kolbenschlägen traktierten, wurde uns angst und bang — dann erwartete uns dieselbe Behandlung oder noch Schlimmeres. Ich weiß nicht, was es war — Dummheit und Mangel an Phantasie oder Leidenschaft und Ehrgeiz, Gedankenlosigkeit oder die Empfindung einer selbstauferlegten Pflicht, Verrücktheit oder Ehrgefühl, daß wir diesen Weg fortsetzen wollten (auf dem man so leicht sein Leben verlieren konnte). Während der Fahrt spürte ich, wie mit jedem Kilometer ein neuer Schlagbaum hinter uns fiel, wie immer neue Tore zuschlugen und eine Rückkehr unmöglich wurde. Nach zwei Tagen Fahrt erreichten wir Stanleyville.

Lumumba

Dieser Mann war gestern bei uns. Sie kamen in einem kotbespritzten Wagen an. Der Wagen stand vor der Bar. Dieser Mann ging ein Bier trinken. Die anderen drei spazierten durch die Stadt. In der Bar war es leer, der Mann saß allein da und trank sein Bier. Der Barmann legte eine Platte auf. Bill Haley sang: »See you later, alligator«. — »Nicht nötig«, sagte der Mann am Tisch. Der Barmann nahm die Platte weg. Die drei anderen betraten die Bar. »Seid ihr fertig?« fragte der Biertrinker. »Fertig«, antworteten sie, und alle vier verließen den Raum. Die Leute standen am Platz und schauten, wie die vier dahinschritten: vorneweg ein schlanker, großgewachsener Mann, hinter ihm drei gedrungene Kerle mit langen Armen.

Die Mädchen stießen einander an, der Schlanke gefiel ihnen. Er lächelte erst den Mädchen zu, dann allen, dann begann er zu sprechen. Wir kannten ihn nicht. Für gewöhnlich kannten wir alle, die zu uns kamen, um Reden zu halten, doch ihn sahen wir zum ersten Mal. Früher kam immer ein Weißer. Der wischte sich die Stirn mit seinem Tuch und murmelte etwas vor sich hin. Nur die Nächststehenden verstanden ihn und wiederholten es dann für die anderen. Er murmelte stets etwas von Steuern und Fronarbeit. Er war Verwalter, deshalb kam ihm nichts anderes in den Sinn.

Manchmal tauchte auch Mami auf, unser König, der König der Banga. Mami trug zahlreiche Korallen und Armbänder, die hohl klangen, wenn sie gegeneinanderschlugen. Mami hatte keine Macht, doch er sagte, die Banga würden die Macht zurückerobern. Dann wollten sich die Banga an den Angra rächen, die sie von den Ufern des fischreichen Flusses Aruwimi vertrieben hatten. Mami klatschte in die Hände, und die Armbänder klangen hohl.

Doch dieser Mann redete anders. Er sagte, unser Stamm sei nicht der einzige, es gebe eine ganze Familie von Stämmen, und diese Familie heiße *nation congolaise*. Alle müßten Brüder sein, das mache stark. Er sprach lange, bis in die Nacht und Finsternis hinein. Die Finsternis nahm allen die Gesichter. Nur mehr die Worte des Mannes waren zu sehen. Die Worte waren hell. Wir konnten sie deutlich ausmachen.

Er sagte: »Gibt es Fragen?« — Alle schwiegen. Es war üblich, daß der, der Fragen stellte, später Prügel bezog. Darum herrschte Stille. Endlich rief einer: »Du! Und wie heißt du?« — »Ich?« lachte der Mann, »ich heiße Lumumba, Patrice Lumumba.«

Das ist er: großgewachsen, energisch, wischt er sich mit langen, nervösen Fingern den Schweiß von der Stirn. Er hat ein Gesicht, wie es den Leuten hier gefällt, denn es ist schwarz, doch die Gesichtszüge sind europäisch. Patrice schlendert durch die Straßen von Stanleyville. Er bleibt stehen, kehrt um, geht weiter. Er ist allein, in Gedanken hält er einen großen Monolog.

Wir saßen abends im Zimmer, als Kambi hereinkam. Er hatte einen Gesichtsausdruck, den ich nie mehr sehen möchte. Er sagte dumpf:

»Patrice Lumumba ist tot.«

Ich dachte, der Boden breche auf und wir stürzten zwei Stockwerke tief hinunter. Ich blickte Kambi an. Er weinte nicht, drohte nicht mit der Faust, fluchte nicht. Er stand ratlos da. Das ist ein häufiger Anblick in diesem Land: Ein Mensch steht ratlos da. Weil er Minister wurde — und nicht weiß, was er tun soll. Weil seine Partei zerbricht — und er nicht weiß, wie er sie wieder zusammenfügen könnte. Weil er auf Hilfe wartet — und keine kommt.

Kambi setzte sich und wiederholte immer wieder, wie den Vers eines Rosenkranzes:

»Das waren die Belgier, die Belgier, die Belgier . . . «

Ich horchte auf die Geräusche der Stadt. Ob nicht geschossen wird. Ob nicht die Rache beginnt. Doch Stan war dunkel, tot und still. Niemand entzündete Scheiterhaufen. Niemand holte sein Messer hervor.

»Kambi, hast du einmal Lumumba gesehen?«

Nein. Kambi hat ihn nie gesehen. Doch er kann ihn hören. Er und sein Freund Ngoy bringen ein Magnetophon. Sie stecken es an, das Band beginnt sich zu drehen.

Eine Rede Lumumbas im Parlament.

Kambi dreht den Ton lauter. Jetzt spricht Patrice mit lauter Stimme. Die Fenster sind offen, und die Worte tönen bis auf die Straße hinaus. Doch die Straße ist leer, alle Tore sind geschlossen. Patrice spricht zur leeren Straße, er sieht das nicht, er weiß nichts davon, nur seine Stimme existiert.

Kambi hört ihn ohne Unterlaß. Wie Musik. Er stützt die Stirn in die Hände und schließt die Augen. Das Band dreht sich langsam, raschelt leise. Patrice ist ruhig, er beginnt emotionslos, fast trocken. Zuerst informiert er, skizziert er die Situation. Er spricht deutlich, mit hörbarem Akzent, betont sorgfältig die Silben, wie ein Schauspieler, der an die letzten Reihen denken muß. Plötzlich wird seine Stimme höher, vibriert, wird durchdringend, spannungsgeladen, beinahe hysterisch. Patrice attackiert die Interventionisten. Man hört ein leichtes Klopfen — er pocht mit der Faust auf das Rednerpult, um die Kraft seiner Argumente zu untermauern. Die Attacke ist gewaltig, doch kurz. Das Band dreht sich leise, man hört den wellenförmigen Rhythmus der Spulen. Kambi hat den Atem angehalten — nun holt er rasch Luft. Wieder Patrice. Die Stimme ruhig, langsam, Pausen zwischen den Worten. Ein Ton der Verbitterung, der Enttäuschung, er spricht mit zusammengepreßter Kehle. Er spricht zu einem zerstrittenen Saal, wie auf einer Versammlung der polnischen Schlachta. Gleich werden die Stänkerer ihre Stimme erheben.

Sie bleiben still.

Der Saal schweigt. Patrice hat sie wieder in der Hand. Er erklärt, überzeugt. Die Stimme wird zum Flüstern. Kambi beugt sich über das Tonband. Er hört die Bekenntnisse des Anführers. Flüstern, Flüstern, das Rauschen des Bandes und Flüstern. Atmen. Der Saal ist stumm. Der Saal schweigt, die Straße ist leer, der Kongo nicht zu sehen. Es gibt keinen Lumumba, das Band dreht sich. Kambi horcht. Die Stimme gewinnt an Farbe, Kraft, Spannung. Auf der Tribüne steht ein Agitator. Seine letzte Chance: zu überzeugen, sie zu erobern, mitzureißen. Alles in eine Waagschale. Das Band dreht sich, ein verrückter Wirbel der Worte, *l'unité, l'unité,* eine Fülle von Argumenten, mitreißenden Phrasen, es gibt kein Zurück, wir müssen dorthin, dorthin, wo unser *uhuru* ist, unser aufrechtes Rückgrat, unsere Hoffnung, Maniok und Kongo, Sieg, *l'indépendance.*

Nun lodern die Flammen.

Das Band springt von der Spule.

Ich habe gehört, wie Nasser gesprochen hat. Wie Nkrumah gesprochen hat. Und Sékou Touré. Und nun höre ich Lumumba. Man muß gesehen haben, wie Afrika ihnen zuhört. Man muß die Massen sehen, die zu den Versammlungen strömen: feiertäglich, gespannt, mit fiebernden Blicken. Und man braucht starke Nerven, um den Moment der ekstatischen Begeisterung zu ertragen, mit der sie ihre Führer begrüßen. Es tut gut, mitten in der Menge zu stehen. Gemeinsam mit ihr zu klatschen, zu lachen, wütend zu werden. Dann spürt man ihre Geduld und ihre Kraft, ihre Hingebung, ihre Angst. Eine Versammlung in Afrika ist stets ein Volksfest, voll Freude und Würde, wie ein Erntedankfest. Die Medizinmänner vollführen ihre Beschwörungen, die Imame lesen aus dem Koran, die Orchester spielen Jazzmelodien. Der Wind treibt buntes Kreppapier vor sich her, die Händlerinnen verkaufen Rasseln, und die Großen sprechen vom Rednerpult über die Politik. Nasser sprach hart, deutlich, stets dynamisch, impulsiv, machtvoll. Touré treibt seinen Spaß mit der Menge, erobert sie mit seinem stets freundlichen Lächeln, seiner feinen Nonchalance. Nkrumah ist pathetisch, konzentriert, mit dem Gehabe eines Predigers, das er sich von seinen Auftritten in den Negerkirchen Amerikas bewahrt hat. Und dann wirft sich die Menge, berauscht von den Worten der Führer, in Ekstase vor die Räder von Gamals Wagen, hebt die Limousine Sékous in die Höhe, quetscht sich die Rippen, um das Automobil Kwames zu berühren.

Blitzkarrieren, große Namen. Das erwachte Afrika braucht große Namen. Als Symbole, als Zement, als Kompensation. Durch Jahrhunderte war die Geschichte dieses Kontinents anonym. Im Verlauf von dreihundert Jahren haben die Händler von hier Millionen Sklaven weggeschleppt. Wer kann den Namen eines Opfers nennen? Durch Jahrhunderte wurde gegen die weiße Invasion gekämpft. Wer kennt einen Kämpfer beim Namen? Welche Namen erinnern an die Leiden der schwarzen Generationen, sprechen vom Mut ausgerotteter Stämme? Asien hatte Konfuzius und Buddha, Europa — Shakespeare und Napoleon. Aus der afrikanischen Vergangenheit ragt kein Name herüber, den die Welt kennt. Ja, nicht einmal Afrika selber kennt sie.

Doch nun schreibt jedes Jahr des großen afrikanischen Marsches, als gelte es Versäumtes nachzuholen, neue Namen in die Geschichte: 1956 — Gamal Nasser, 1957 — Kwame Nkrumah, 1958 — Sékou Touré, 1960 — Patrice Lumumba.

Keiner klimmt schwitzend die Leiter amtlicher Beförderungen hinauf, sammelt Stimmen, verneigt sich vor Gönnern. Es ist die Welle des Befreiungskampfes, die sie an die Spitze trägt, sie sind Kinder des Sturms und Dranges, geboren aus den Bedürfnissen und Bestrebungen nicht nur ihrer eigenen Länder, sondern des ganzen Kontinents. Daher werden sie auch alle auf ihre Weise zu Führern ganz Afrikas. Jeder bemüht sich, seine Hauptstadt zum Mekka der Schwarzen Ordnung zu machen.

Diese vier sind nie zusammengetroffen: Lumumba hat es nicht geschafft. Alles im Leben dieses Mannes lief auf eines hinaus: Er schaffte es nicht mehr. Zu einer Zeit, da Kasawubu oder Bolikango langsam Anhänger sammeln, ist Lumumba noch nicht in Sicht, weil er entweder zu jung ist oder im Gefängnis sitzt. Jenen geht es übrigens um ihre lokalen Vorgärten, während Lumumba an den ganzen Kongo denkt.

Der Kongo ist ein Ozean, ein riesiges, kontrastreiches Fresko. Kleine Gruppen von Menschen leben verstreut im riesigen Dschungel und in der weiten Savanne, oft ohne einander zu kennen oder auch nur voneinander zu wissen. Sechs Menschen pro Quadratkilometer. Der Kongo ist so groß wie Indien. Gandhi brauchte zwanzig Jahre, um durch Indien zu reisen. Lumumba wollte den Kongo in einem halben Jahr durchmessen. Das war unmöglich.

Für den Kongo war das, so wie für Indien, die einzige Möglichkeit: durchs Land zu reisen. In jedes kleine Dorf zu fahren, in jedem Städtchen haltzumachen und zu reden, zu reden, zu reden. Die Menschen wollen ihren Führer sehen, zumindest wollen sie ihn einmal hören. Denn vielleicht predigt er schlechte Dinge und gottloses Zeug? Man will ihn sehen, er soll sagen, was er zu sagen hat, und dann wird man entscheiden, ob er der Führer ist oder nicht. In anderen Ländern haben die Führer die Presse, das Radio, Film und Fernsehen. Sie verfügen über Kader.

Lumumba hatte nichts von alldem. Alles war belgisch, und Kader gab es keine. Selbst wenn er eine Zeitung gehabt hätte, wie viele Menschen hätten sie lesen können? Wenn er eine Radiostation besessen hätte, in wie vielen Häusern gibt es Rundfunkempfänger? Man muß das ganze Land bereisen. Wie Mao, wie Gandhi, wie Nkrumah und Castro. Auf alten Bildern sehen wir sie alle in ihrer einfachen, bäuerlichen Kleidung. Mao schnallt einen Gürtel um seine Filzjacke, Mahatma schauen die dürren Beinchen aus dem Dhoti, Kwame hat die gemusterte Kente um die Schulter geworfen, und Fidel trägt wie immer sein verschossenes Partisanenhemd.

Lumumba ist stets von ausgesuchter Eleganz. Blendend weißes Hemd, steifer Kragen, Manschettenknöpfe, ein modischer Krawattenknoten, teure Brillenfassung. Das ist nicht die Art des Volkes. Das ist der Stil der *evolués,* die sich wie Europäer zurechtmachen. Wenn Nkrumah nach Europa reist, kleidet er sich demonstrativ afrikanisch, wenn Lumumba in ein afrikanisches Dorf fährt, zieht er demonstrativ einen europäischen Anzug an. Das ist vielleicht nicht einmal eine Demonstration. Doch als solche wird es aufgefaßt.

Im übrigen besucht er nur selten die Dörfer. Patrice war nicht der Typ des Volksführers. Auch nicht des Arbeiterführers. Er war ein Kind der Stadt, und in der afrikanischen Stadt wohnen keine Proletarier, sondern Beamte und Kleinbürger, obwohl das in unseren Ohren gar nicht schön klingt. Und Patrice hat nicht im Dorf begonnen, sondern in der Stadt. Nicht bei den Bauern, sondern bei denen, die gestern Bauern waren. Das ist etwas anderes. Ein Mensch, der direkt aus dem Dschungel auf den Albert-Boulevard in Leo kommt, torkelt wie trunken herum. Der Kontrast ist zu stark, der Sprung zu gewaltig. Dort lebte er in seinem Stamm, und alles war einfach und klar. Die Stammesordnung verlieh ihm, ob er wollte oder nicht, eines: Gleichgewicht im Leben. Er wußte, wenn er sich in der Situation X befand, dann gab es einen Ausweg Y. Das war nun einmal so. In der Stadt jedoch war der Mensch auf sich allein gestellt. In der Stadt gibt es den Patron, den Wohnungsbesitzer, den Geschäftsinhaber. Fremde Menschen. Die einen geben dir Geld, anderen mußt du Geld geben. Von der zweiten Sorte gibt es mehr, daher die Armut. Keiner kümmert sich um den anderen. Es gibt keine Arbeit mehr. Man muß irgendwohin gehen. Die Menschen gehen in die Bar.

Die Karriere Lumubas begann in Wirklichkeit in den Bars. Man sagt, daß es in den Lehmvierteln von Leo fünfhundert Bars gibt. Eine afrikanische Bar hat keine Ähnlichkeit mit der Bar *Łowicki* in Warschau. Im *Łowicki* stellt sich der Gast in der Schlange an, bekommt hundert Gramm Wodka, dazu eine saure Gurke und geht seines Weges. Wenn er nochmals hundert Gramm will, heißt es neuerlich anstellen. Gedränge und Hast, keine Rede von kultiviertem Leben.

Meine liebste Bar in Afrika heißt *Alex*. Die Namen sind oft irreführend: *Warum nicht?*, *Du verirrst dich* oder *Nur du.* In letzter Zeit tauchten Schilder mit pathetischen Namen auf: *Unabhängigkeit, Freiheit, Kampf* usw. *Alex* ist eine kleine ebenerdige Bude, stets herausgeputzt wie eine Dorfkneipe zur Hochzeit: grell und übertrieben. Sie steht im Schatten von Palmen, geschmückt mit Reklameschildern für Coca Cola, Martell und Shell. Am Morgen ist sie leer, doch abends zieht sie massenweise Menschen an. Sie sitzen auf eisernen Sesseln an eisernen Tischen und trinken Bier.

Bier muß sein. Viele Flaschen und viele Gläser. Die Kapseln klingeln am Boden. Aus diesen Kapseln fertigen die schwarzen Mädchen Gürtel, die sie um die Hüften tragen. Wenn ein Mädchen geht, klirren die Kapseln leise. Dieses Klirren soll verlocken. Jazz muß es geben. Heiseren Rock, heiseren Armstrong, die Platten bereits so abgespielt, daß sie keine Melodie mehr wiedergeben, nur mehr heiseres Rauschen. Doch die Bar tanzt. Es hat nichts zu bedeuten, daß alle sitzen. Achtet auf die Beine, die Arme, die Hände. Man kann reden, sich zanken, flirten, Geschäften nachgehen, die Bibel lesen oder dösen. Der Körper tanzt immer. Der Bauch wogt wellenförmig, der Kopf pendelt, so wird die ganze Bar bis spät in die Nacht hinein schwingen.

Hier ist das zweite Zuhause. In seinem eigenen Heim kann man nicht sitzen, weil es dort eng ist, grau und erbärmlich. Die Weiber krakeelen, die Rangen pissen in die Ecke, es gibt kein buntes Krepppapier und keinen singenden Armstrong. Zuhause — das ist Zwang, die Bar jedoch bedeutet Freiheit. In die Bar kommt kein weißer Spitzel, weil man einen

Weißen auf viele Kilometer erkennt. Drum kann man über alles reden. In der Bar gibt es stets viele Worte. Die Bar diskutiert, zankt sich, sinniert. In der Bar wird alles beredet, durchgekaut, stets von neuem erörtert, wird die Wahrheit gesucht. Jeder kommt, um seinen Senf beizutragen. Das Thema der Diskussion ist ohne Bedeutung. Wichtig ist nur, mitzureden. Sich auszusprechen. Die afrikanische Bar ist wie das Forum im alten Rom, der Markt in einer mittelalterlichen Stadt, die Weinstube *Robespierre* in Paris. Hier werden Meinungen gemacht, lobende oder vernichtende. Hier wird aufs Piedestal gehoben oder auf die Straße gestürzt. Wenn sich die Bar für dich begeistert, machst du eine steile Karriere; wenn sie dich verhöhnt, kannst du gleich in den Dschungel zurückkehren. Im Dunst schäumenden Bieres, im strengen Geruch der Mädchen, im unverständlichen Dröhnen der Tamtams fallen Namen, Daten, Meinungen und Urteile. Ein Problem wird aufgeworfen, hin und her gewendet, Pro und Kontra werden erörtert. Einer wedelt mit der Hand, eine Frau säugt ihr Baby, an einem Tisch scheppert ein Lachen. Gerüchte, Schweiß und Gedränge. Hier wird der Preis für eine gemeinsame Nacht ausgehandelt, dort das Programm für eine Revolution entworfen, daneben empfiehlt jemand einen guten Zauberer, dort wird von einem Streik berichtet. In einer Bar habt ihr alles: Klub und Pfandleihe, Promenade und Kirchenvorraum, Theater und Schule, Kneipe und Versammlung, Bordell und Parteikomitee.

Mit der Bar muß man rechnen, und Lumumba versteht das sehr gut. Er trinkt auch gerne ein Bier.

Patrice schweigt nicht gern. Er spürt, daß er etwas zu sagen hat, und das will er herausschleudern. Patrice ist ein begeisternder, genialer Redner. Er beginnt mit Zufallsgesprächen in der Bar. Niemand kennt ihn hier: ein fremdes Gesicht. Weder ein Bangala noch ein Bakongo. Mehr noch: er ergreift für keinen der beiden Stämme Partei. »Es gibt nur einen Kongo«, sagt dieser Fremde. Der Kongo ist ein großes Thema, über das man endlos reden könnte, ohne sich je zu wiederholen. Solche Dinge hört man gern. Und die Bar beginnt zuzuhören. Erstmals schweigt die Bar, sie wird still, sie erstarrt. Sie spitzt die Ohren, überlegt, prüft ihre Ansichten. »Unser Land ist riesig«, sagt Patrice belehrend. »Es ist reich und schön. Wir könnten eine Großmacht sein, wenn die Belgier abziehen. Was müssen wir den Belgiern entgegenstellen? Unsere Einheit. Es ist nicht gut, wenn die Bangalas den Bakongos Giftschlangen in die Hütten werfen. Das ergibt Zank und Hader, keine *fraternité*. Ihr habt keine Freiheit, eure Frauen besitzen nicht einmal ein Büschel Bananen. Das ist kein Leben.«

Patrice spricht einfach. Zu diesen Menschen muß man einfach sprechen. Er kennt sie. Er ist auch vom Dorf, er versteht diese Naturen, die keinen Fahrplan besitzen und keine Orientierung, die aus den Geleisen geworfen wurden und in der neuen Welt der unverständlichen Stadt eine neue Stütze suchen, ein Ruder, das man packen kann, um aufzutauchen und wieder Luft zu schöpfen, um dann neuerlich im Strom der Gesichter unterzutauchen, im Gewühl des Marktes, in der Hast des Alltags. Wenn man mit diesen Menschen spricht, erkennt man, wie phantastisch sich in ihren Köpfen alles durcheinandermischt. Der Kühlschrank mit Giftpfeilen, de Gaulle und Ferhat Abbas, die Angst vor dem Zauberer mit der Bewunderung für den Sputnik. Als die Belgier ihre Soldaten in den Kongo schickten, befahlen sie ihnen, die Uniformen von Fallschirmjägern anzuziehen. Ich zerbrach mir immer den Kopf, warum es dort nur Fallschirmjäger gab. Bis mir jemand erklärte: weil man die hier besonders fürchtet. Weil sich die Menschen in Afrika vor Menschen fürchten, die vom Himmel fallen. Wenn einer vom Himmel fällt, kann das kein gewöhnlicher Mensch sein. Irgend etwas hat es mit dem auf sich, und es ist besser, das gar nicht erst näher zu erforschen.

Parice ist ein Sohn seines Volkes. Er ist manchmal naiv und mystisch, er hat auch diesen Hang, von einem Extrem ins andere zu fallen, vom jubelnden Freudenausbruch zur stillen Verzweiflung. Lumumba ist eine faszinierende, weil ungemein komplexe Gestalt. Nichts an ihm läßt sich definieren. Jede Formel ist für ihn zu eng. Er ist unruhig, chaotisch, ein Heißsporn, ein sentimentaler Dichter, ein ambitionierter Politiker, ein sprühender Geist, ungewöhlich hochmütig und fügsam zugleich, endlos auf seine Wahrheit vertrauend, taub für die Worte anderer, nur der eigenen wunderbaren Stimme lauschend.

Lumumba bezaubert die Bar. Gleich bei seinem Eintritt. Er gewinnt sie restlos für sich. Patrice spricht immer voll Überzeugung, und diese Menschen wollen überzeugt werden. Sie wollen einen neuen Glauben finden, weil ihr Stammesglaube in Trümmer ging. Bei uns hat man früher gesagt: »Genossen, agitiert uns nicht, von euch erwarten wir bloß die richtige Einstellung.« Lumumba gibt den Leuten in der Bar diese Einstellung. Er lehrt, zeigt, führt. Die Menschen nicken und klatschen. *»Il a raison«*, rufen sie, »er hat recht!« Und heute, wenn man im Kongo seiner gedenkt, wiederholen sie in Gedanken dieselben Worte: *Oui, il avait raison.* Ja, er hatte recht.

1961

Die Vorsitzenden

Sie waren zu dritt. Sie traten stets zu dritt auf und saßen zu dritt in einem großen, staubigen Chevrolet. Der Wagen hielt vor dem Hotel, die Türen knallten, und auf den Stufen waren die Tritte von drei Paar Füßen zu hören. Sie klopften an unsere Tür, traten ein und nahmen in Lehnsesseln Platz. Wenn in Polen drei Leute zusammenkommen, kann man daraus noch nichts schließen. Drei Leute im Kongo jedoch, das kann schon eine Partei sein.

Unser erstes Gespräch. Sie stellten sich vor:

»Wir sind Sozialisten aus Kasai.«

Das war uns sehr angenehm. Nach ein paar einleitenden Sätzen sagte einer ganz offen:

»Wir brauchen Geld.«

»Wofür?« fragte Jarda.

»Wir wollen, daß in Kasai der Sozialismus siegt. Und aus diesem Grund müssen wir die führenden Persönlichkeiten unserer Provinz bestechen.«

Alle drei waren jung, und der Jugend muß man verzeihen. Jarda sagte, dieses System könne nicht mit Geld zum Sieg geführt werden. Und er erwähnte noch die Massen. Vor allem die Massen, betonte Jarda. Die Sozialisten saßen niedergeschlagen da. Für sie waren die Massen nicht so wichtig. Hatten wir etwa gesehen, daß hier Millionen in Bewegung gerieten? Die Millionen sind passiv, unbeweglich und zersplittert. Das ganze Spiel wird unter den Führern abgemacht. Höchstens fünfhundert Namen. Und ebendiese Namen muß man kaufen. Wenn man ein paar kauft, kann man schon eine Regierung bilden und eine kleine Republik gründen. Wer bezahlt, der bestimmt die Richtung. So entstanden die Regierungen Tschombés, Kalondschis und Bolikangos. Doch es gibt noch eine Vielzahl anderer Möglichkeiten. Es gibt noch Reserven, die bislang nicht genützt wurden. Ich überschlug rasch im Kopf, daß mir noch tausend Dollar geblieben waren. Ich fragte mich, ob ich mir um diese Summe eine Republik kaufen könnte. So eine mit echtem Heer, mit einer Regierung und einer Hymne. Es könnte wohl nur eine kleine Republik sein. Tausend Dollar ist nicht viel Geld. Ich konnte weder mit Washington noch mit London oder Brüssel konkurrieren. Ich mußte passen. Meine Freunde ebenso. Um jedoch das Gespräch in Gang zu halten, begann Jarda sie über ihre Partei auszufragen. Sie waren Mitglieder der Sozialistischen Partei von Kasai. Und sie hatten auch ein Programm: Sie wollten Kalondschi verjagen, die Stammeskämpfe einstellen, die Einheit des Kongos bewahren. Ein lobenswertes Programm.

»Ist die Partei groß?« fragte Jarda.

Sie überreichten uns eine Liste der Mitglieder. Am Kopf des Bogens stand gedruckt: *Parti Socialiste du Kasai*. Darunter folgten drei Namen und Posten: Präsident, Generalsekretär und Schatzmeister. »Ist das alles?« fragte einer von uns taktlos. Ja, das war alles, wenn man nicht den staubigen Chevrolet, die Frau des Präsidenten und seine beiden kleinen Söhne mitrechnen wollte. Pierre Artique, eine Autorität in diesen Fragen, listet etwa neunzig kongolesische Parteien auf. Zu den Wahlen im Jahre 1960 stellten sich hundertzwanzig, und wenn jemand sagt, daß es zweihundert Parteien gibt, sollte man ihm nicht widersprechen. Bei uns schütteln die Leute den Kopf, wenn sie eine solche Ziffer vernehmen, und sagen, das sei aber reichlich viel. Doch es ist gar nicht so viel.

In zahlreichen europäischen Ländern gab es ebenfalls zweihundert Parteien und vielleicht noch mehr. Nur erstreckt sich das über einen langen Zeitraum hinweg. Jedes Jahr entstanden ein paar neue Parteien, die sich nicht halten konnten und wieder verschwanden. Das Leben, die Zeit und die Umstände trafen eine natürliche Auslese. Es gab herrschende Parteien und Splitterparteien ohne größere Bedeutung. Die einen wurden noch oben getrieben, während die anderen spurlos untergingen. Das Unglück des Kongos ist, daß das Land keine Zeit hat. In drei Jahren passiert hier, was in anderen Ländern in drei Jahrhunderten geschieht.

Seit dem Jahre 1958 werden immer mehr Parteien gegründet. Oft gleich ein paar pro Woche. Manchmal fragen die Leute, warum gleich so viele? Würden nicht auch drei oder fünf reichen? Natürlich wäre das genug, jedoch nicht im Kongo. Die Belgier hielten die Menschen hier nicht nur von der gesamten übrigen Welt isoliert, sondern auch von den Vorgängen im eigenen Land. Ein durchschnittlicher Bewohner des kongolesischen Krakaus hatte keine Ahnung, was im kongolesischen Posen geschah. Selbst wenn er hinfahren wollte, fehlten ihm die Mittel dazu. Im übrigen ist die Entfernung von Krakau nach Posen im Kongo gleichbedeutend mit der Entfernung von Warschau nach Madrid.

In Leo wurde zum Beispiel die Volkspartei des Kongos gegründet. Gleichzeitig entstanden Parteien desselben Namens in Kindu, in Boende und in Kenge. Doch die eine wußte von der anderen nichts. Gut, doch dann gewann das Land seine Freiheit wieder, dann hätte man alle diese Parteien ja zusammenlegen können. Doch das war nicht möglich. Es gab eine Begegnung der Vorsitzenden der Volksparteien aus Leo, Kindu, Boende und Kenge. Und sie kamen überein, sich zu einer Partei zusammenzuschließen.

Eine Partei, das bedeutet aber auch einen Vorsitzenden. Wer wird Vorsitzender Nummer eins sein? Jeder möchte das sein! Keiner gibt nach, warum sollte er auch? Ich bin ebenso gut wie du, warum soll ich mir von dir befehlen lassen? Wir würden den Vorsitzenden raten, sich dem Urteil der Massen zu stellen. Doch die Massen von Kindu haben den Vorsitzenden aus Boende noch nie gesehen, und der Vorsitzende aus Boende hat den Massen aus Kenge nichts zu sagen, weil er noch nie in Kenge war. Die Massen sind also wenig hilfreich. Was zählt, sind bloß die Hintermänner. Doch auch die sind zerstritten, unnachgiebig und ambitioniert. Denn nun ist der Zeitpunkt gekommen, Karriere zu machen, sich auszuzeichnen, unaufhaltsam höher zu klettern. Und alle spüren, daß sie die gleichen Chancen haben. Es gibt noch keine verdienten Aktivisten, keine hervorragenden Gelehrten, keine erfahrenen Verwalter, keine ordengeschmückten Generäle. Alle haben wir dieselbe Missionsschule besucht; alle sind wir heute kleine Beamte. Doch morgen, morgen kann jeder von uns Präsident sein!

1961

Die Offensive

Das Militär fuhr in der Abenddämerung ab. Wir hörten das Dröhnen der Motoren, dann rollten acht schwere Lastwagen über den Platz. Die Soldaten trugen Helme und standen auf der Ladefläche, an die Bordwand gelehnt, Karabiner auf dem Rücken. Es ist hierzulande nicht Brauch, daß Soldaten singen. Sie fuhren schweigend durch die leere Stadt, durch die wegen der strengen Polizeistunde entvölkerten Straßen. Insgesamt vielleicht dreihundert Soldaten. Die Wagen bogen in die Landstraße ein, erst war noch das Brummen der Motoren zu hören, dann verlor sich der Lärm in der Stille, im Dschungel, in der Dunkelheit der plötzlich hereinbrechenden Nacht.

Ich wäre gern mit ihnen gefahren. Ich wollte den Krieg sehen, aus diesem Grund war ich in den Kongo gekommen. Doch im Kongo hatten wir keinen Krieg vorgefunden, nur Schlägereien, absurdes Gezänk und miese imperialistische Machenschaften. Es gab hier für uns nichts zu tun. An manchen Tagen setzten wir keinen Fuß vor die Tür des Hotels, weil es sich nicht lohnte, irgendwo hinzugehen. Es hätte keinen Zweck gehabt. Alles erschien entweder zu unverständlich oder zu offensichtlich. Nicht einmal Gespräche hatten einen Sinn. Ein Anhänger Lumumbas hat einen Anhänger Mobutus immer schon für einen Lumpen gehalten, und der Anhänger Mobutus hat im

Lumumbista stets einen Strolch gesehen. Wie oft kann man sich so etwas anhören? Am geduldigsten war Fedjaschin. Fedjaschin ließ sich immer in Gespräche verwickeln, und dann kam er mit solchen Eröffnungen zu uns wie: »Hört mal, der Junge dort sagt, sie hätten in Kindu zahlreiche Anhänger.« Ich weiß nicht, was mit mir los war, aber die Tatsache, daß sie in Kindu zahlreiche Anhänger hatten, regte mich irgendwie gar nicht auf.

Aus diesem Grund wollte ich mit dem Militär fahren. Militär, das ist eine konkrete Wirklichkeit und nicht irgendeine Schaumblase in einem Glas Bier. Das Militär begann nun eine Offensive. Dreihundert Soldaten im Herzen des Kontinents gingen in den Krieg. Und ich durfte nicht dabeisein. Ich hatte meine rote Karte erhalten. Die bekommt man, wenn man einen bestimmten Breitengrad überquert. Wenn man in eine Gegend kommt, wo man erfährt, daß man weiß ist. Das ist eine Entdeckung, eine Sensation, ein Schock. Ich habe 25 Jahre gelebt, ohne mir meiner Hautfarbe bewußt zu sein. Im Hof meines Hauses in Warschau spielen täglich hundert Kinder, und nicht eines von ihnen hat sich je Gedanken über seine Haut gemacht. Sie wissen nur, daß es Ärger gibt, wenn die Haut schmutzig ist. Doch wenn sie rein und weiß ist? Das ist gut! Nun aber ist genau das schlecht. Sehr schlecht sogar. Eine weiße Haut, die bedeutet eben den Ausschluß.

Früher habe ich mich oft über Afrika-Bücher geärgert: In denen ist ständig von Weiß und Schwarz die Rede. Diese oder jene Farbe in allen Schattierungen. Bis ich selber hinfuhr. Dann begriff ich es. Man wird sofort eingeordnet, klassifiziert. Und die Haut beginnt zu jucken. Entweder sie wird als störend empfunden, oder sie bringt Vorteile. Man kann nicht aus ihr heraus, auch wenn sie einen hindert. Sie macht jede normale Existenz unmöglich. Stets ist man entweder etwas Höheres oder etwas Niedrigeres oder ein Außenseiter. Jedoch nie ist man an seinem Platz. Ich spazierte einmal durch das Schwarzenviertel von Accra. Mit einer schwarzen Studentin. Wir gingen nebeneinander, und die Straße höhnte hinter uns her. Wir mußten uns die schlimmsten Beschimpfungen anhören. Flüche und Verwünschungen begleiteten das Mädchen. Es war nicht auszuhalten. »Ich hatte fünf Mann unter mir und zwanzig Schwarze«, erzählt ein Engländer. Das sind die Leute, die diesen Mythos in die Welt gesetzt haben. Den absurden Mythos der Hautfarbe, der heute noch lebt.

Es gibt Leute, die fragen, weshalb im Kongo die Weißen verprügelt werden. Was für eine Frage! Weil die Weißen die Schwarzen prügelten. Nun hat sich der Kreis der Rache geschlossen. Was gibt es da noch zu erklären? Die Menschen lassen sich von dieser Psychose anstecken, sie deformiert sie, raubt ihnen das Leben. Im Dschungel in der Ostprovinz traf ich einen polnischen Emigranten. Im Umkreis von hundert Kilometern war er als einziger Weißer geblieben. Er war schwer krank. Er saß gebückt und murmelte sinnlos vor sich hin: »Mein Herr, ich halte das nicht aus, ich halte es nicht aus.« Er war in der kolonialen Welt aufgewachsen: Ein Schwarzer kam den Weg entlang, die weiße Herrschaft kehrte von einem Empfang zurück, der Schwarze wollte nicht Platz machen, da blieb das Auto stehen, und der weiße Herr gab dem Schwarzen ein paar in die Zähne, der Schwarze ging zu langsam, ein paar in die Zähne, er setzte sich — in die Zähne, er murmelte etwas — in die Zähne, er trank — in die Zähne. Die Schwarzen haben kräftige Zähne, doch irgendwann reicht es ihnen, ständig einzustecken und einzustekken, auch wenn sie ein kräftiges Gebiß besitzen. Die Welt hat sich verändert, und nun sitzt der Emigrant da und bangt um seine lockersitzenden Plomben.

Nun sind die starken Zähne in die Offensive übergegangen und die kariösen haben sich verkrochen. Ich wollte auch an die Front, doch ich hatte die rote Karte erhalten. Ich überlegte, ob ich nicht trotzdem gehen und einfach sagen sollte: »Ich bin aus Polen. Mit sechzehn Jahren bin ich in die Jugendorganisation eingetreten. Auf deren Banner standen die Verbrüderung der Rassen und der gemeinsame Kampf gegen den Kolonialismus. Ich war Funktionär dieser Organisation. Ich organisierte Begegnungen der Solidarität mit dem koreanischen, vietnamesischen, algerischen Volk, mit allen Völkern der Erde. Ich schlug mir mehr als eine Nacht um die Ohren, um Transparente zu malen. Ihr habt ja unsere Transparente nie gesehen: die waren herrlich, riesig groß, so daß sie einem gleich in die Augen sprangen. Ich war mit meinem Herzen auf eurer Seite, mein ganzes Leben lang. Ich habe immer schon die Kolonialisten als schlimme Schufte betrachtet. Ich bin auf eurer Seite und will das durch Taten beweisen.«

Wir machten uns auf, um das vorzubringen. Um uns der Offensive anzuschließen. Wir ließen erleichtert das stickige Hotelzimmer zurück und gingen durch die Stadt. Es war heiß, makaber heiß, doch nichts vermochte uns aufzuhalten. Wir verließen das Zentrum und gelangten in das Eingeborenenviertel. Dahinter lag das Militärlager, in dem sich der Stab befand. Das war unser Ziel. Doch wir kamen nicht weit, plötzlich wurden wir von einem Offizier angehalten. Er funkelte uns drohend an und fragte etwas. Wir verstanden ihn nicht. Der Offizier war kleingewachsen, und wir hätten ihn mühelos erledigen können, doch gleich umringte uns eine Schar von Gaffern. Die Situation war ernst. Der Offizier fluchte und deutete mit dem Finger auf uns, wir aber standen ratlos und stumm vor ihm. Auch er verstand kein Wort von dem, was wir sagten. Wieder begann er zu fragen. Wir blieben stumm. Nun wurde der Kriegsmann wild. Gleich werden sie loslegen, dachte ich. Doch was sollten wir tun: wir standen da und warteten. Da bog aus einer Seitengasse ein Junge auf einem Fahrrad. Er blieb stehen und drängte sich zu uns durch. Er verstand Französisch und übersetzte für uns. Wir sagten, wir seien aus Polen und aus der Tschechoslowakei. Der Junge übersetzte. Die Menschen, die uns umringten, blickten einander an, ob sich vielleicht ein kluger Kopf fände, der mit diesen Namen etwas anfangen könne. Auch dem Offizier sagten sie nichts, und das machte ihn nur noch wütender. Er brüllte wieder los, so daß wir uns wie verängstigte Kaninchen aneinanderdrängten. Wir wollten ihm erklären, daß wir tiefe Freundschaft empfänden und uns voll und ganz mit dem Kampf des Volkes identifizierten, wie ja auch unser Wunsch, an der Offensive teilzunehmen, beweise, doch der Offizier brüllte nur wie ein Stier und ließ uns nicht zu Wort kommen. Offenbar bestand er darauf, daß wir Belgier waren, ich weiß auch nicht, wieso. Endlich fand Jarda einen Ausweg. Jarda wohnt in Kairo und besitzt einen in arabischer Sprache ausgestellten Führerschein. Dieses Dokument holte Jarda heraus und hielt es dem Offizier unter die Nase. Die Menge glotzte erwartungsvoll, und Jarda sagte:

»Nasser. Das ist von Nasser.«

Dieses Wort wirkt in ganz Afrika Wunder. Aha — nun begriff der Offizier endlich — dann kommt ihr von Nasser. Hol's der Teufel, daß auch so viele Menschen auf dieser Welt wie Belgier aussehen!

»Das ist nicht unsere Schuld«, sagte ich auf polnisch, »nicht im geringsten unsere Schuld.«

Der Offizier reichte uns die Hand, machte kehrt und stolzierte davon. Die Menge zerstreute sich, und wir blieben allein zurück. Wir hätten weitergehen können, doch irgendwie hatte alles seinen Glanz verloren. Wir hatten eigentlich keinen Grund zu klagen. Auch bei uns gibt es viele Menschen, die nicht wissen, daß Länder wie Gabun oder Botsuana existieren, obwohl es die tatsächlich gibt. Ich blätterte einmal ein Lehrbuch der belgischen Geschichte durch, das für die Schulen im Kongo geschrieben wurde. Wenn man von diesem Lehrbuch ausgeht, könnte man meinen, es gebe auf der Welt nur Belgien. Nichts weiter.

Wir saßen wieder im Hotel. Jarda hörte Radio. Dušan las ein Buch, ich trainierte Schattenboxen.

1961

Fortsetzung des Entwurfs eines Buches, das an dieser Stelle (usw.)

10. *In dem Buch, das ich mangels Zeit und genügend starkem Willen nicht schrieb, wollte ich die Geschichte der paar Stunden erzählen, die wir in jener Nacht erlebten, als Stanleyville davon erfuhr, daß Lumumba ermordet worden war, und noch dazu auf so bestialische und erniedrigende Weise. Am Morgen wurden wir durch einen gellenden Schrei geweckt. Wir sprangen aus den Betten — ich schlief mit Dušan in einem Zimmer, Jarda im Zimmer nebenan — und liefen zum Fenster. Auf der Straße vor unserem Hotel (es hieß* Résidence Équateur*) mißhandelten Gendarmen einen Weißen. Zwei drehten ihm die Arme auf den Rücken, so daß er mit vorgebeugtem Kopf knien mußte, und der dritte trat ihn mit den Stiefeln ins Gesicht. Gleichzeitig hörten wir im Korridor die Rufe weiterer Gendarmen, die durch die Zimmer stürmten und Weiße auf die Straße trieben. Offensichtlich war der Tag der spontanen Rache angebrochen, die die Gendarmen an der weißen, kolonialen Rasse nehmen wollten, die sie für den Tod Lumumbas verantwortlich machten. Ich blickte zu Dušan hinüber: er stand bleich mitten im Zimmer, Angst im Blick, und wahrscheinlich stand ich selber auch bleich und mit Angst im Blick da. Wir horchten, ob das Trampeln der Stiefel und das Hämmern der Kolben an den Türen näher käme, und kleideten uns hastig an, denn es ist nicht ratsam, den Sol-*

daten im Pyjama oder Hemd gegenüberzutreten, das macht die Situation nur noch schlimmer. Der Mann auf der Straße schrie immer noch und blutete stark. Inzwischen trieben die Gendarmen noch ein paar Weiße aus dem Hotel, von denen ich gar nicht wußte, woher sie kamen, denn für gewöhnlich war unser Hotel leer.

11. Für den Augenblick rettete uns ein Zufall, und zwar die Tatsache, daß man unsere Zimmer nicht vom Gang aus betrat, sondern von der Terrasse am Ende des Gebäudes, denn die Gendarmen machten sich nicht die Mühe, alle Ecken zu durchstöbern. Sie warfen unsere malträtierten Nachbarn auf einen Lastwagen und fuhren mit ihnen davon. Augenblicklich trat Grabesstille ein. Jarda war in unser Zimmer gekommen und hatte sein Radio mitgebracht. Die Rundfunkstation von Stanleyville sendete ein Regierungskommuniqué, das an alle Weißen, die sich noch in der Stadt aufhielten, appellierte, in Hinblick auf das Verhalten vereinzelter Individuen und mancher Militärgruppen, die die Regierung »nicht völlig unter Kontrolle« habe, nicht auf die Straße zu gehen und sich nicht in der Öffentlichkeit blicken zu lassen. Da wir nicht tatenlos im Zimmer sitzen wollten, gingen wir in die Halle hinunter in der Hoffnung, es würde jemand auftauchen und berichten, was vorgefallen war. Wir waren nicht als Touristen da, sondern als Korrespondenten, die zu arbeiten haben, und zwar um so mehr, je dramatischer die Verhältnisse sind. In der Halle war niemand zu sehen. Wir saßen bei der Eingangstür in Fauteuils um ein kleines Tischchen. Es war bereits glühend heiß, und ebenso glühend war unser Wunsch nach kühlem Bier, doch an Bier war gar nicht zu denken. Zu jener Zeit hatten wir nicht einmal mehr genug zu essen. Unser tägliches Mahl bestand aus einer Dose holländischer Würstchen, die wir uns zu dritt teilen mußten. Eine Dose enthielt fünf kleine Würstchen. Jeder durfte eines essen, und dann entschied das Los — der Verlierer bekam kein zweites Würstchen. Außer diesem einen (oder den zwei) Würstchen bekamen wir nichts zwischen die Zähne, doch auch diese Vorräte neigten sich dem Ende zu. So saßen wir durstig und schweißgebadet in der Halle. Plötzlich hielt ein Jeep vor dem Hotel, aus dem eine Handvoll junger Männer mit automatischen Gewehren sprang. Offenbar eine Schlägerbande, eine Racheschwadron. Ja, man brauchte nur ihre Gesichter zu sehen: sie waren auf Blut aus. Sie brachen wie ein Wirbelsturm in die Halle, umringten uns und hielten uns die Läufe ihrer Gewehre an die Schläfen. In diesem Moment dachte ich: Das ist das Ende. Ich rührte mich nicht und blieb unbeweglich sitzen, nicht, weil ich so mutig war, sondern aus rein technischen Gründen — ich spürte, daß mein Körper aus Blei war, viel zu schwer, um ihn zu bewegen. In diesem Augenblick, da unser Schicksal eigentlich schon entschieden war, ereignete sich folgendes: Der Führer der Schlägerbande stürmte in die Halle. Ein junger Bursche, ein Mulatte, mit dem Blick eines Irren. Er kam in die Halle, sah uns und blieb wie angewurzelt stehen. Er blieb stehen, weil er Jarda gesehen hatte. Ihre Blicke trafen sich, sie schauten sich schweigend in die Augen, wortlos, regungslos. Das dauerte eine ganze Weile, in der der Mulatte zu sich kam und offenbar zu überlegen begann. Dann deutete er mit dem Lauf seiner Maschinenpistole in Richtung seiner Männer, die — ebenfalls stumm —

zurücktraten, in den Jeep kletterten und davonfuhren. »Das war Bernard Salomon«, sagte Jarda, »er war einmal Abgesandter Lumumbas in Kairo. Damals habe ich ihn interviewt.«

12. Wir gingen wieder nach oben, in unsere Zimmer, um Meldungen zu schreiben, daß Lumumba tot war, und zu berichten, wie am Tag nach seinem Tod die Stadt aussah, in der er einmal gewohnt und gearbeitet hatte. Jeder schrieb bloß ein paar Zeilen, denn im Grunde hatten wir nur wenig Informationen, und das, was wir am Morgen durchgemacht hatten, eignete sich nicht für eine offizielle Pressemitteilung, die am Tag darauf in unseren Zeitungen erscheinen sollte. Dann tauchte das Problem auf, die Depeschen zur Post zu bringen, die sich am anderen Ende der Stadt befand. Es ergab sich das Problem für uns weiße Männer, eine Stadt zu durchqueren, die von Gendarmen und Rachekommandos terrorisiert wurde. Ich habe noch nicht erwähnt, daß wir nach unserer Ankunft in Stanleyville von einem Inder, Besitzer einer Tankstelle, einen alten Wagen der Marke Taunus gekauft hatten. Mit diesem Auto (Jarda saß am Steuer) fuhren wir zur Post. Es war Mittag und drückend heiß. Die Stadt war wie ausgestorben, und wir begegneten keiner Menschenseele. Da waren nur die leeren Kulissen der Stadt, toter Beton, Asphalt und Glas. Wir kamen zum Postgebäude. Es war geschlossen. Wir pochten an alle Türen, doch keiner öffnete. Schließlich entdeckte Dušan eine kleine Metalltüre, die zum Keller führte: er drückte die Klinke nieder, und wir traten in einen dunklen, modrig riechenden Gang. Am Ende des Korridors führten Stufen hinauf in die große, mit Abfällen über-

säte Schalterhalle. Da standen wir nun und wußten nicht weiter. Am anderen Ende des Saales gab es eine Tür, auf die gingen wir zu. Dahinter führte eine Treppe nach oben, über die wir in den zweiten Stock kamen, in dem ebenfalls kein Mensch war. Wir stiegen einen Stock höher, ins oberste Stockwerk. Es war zu befürchten, daß uns die Gendarmen, sollten sie uns in diesem ausgestorbenen, strategisch so wichtigen Gebäude aufstöbern, wie die schlimmsten Saboteure behandeln würden. Wir gingen von Raum zu Raum und kamen schließlich zu einem Saal, der ein Dutzend Telexapparate und Funkgeräte beherbergte. Aus einem Winkel schlich ein gebeugter, vertrockneter Afrikaner auf uns zu. »Bruder«, sagte ich, »verbinde uns mit Europa, verbinde uns mit der Welt. Wir müssen wichtige Depeschen absenden.« Er nahm unsere Texte und setzte sich an die Maschine. Wir gingen zum Auto zurück. Die Straße war leer. Wir fuhren zu unserem Hotel, und alles schien gutzugehen, als plötzlich hinter einer Ecke ein Jeep voll Gendarmen hervorschoß und frontal auf uns zuraste. Ich weiß nicht, was geschah, das heißt, ich glaube, daß folgendes passierte: Es war in dieser Situation so unglaublich, in den Straßen auf Weiße zu treffen, daß die Gendarmen uns und unser Fahrzeug für eine Halluzination hielten, für eine Schimäre — und gar nicht reagierten. Das dauerte nur einen Augenblick, denn Jarda riß geistesgegenwärtig das Lenkrad herum und bog in die nächste Gasse. Wir flohen. Noch weit vor dem Hotel trat Jarda kräftig auf die Bremsen, hielt den Wagen mitten auf der Straße an, wir stürzten heraus und liefen, ohne die Wagentüren zu schließen, zum Hotel. Wir verriegelten die Tür, rangen nach Atem und wischten uns den Schweiß von der Stirn.

13. Doch es war nicht immer so schlimm. Es gab auch ruhige, friedliche Tage. An diesen war die Wahrscheinlichkeit, daß man uns auf der Straße die weißen Fressen einschlagen würde, geringer, weshalb wir uns furchtlos in die Stadt aufmachten. Meist fuhren wir zum Flughafen, um die Ankunft unserer Flugzeuge zu erwarten, die Hilfe bringen sollten. Damals war die Regierung Gizenga, oder besser die Handvoll Leute, denen es gelungen war, sich gemeinsam mit Gizenga von Léopoldville nach Stanleyville durchzuschlagen, von unseren Ländern als legale Regierung des Kongos anerkannt worden. Wir wiederum waren die einzigen Menschen, denen es gelungen war, von Europa nach Stanleyville zu gelangen. Weil die hiesigen Behörden niemand sonst zur Hand hatten, behandelten sie uns eher wie Minister und Botschafter als wie gewöhnliche Korrespondenten und Handwerker der Feder. Doch die Regierung hatte die Situation nicht ganz im Griff, daher schützte auch dieser hohe Status unsere Köpfe nicht unbedingt vor den Fäusten des wütenden Volkes. Es war ein schwacher Trost, daß auch die echten Minister der kongolesischen Regierung von den eigenen Gendarmen verprügelt wurden, wie wir mit eigenen Augen sehen konnten. Wenn ein Tag ruhig zu werden versprach, fuhren wir zum Flughafen. Wir hatten schon unseren Stammplatz auf der Veranda eines verlassenen Hauses, von wo aus man die ganze Landebahn einsehen konnte. »Heute kommen sie bestimmt«, sagte Jarda jedesmal. Wir starrten stundenlang in die sonnendurchglühte Weite, aus der die Flugzeuge auf-

tauchen sollten. Doch der Himmel blieb ruhig und still. Ich bezweifelte, daß sie kommen würden, sagte das aber nicht laut, weil ich glaubte, daß Jarda vielleicht über besondere Nachrichtenquellen verfügte.

14. Eines Tages kam eine Patrouille Gendarmen ins Hotel. Sie brachten uns zum Stab der Armee, der in der Kaserne untergebracht war. Zwischen den Baracken liefen Gendarmen, Frauen und Kinder hin und her, es wurde gekocht, Wäsche gewaschen, gegessen und herumgelungert, wie in einem riesigen Zigeunerlager. Im Stab begrüßte uns ein massig gebauter, lebhafter Athlet — Major Sabo. Er bot uns Stühle an und fragte: »Wann trifft Hilfe ein?« Ich wartete, was Jarda sagen würde, denn der wußte am besten Bescheid. Jarda erzählte eine Geschichte von Flugzeugen, die in Kairo warteten, weil der Diktator des Sudans, General Abboud, ihnen nicht gestattete, den Luftraum seines Landes zu überqueren, und einen anderen Luftweg gab es nicht. »Wir haben hier nichts mehr«, erklärte der Major, »weder Munition noch Lebensmittel. Der Anführer der Truppen« (das war General Lundula) »verteilt eigenhändig das letzte Benzin. Wenn sich die Situation nicht bald bessert, werden uns Mobutu und seine Söldner bald an der Gurgel packen.« Und der Major griff sich selber so fest an die Gurgel, daß auf der Stirn die Adern hervortraten. Die Atmosphäre war gespannt und peinlich, wir fühlten uns ratlos und schwach. »Die Soldaten meutern,« sagte der Major, »sie sind hungrig und wütend, sie verweigern den Dienst und fragen, wer daran schuld sei, daß keine Hilfe kommt. Wenn keine Hilfe eintrifft, ist der Stab gezwungen, euch den Gendarmen als Übeltäter auszuliefern. Das wird die Situation für einige Zeit beruhigen. Es tut mir leid, doch wir haben keine andere Wahl, wir haben sie nicht mehr unter Kontrolle«, und er deutete mit dem Kopf zum Fenster, durch das man Gendarmen herumlaufen sah, die meisten bis zum Gürtel nackt.

15. Wieder im Hotel. Die ersten Christen, die den Löwen zum Fraß vorgeworfen werden. Es schien mir klar, daß wir keine Hilfe zu erwarten hatten. Nun begannen auch Jarda und Dušan meinen Pessimismus zu teilen. Ja, uns blieben noch ein paar Tage zu leben. Wir suchten krampfhaft nach einem Ausweg. Natürlich, wir müssen fliehen, fragt sich nur, wie? Aber Flucht war unmöglich. Es gab keine Flugzeuge, und unser Wagen würde an der Stadtgrenze angehalten werden. Wir überlegten, ob wir uns nicht in einem der von den Belgiern verlassenen Häuser verstecken sollten. Doch das würde uns bloß die Möglichkeit bieten, ein paar Tage länger zu überleben. Irgend jemand macht uns dort ausfindig und verrät uns, oder wir verhungern. Es gibt keinen Ausweg: Wir sind in der Falle, und je mehr wir herumzappeln, um so enger zieht sich die Schlinge zu. Noch eine Hoffnung bleibt — mit H.B. zu sprechen, ihn um Hilfe zu bitten. H. B. arbeitet im Quartier der Vereinten Nationen in Stanleyville. Die Leute von den Vereinten Nationen bilden einen geschlossenen Klan, in dem es viele Wichtigtuer gibt, die alles und jeden aus einer globalen Perspektive betrachten, das heißt von oben herab. Das Wort »global« wiederholen sie mehrmals in jedem Satz, und aus diesem Grund ist es schwierig, mit ihnen eine gewöhnliche, menschliche Angelegenheit zu besprechen. Trotzdem beschlossen wir, daß ich H.B. aufsuchen sollte, da ich ihn kannte. H.B. lud mich zum Abendessen ein, denn die Leute bei den Vereinten Nationen haben immer jede Menge zu essen, während ich nicht einmal wußte, wann ich das letzte Mal zu Abend gegessen hatte, das heißt, ich hatte seit längerer Zeit überhaupt nichts in den Magen bekommen. Während des Festmahles hielten Soldaten der Vereinten Nationen in Blauhelmen Wache. Ihre Anwesenheit ließ mich an diesem Abend eine glückliche Zeitspanne der Sicherheit erleben — zwei angenehme Stunden, in denen ich wußte, daß mir keiner den Kopf einschlägt, mich keiner einsperrt, mir keiner die Pistole gegen die Schläfe drückt. »Herr Kommissar«, sagte ich zu H.B., der sich nach dem Essen im kolonialen Lehnstuhl räkelte, »meine Kollegen und ich müssen dringend von hier weg. Ich wäre Ihnen verbunden, wenn Sie uns das ermöglichen könnten.« Statt einer Antwort hielt mir H. B. einen Vortrag über die Neutralität der Vereinten Nationen, die niemandem helfen dürfen, weil man sie sonst der Parteilichkeit zeihen könnte. »Die Vereinten Nationen beobachten bloß«, sagte er. Ich begriff, daß meine Bitte zu wenig dringend geklungen hatte und ich mit schwereren Geschützen auffahren mußte. Gleichzeitig konnte ich H.B. nicht verraten, weshalb wir wirklich von hier weg mußten (und das augenblicklich). Wenn er nämlich von unserem Konflikt mit den Anhängern Lumumbas erführe, würde er den gleich in die ganze Welt posaunen (das heißt global bekanntmachen). »Herr Kommissar«, ich schlug einen anderen Ton an, »ich wünsche Ihnen ein langes Leben, doch wir alle wissen, daß das Leben allerlei Überraschungen birgt, einmal sitzen wir oben auf dem Wagen, dann wieder liegen wir drunter. Viel-

leicht kommt einmal der Moment, wo Sie meine Hilfe brauchen« (woran ich selber nicht einen Moment glaubte). »Lassen Sie uns eine Brücke errichten — zuerst überquere ich den wild schäumenden Fluß, doch später wird diese Brücke vielleicht einmal Ihnen helfen, sich in Sicherheit zu bingen.« Und H. B. half.

16. Zwei Tage später brachte uns ein Wagen mit dem Stander der Vereinten Nationen zum Flughafen. Unseren Ford Taunus ließen wir auf der Straße zurück, mit steckendem Zündschlüssel. Auf der Startbahn wartete eine viermotorige Transportmaschine, ohne Aufschrift oder Hoheitszeichen. Um ehrlich zu sein, wir wußten nicht eimal, wohin uns das Flugzeug bringen würde, doch zu diesem Zeitpunkt kam es uns nur darauf an, aus Stanleyville herauszukommen. Am Flughafen war davon die Rede, daß wir nach Dschuba fliegen würden, das heißt in nordöstliche Richtung, doch gleich nach dem Start steuerte der Pilot die Maschine nach Südosten, und nach einstündigem Flug sahen wir unter uns statt der monotonen, braungrauen Steppe die mächtigen und gleichzeitig sanften, intensiv grünen Kivu-Berge. Das ist eines der schönsten Gebiete Afrikas, eine Märchenwelt von Wäldern und Seen, wolkenlosem Himmel und gelassenen Landschaften. Die Richtungsänderung hätte uns mißtrauisch machen sollen, doch wir konnten niemanden fragen, wohin wir flogen — die Piloten hatten sich in die Kabine eingeschlossen, und wir waren im leeren Laderaum der Maschine allein. Schließlich verlor die Transportmaschine an Höhe, und ein See tauchte auf, so groß wie das Meer, und gleich daneben — ein Flughafen. Wir rollten auf ein Gebäude mit der Aufschrift »Usumbura«

zu. (Usumbura heißt heute Bujumbura und ist die Hauptstadt der Republik Burundi. Damals wurde das Territorium von den Belgiern kontrolliert.)

17. Nun begann das Schlimmste. Darüber, was sie mit uns in Usumbura gemacht haben, wurde später in Le Monde *und in anderen Zeitungen berichtet. Am Rollfeld wurden wir von belgischen Fallschirmjägern erwartet. Wenn es belgische Soldaten gewesen wären, hätten sie uns meiner Meinung nach halbwegs kultiviert und menschlich behandelt. Doch die Verbände in Usumbura setzten sich aus kongolesischen Kolonisten zusammen — blutgierigen, brutalen, primitiven Typen. Sie behandelten uns nicht wie Journalisten, sondern wie Agenten Lumumbas; sie triumphierten, daß wir ihnen in die Hände gefallen waren. »Reisepässe und Visa!« schnauzte ein Unteroffizier. Natürlich hatten wir keine Visa. »Aha, habt ihr nicht!« sagte er schadenfroh. »Na, ihr werdet ja sehen!« Es begann mit einer kompletten, peinlich genau durchgeführten Visitation. Der Inhalt unserer Koffer wurde auf den Boden geleert, der ganze erbärmliche Inhalt, denn was führt ein Reporter schon mit? Ein paar schmutzige Hemden und eine Handvoll Zeitungsausschnitte, eine Zahnbürste und eine Reiseschreibmaschine. Dann folgte eine Leibesvisitation, bei der alle Nähte und Abnäher, Manschetten, Krägen, Gürtel und Schuhsohlen haarklein untersucht und abgetastet wurden. Und das alles ständig begleitet von Püffen, Tritten, Hetzen, Die-Faust-unter-die-Nase-Halten. Sie nahmen uns alles ab, einschließlich der Dokumente und der Barschaft. Sie ließen uns nur Hemden, Hosen und Schuhe. Das Flughafengebäude bestand aus einem Zentralteil und zwei Flügeln.*

Wir wurden zu einem ebenerdigen Raum am Ende des einen Flügels geführt und dort eingesperrt. Vor das Fenster wurden Fallschirmjäger als Wache postiert. Ich glaube, daß unsere Zelle in normalen Zeiten als Aufbewahrungsraum für Sessel diente, denn die Kammer war völlig leer bis auf ein paar Metallsessel. Damals machte ich die Erfahrung, daß Sessel eine gefahrenträchtige Schlafstatt abgeben. Wenn man nämlich den Körper im Schlaf bewegt, kommt es leicht dazu, daß die Sessel auseinanderrutschen und man zu Boden stürzt (in diesem Fall auf einen Betonboden), wobei man sich verschiedene schmerzhafte Verletzungen zuziehen kann. Andererseits haben die Sessel gegenüber dem Betonboden den Vorteil, daß man wärmer liegt und die Feuchtigkeit weniger zu spüren bekommt — mit einem Wort, jeder muß sich entscheiden, was er persönlich vorzieht, entweder vor Kälte auf dem Beton zu schlottern oder sich die Knochen zu reiben, die bei nächtlichen Stürzen litten. Ich saß zum ersten Mal im Kittchen (eigentlich war es bereits das zweite Mal — das erste Mal war in Kabul, ein paar Jahre zuvor) und muß sagen, daß es gar nicht angenehm ist. Besonders schlimm ist die erste Zeit, der Übergang von der Freiheit zur Haft, das Krachen der Türen, die hinter einem zufallen. Da geht einem viel durch den Kopf. Ich begann zum Beispiel schon nach ein paar Stunden über das Problem nachzudenken, wo es besser ist, zu sitzen — zu Hause oder in der Fremde. Die logische Antwort lautet natürlich — dort, wo man weniger geschlagen wird. Doch wenn man zwei Gefängnisse miteinander vergleicht, in denen nicht geschlagen wird, ist jedenfalls das in der Heimat vorzuziehen. Hier können uns Freunde und Bekannte besuchen, wir können Briefe schreiben, Pakete empfangen und dürfen auf eine Amnestie hoffen. In Usumbura konnten wir mit nichts von allem dem rechnen. Wir waren total abgeschnitten von der Welt. Die Fallschirmjäger durften sich straflos fühlen, sie konnten uns umbringen, und niemand würde erfahren, wo und auf welche Weise wir diese Welt verlassen hatten. Wir waren ganz einfach aus Stanleyville verschwunden.

In der Zwischenzeit begann die Untersuchung. Sie wurde von Zivilisten geführt, vermutlich Kolonisten aus Stanleyville, weil sie die Stadt wie ihre Uniformtasche kannten. Natürlich glaubten sie nicht, daß wir Journalisten waren. Die Polizei auf der ganzen Welt will nicht recht glauben, daß es einen solchen Beruf überhaupt gibt, und manchmal ist ihre Skepsis sogar angebracht, denn im Milieu der Auslandskorrespondenten gibt es auch so manchen faulen Apfel. Wir hatten nicht viel zu sagen, und endlich wurden sie es leid, uns mit ihren Fragen zu quälen. Die Fallschirmjäger, die uns bewachten, wechselten zweimal am Tag, um neun Uhr morgens und um neun Uhr abends. Der Bewacher, der abends Dienst machte, brachte unser Essen. Wir bekamen einmal täglich zu essen, am Abend — eine Flasche Bier für alle drei und für jeden von uns ein kleines Stück Fleisch. Der Soldat, der Tagwache hatte, begann seinen Dienst damit, daß er uns der Reihe nach zur Toilette führte, weil es in unserem Raum keinen Kübel gab. In dringenden Fällen mußten wir um Sondererlaubnis bitten, die nur ungern gewährt wurde. Sie erlaubten uns nicht einmal, uns zu waschen, was in den Tropen einer Form der Folter gleichkommt, weil die verschwitzte Haut nach kurzer Zeit zu jucken und zu brennen beginnt. Am meisten litt Jarda unter diesen Bedingungen, der Asthma hatte, das nun wieder einsetzte. Er atmete schwer und erstickte beinahe unter den Hustenanfällen. An Arzneimittel war gar nicht zu denken. Aus unserem Fenster bot sich folgende Aussicht: unmittelbar davor Helm und Schultern eines Fallschirmjägers, dahinter die Ebene, die zum See abfiel, und schließlich, weit am Horizont, die Berge. Manchmal bekamen wir landende und startende Flugzeuge zu Gesicht. Die Tage tropften in ermüdender Eintönigkeit und Monotonie dahin. Wir besaßen genug Zeit, um über unsere Lage nachzudenken. Punkt eins — die Fallschirmjäger können mit uns tun und lassen, was ihnen gefällt. Wenn sie uns im See ertränken, erfährt das kein Mensch. (Dies alles ereignete sich in einer Zeit härtester und brutalster Kämpfe, in denen wahl- und skrupellos Menschen umgebracht wurden, die viel bedeutender waren als wir.) Zweitens — wir befinden uns in der Lage der Helden Kafkas: Wir wurden angeklagt, doch wir können uns nicht verteidigen. Wir dürfen uns mit niemandem verständigen, keinen benachrichtigen. Wir wissen nicht, welches Los auf uns wartet, was mit uns geschehen soll. Die Fallschirmjäger schweigen. Es taucht kein Vertreter einer höheren Macht auf. Eines Abends übernahm ein neuer Fallschirmjäger die Wache, der sich anders benahm als seine Vorgänger. Er begann mit uns zu plaudern und wollte uns Nilpferdzähne verkaufen. Doch wir besaßen kein Geld, das war uns bei der Revision abgenommen worden, daher endete das Gespräch mit unserem Versprechen, daß wir die Zähne kaufen wollten, wenn man uns nur erst freiließ und das Geld retournierte. Dieser Fallschirmjäger erwies sich als überaus hilfreich, wie sich bald zeigen sollte. Eines Nachmittags (den Wachdienst versah ein anderer, unzugänglicher Fallschirmjäger) kam ein Afrikaner zu unserem Fenster, ein großgewachsener, gutaussehender Tutsi, der uns in aller Eile — ehe ihn der Wächter noch verjagen konnte — berichtete, daß er in der Flughafenbar (wo dieser Tutsi beschäftigt war) gelauscht und gehört habe, wie Offiziere davon sprachen, daß wir am nächsten Tag erschossen werden sollten. Der Wächter kam zum Fenster gelaufen, doch in diesem Moment war der Mann schon verschwunden.

18. Was ich hier schreibe, ist kein Buch, sondern nur der Entwurf (und ein Entwurf ist weniger als eine Skizze) eines nicht existierenden Buches. Es ist daher hier nicht der Platz, die Gefühle zu beschreiben, die ein Mensch empfindet, dem ein großgewachsener und ernster Tutsi von einem solchen Offiziersgespräch in einer Flughafenbar berichtet. Er wird beinahe augenblicklich vom Gefühl bedrückender Leere, völligen Zusammenbruchs erfaßt, von lähmender Kraftlosigkeit, als befände er sich in Narkose oder unter dem Einfluß starker Betäubungsmittel. Dieser Zustand wird noch verstärkt durch das Gefühl völliger Hilflosigkeit und das Bewußtsein, daß man nichts ändern, keinen Widerstand leisten kann. Mit einem Mal rinnt alle Kraft aus den Muskeln, man hat nicht einmal mehr genug Energie, um zu schreien, mit den Fäusten gegen die Wände zu trommeln, den Kopf gegen den Boden zu schlagen. Nein, schon gehört uns der Körper nicht mehr, er ist fremde Materie, die wir mit uns schleppen müssen, bis uns jemand von dieser mühseligen Last befreit. Die Luft wurde immer stickiger, und diese fast greifbare Stickigkeit machte uns am meisten zu schaffen. Dušan und ich saßen da, ohne einander anzublicken, ich weiß nicht, warum. Jarda lag ausgestreckt auf zwei Sesseln, gebadet in Schweiß, geschüttelt von Asthmaanfällen.

19. Eine schlaflose Nacht.

20. Noch in der Nacht begann es zu regnen. Als es hell wurde, fiel immer noch Regen, es war ein verhangener, feuchter Tag, dichter Nebel lag über dem See. Im Morgengrauen tauchte aus diesem Regen und Nebel ein Flugzeug auf, das auf einer Nebenrollbahn ganz in der Nähe hielt. Das war ungewöhnlich, denn alle anderen Maschinen (die hier übrigens selten landeten) blieben auf der weit entfernten gegenüberliegenden Seite des Flughafens stehen, während diese eine vielleicht auf Grund der schlechten Landebedingungen in unserer Nähe ausrollte, wo der Nebel nicht so dicht war (dieser Teil des Flughafens lag am weitesten vom See entfernt). Die beiden weißen Piloten gingen hinüber zum Flughafengebäude, doch ein paar schwarze Stewards blieben bei der Maschine. Wir begannen zu rufen und zu winken. Das war möglich, weil der anständige Fallschirmjäger mit den Nilpferdzähnen Nachtwache hatte, unser Mann, der nur leben und sich ein paar Groschen dazuverdienen wollte, einfach ein Mensch (damals konnte ich mich davon überzeugen, daß Leute, die man mit kleinen Summen kaufen kann, oft menschlicher sind als unbestechliche Formalisten), und als er nun sah, daß wir mit den Stewards reden wollten, verzog er sich auf die andere Seite des Gebäudes. Einer der Stewards kam

kam näher, und Jarda fragte ihn, wohin sie flögen. Er antwortete, nach Léopoldville. Jarda berichtete in gebotener Kürze von unserer mißlichen Situation, und daß unsere Stunden gezählt seien und wir ihn anflehten (ein Weißer, der einen Schwarzen anfleht, war in jenen Jahren geradezu schockierend), gleich nach der Ankunft in Léopoldville das dortige Quartier der Vereinten Nationen davon zu verständigen, daß wir hier im Gefängnis säßen; sie sollten die ganze Welt davon in Kenntnis setzen, dann würden es die Fallschirmjäger nicht wagen, uns zu töten, und sie sollten Soldaten herschicken, um uns herauszuholen. Der Schwarze, der in unsere Zelle blickte, sah einen Fensterrahmen und in diesem Rahmen ein Gitter und hinter dem Gitter drei weiße, schrecklich schmutzige, unrasierte, erschöpfte Gesichter, die sich nur dadurch voneinander unterschieden, daß Jardas Gesicht rund war und die beiden anderen hager. »O.k.«, sagte der Schwarze, »ich will es versuchen.«

12. Erst in diesem Moment begann die wahre Folter. Der Steward hatte ein Krümel Hoffnung in unsere Zelle geworfen, und das genügte, um uns aus dem Zustand der inneren Kraftlosigkeit und lähmenden Depression zu reißen. Diese Form der Selbstbetäubung ist ein psychobiologischer Mechanismus, mit dessen Hilfe man sich dagegen schützt, verrückt zu werden. Doch es genügt ein winziger Lichtstrahl ins Dunkel, und Menschen, die eben noch reglos und apathisch in den Abgrund taumelten und nur darauf warteten, am Boden zu zerschellen, krallen sich neuerlich in die Wände, um noch einmal den Aufstieg zu versuchen. Ein glücklicher Zufall hat ihren Todessturz gebremst, und sie kehren ins Leben zurück. Was sie hinter sich lassen, ist eine Leere, die sich nicht beschreiben läßt, weil sie keine Eigenschaften besitzt, keine Gestalt, keine Merkmale. Von ihrer Existenz erfahren wir, ähnlich wie bei der Schallmauer, erst dann, wenn wir uns ihr nähern. Es genügt, einen Schritt von der Leere zurückzutreten, und sie verschwindet. Wer allerdings einmal diese Leere durchmaß, wird danach nie mehr derselbe wie vorher sein. Es bleibt eine psychische Narbe zurück, ein Stück harte Schlacke, die andere eher spüren als wir selber. Sie stellen nach einiger Zeit fest, daß etwas in uns ausgebrannt ist, daß wir nicht mehr dieselben sind wie zuvor. Jede Begegnung mit dem Tod muß bezahlt werden, das weiß jeder, der diese Erfahrung gemacht hat. Wir sahen, wie die Maschine abflog, und begannen hektisch zwischen unseren Sesseln hin und her zu laufen, über dieses und jenes zu reden und uns zu zanken (den ganzen Nachmittag, Abend und die Nacht hindurch hatte in der Zelle Ruhe geherrscht). Wird der Steward tatsächlich die Vereinten Nationen verständigen? Und wenn ja, wer wird die Nachricht entgegennehmen? Einer, der Anteilnahme zeigt und gleich handelt, oder einer, der nur die Achseln zuckt und nichts unternimmt? Und selbst wenn er handelt, wird es gelingen, uns zu befreien? Nehmen wir einmal an, alles läuft in unserem Sinn, dann verstreicht mindestens ein halber Tag, bis der Steward in Léopoldville anlangt, das dortige Quartier verständigt und dieses wiederum dem Quartier in Usumbura Nachricht gibt. Ehe jedoch etwas geschieht, können uns die Fallschirmjäger hundertmal hinausführen und liquidieren oder den Söldnern von Kongo-Müller übergeben. Das alles kostet Nerven, ist ein Ner-

venkrieg, fiebrige Aufregung, doch das alles spielt sich in unserem Inneren ab, denn draußen, vor dem Fenster, ist alles wie zuvor: der Helm und die Schultern des Fallschirmjägers, dahinter die Ebene, der See (der Tanganjikasee), die Berge. Und heute dazu noch Regen.

22. Am Nachmittag hörten wir vor dem Fenster einen aufheulenden Automotor, kreischenden Bremsen und menschliche Stimmen, die sich in einer uns unbekannten Sprache unterhielten. Wir stürzten zum Gitter. Neben dem Gebäude stand ein Jeep mit der Flagge der Vereinten Nationen, aus dem vier dunkelhäutige Soldaten in blauen Helmen stiegen. Das waren Äthiopier aus der Garde Haile Selassies. Sie gehörten zum Kontingent der Vereinten Nationen im Kongo. Nun postierten sie ihre Wache neben die Wache der Fallschirmjäger.

23. Ich kann nicht sagen, wie jener Kongolese hieß, der uns das Leben rettete. Ich bin ihm später nie mehr begegnet. Er war ein Mensch, das ist alles, was ich von ihm weiß.

24. Den Mann im Quartier der Vereinten Nationen in Léopoldville, der uns das Leben rettete, kenne ich nicht nur nicht beim Namen, ihn habe ich nicht einmal zu Gesicht bekommen. Es gibt zahlreiche Schweinereien auf dieser Welt, doch es existieren auch Anständigkeit und andere menschliche Gefühle.

25. Ich kann nicht beurteilen, ob die Äthiopier und die Fallschirmjäger um uns feilschten oder nicht. Sie konnten einander nicht ausstehen, das steht fest. Es entspann sich zwischen ihnen ein Prestigekampf darum, wer den Kongo beherrscht.

26. Am nächsten Morgen flogen wir mit einem Flugzeug der Sabair über Fort Lamy und Malta nach Rom.

Im großen Glaskasten des Flughafens Fiumicino paradierte die wunderbare und — für uns in diesem Moment — außergewöhnlich exotische Welt des zufriedenen, satten und friedlichen Europas, eine Welt modisch gekleideter Mädchen und eleganter Herren, die zu internationalen Konferenzen eilten, aufgekratzter Touristen, die angeflogen waren, um das Forum Romanum zu sehen, ungemein gepflegter Damen, junger Paare, die zu den Stränden von Mallorca und Las Palmas jetteten. Als nun diese ganze phantastische Welt an uns vorüberzog (an drei erbärmlich aussehenden, schmutzigen, unrasierten Kerlen in zerschlissenen Hemden und Leinenhosen, und das zu einer Zeit, da hier kühles Frühlingswetter herrschte und die übrige Welt sich mit Mänteln, Pullovern und anderen wärmenden Kleidungsstücken vor der Kälte zu schützen suchte), spürte ich plötzlich — und dieser Gedanke ließ mich erschrecken —, daß ich dank eines traurigen oder sogar schrecklichen Paradoxons eher auf die andere Seite gehörte, nach Stanleyville und Usumbura, als zu dieser vor meinen Augen dahinflanierenden Menge.

27. Vielleicht fühlte ich mich auch nur einsam.

28. Die Polizisten starrten uns mißtrauisch an, und das konnte man ihnen nicht einmal verargen. Wir durften nicht in die Stadt fahren, da wir keine Visa besaßen. Die Polizei verständigte unsere Botschaften, die uns bereits auf der ganzen Welt hatten suchen lassen. Die Botschafter eilten zum Flughafen, doch es war schon später Abend, und wir mußten hier übernachten, da sie uns erst am nächsten Morgen Visa verschaffen konnten.

29. Ich kehrte nach Warschau zurück. Ich mußte eine Notiz über das schreiben, was ich im Kongo gesehen hatte. Ich beschrieb den Kampf, den Zerfall, die Niederlage. Darauf ließ mich ein gewisser Genosse aus dem Ministerium für Auswärtige Angelegenheiten zu sich rufen. »Was haben Sie da geschrieben!« erregte er sich. »Die Revolution nennen Sie Anarchie! Sie meinen, daß Gizenga fallen und Mobutu die Oberhand behalten wird! Das sind schädliche Theorien!« — »Fahrt selber hin«, antwortete ich müde, weil ich noch Stanleyville und Usumbura in den Knochen spürte. »Da kann man nichts machen«, sagte der Genosse zum Schluß. »Sie sind nicht geeignet, als Journalist ins Ausland zu fahren, denn Sie begreifen offenbar nicht die marxistisch-leninistischen Entwicklungen, die in jener Welt vor sich gehen.« — »O.k.«, stimmte ich zu, »ich finde auch hier Themen.«

30. Wieder arbeite ich in der Polityka, *ich fuhr durchs Land, publizierte Reportagen. Im Kongo kam es so, wie es kommen mußte, was im übrigen jedem klar war, der dort gewesen war. Ein paar Monate später machte man mir den Vorschlag, für ein paar Jahre nach Afrika zu gehen. Ich sollte der erste ständige polnische Korrespondent in Schwarzafrika werden und dort ein Büro der polnischen Nachrichtenagentur PAP einrichten. Anfang 1962 reiste ich nach Daressalam.*

Hochzeit und Freiheit

Das ist der vollständige Wortlaut eines Briefes, den ich vom Kämpfer der Befreiungsfront für Moçambique — *Frente de Libertação de Moçambique* — L. Millinga Millinga erhielt. Ich kenne Millinga Millinga seit langem als einflußreiche und ernstzunehmende Persönlichkeit, der man auf politischen Versammlungen und diplomatischen Empfängen begegnet.

L. Millinga Millinga
P.O. Box 20197
Daressalam
Tanganjika

Lieber Freund,

PERSÖNLICHE ANGELEGENHEIT

Durch ein unsägliches und Auswegloses DILRMMA in einem so ungemein kritischen Zeitpunkt meines Lebens gezwungen, schäme ich mich nicht, meine tief verborgenen Schwierigkeiten bei der Gestaltung meiner persönlichen Zukunft zu enthüllen, schäme ich mich nicht vor einem Freund, wie Du einer bist, dessen brüderliche Ratschläge und Dienste mir bei solchen Gelegenheiten stets teuer waren.

Du weißt sehr gut, daß ich ein Freiheitskämpfer bin, der seine ganze Zeit dem Kampf opfert, ohne dafür Lohn einzustreichen. Da jedoch die menschliche Natur nicht den natürlichen Bedürfnissen zu entfliehen vermag, bin auch ich seit zwei Jahren in himmlischer Liebe für Fräulein Veronika Njige (Kreissekretärin der *Tanganyika African National Union* — TANU) aus dem Bezirk Morogoro entbrannt, der ich versprach, sie zu ehelichen. Doch mein ganzes Sinnen war bislang einzig auf den Kampf gerichtet, und im übrigen machten es auch die besonderen Umstände, unter denen wir FREIHEITSKÄMPFER nun einmal leben, nicht möglich, daß ich meine Strümpfe mit Geld füllte, um eine feierliche Hochzeit auszurichten. Dazu kommt, daß die Eltern der Gebieterin meines Herzen von mir 50 Pfund als Mitgift und 25 Pfund als Geschenk für die Cousinen des Mädchens anstelle von Kühen und Ziegen fordern. Wenn man alle unerläßlichen Ausgaben für die Vorbereitung der Hochzeit und das Fest selber addiert, beträgt die Geldsumme, die ich unbedingt brauche, um mein tiefstes Verlangen zu stillen, nicht weniger als 200 Pfund, wobei die oben genannten Beträge darin bereits enthalten sind.

Nach Ansicht meiner Geliebten schleppt sich der Hochzeitstermin bereits über Gebühr dahin, weshalb sie nun schon drei Briefe pro Woche schickt, in denen sie mich auffordert, noch vor November 1962 Hochzeit zu halten. Ihre Briefe enthalten stets nur einen ganz einfachen und klaren Satz: *Freiheit und Hochzeit vor dem November 1962.* Ungeachtet meiner unmißverständlichen Hinweise auf meine gegenwärtige finanzielle Lage, von der sie nichts wissen will, besteht die Gebieterin meines Herzens mit aller Entschiedenheit auf der *sofortigen* Heirat, und da sie ebenfalls Freiheitskämpferin war und noch ist, stellt sie kategorisch fest, sie ziehe es vor, zusammen mit mir im gemeinsamen Heim zu leiden, als weiter unter der Fuchtel der Eltern zu schmachten. In gewissem Sinne tut sie mir manchmal geradezu leid. Sie ist schon recht reif für die Ehe und versichert mir stets in leidenschaftlichen Tönen, daß sie gegenwärtig ein starkes Begehren und große Sehnsucht verspüre, sofort und auf der Stelle in den Ehestand zu treten. Da ich mich nun ihrem häufigen Flehen nicht länger verschließen konnte, erklärte ich mich bereit, bis zum 3. Oktober ihren Eltern und Verwandten 75 Pfund zu bezahlen und am 1. November 1962 Hochzeit zu machen.

Mein lieber Freund, ich möchte Dich bitten zu überlegen, was der Satz *Die Liebe ist die Meisterin der größten Weisen und Mutter von allem* in Wahrheit bedeutet. Wenn Du in Hinblick auf das oben Gesagte darüber nachdenkst, mußt Du ohne Zweifel Mitgefühl für meine gegenwärtige Lage empfinden. Unter diesen Umständen habe ich Dir nichts weiter zu sagen und ersuche Dich bloß um so viel finanzielle Unterstützung, wie Du nur aufzubringen vermagst. Ich muß hier betonen, daß diese Hilfe als private Unterstützung für mich, *Millinga,* zu betrachten ist und nicht als Hilfe für die Partei der Befreiung Moçambiques oder für mich als ihren Generalsekretär. Daher sollen auch alle Geldsendungen an mein privates Postfach adressiert werden: Millinga Millinga, P. O. Box 20 297, Daressalam, Tanganjika. Überweisungen, die zur Regelung der oben geschilderten Angelegenheit eingehen, werden von mir selber oder meinem Cousin W. L. Mbunga quittiert, den ich zum Persönlichen Sekretär zur Sammlung der Mittel für Meine Hochzeit ernannt habe. Seine eigenhändige Unterschrift findest Du unten.

In der Hoffnung, von Dir zu hören, ehe die Frist verstreicht,

mit brüderlichen Grüßen

(zwei unleserliche Unterschriften)

P.S. des Empfängers:

Ich schickte Millinga, so viel ich konnte, doch offenbar erhielt er von einigen Botschaften (Millinga hatte seinen Brief vervielfältigt und die Kopien in alle Richtungen ausgesandt), was er benötigte, denn die Hochzeit hat bereits stattgefunden. Ich traf die beiden vor ein paar Tagen auf dem Empfang der sowjetischen Botschaft. Der kleine, zartknochige, stets unrasierte Millinga stand in Gedanken versunken neben einem mächtigen, vollbusigen, düster dreinblickenden Mädchen, der Gebieterin seines Herzens.

1962

Das Parlament von Tanganjika über das Alimentationsgesetz

Der *Tanganyika Standard* vom 21. Dezember 1963 schreibt, daß »die Diskussion über das Alimentationsgesetz, die in der jüngsten Parlamentssitzung ausbrach, die hitzigste Debatte in der bald zweijährigen Geschichte der Gesetzgebenden Versammlung des unabhängigen Tanganjikas war«.

Der Regierungsentwurf für ein Alimentationsgesetz *(Affiliation Ordinance Amendment Bill 1963)* wurde im Parlament eingebracht von der Abgeordneten Lucy Lameck, Vizeministerin für Genossenschaftswesen, Anhängerin einer Erziehung der afrikanischen Frauen nach europäischem Vorbild und für ihre emanzipatorischen Auftritte bekannt. Sie sagte einleitend, in einem Land wie Tanganjika, das den Weg einer modernen Entwicklung eingeschlagen habe, tauchten »immer neue und neue Probleme« auf. »In der früheren afrikanischen Gesellschaft«, sagte die Abgeordnete, »standen die moralischen Grundsätze nicht unter so starkem Druck von außen wie jetzt; daher war es damals nicht nötig, Gesetze zu schaffen, die für das Wohl und die Erziehung unehelich geborener Kinder sorgen sollten.« Heute sei es allerdings unerläßlich, »eine neue Medizin für neue Probleme zu finden, die vor allem die Menschen in den städtischen Zentren betreffen.«

»Das Alimentationsgesetz«, betonte die Abgeordnete Lameck, »ist das Ergebnis von Untersuchungen über die Situation der afrikanischen Frau in den Städten. Es zeigt sich, daß in Daressalam von 340 arbeitenden Mädchen 155 zwischen einem und sechs uneheliche Kinder haben. Das monatliche Durchschnittseinkommen dieser alleinstehenden Mütter beträgt 168 ostafrikanische Shilling, und nur 8 Mädchen können mit finanzieller Unterstützung des Kindesvaters rechnen.« Die Abgeordnete zitierte dann noch die Erklärung des Direktors einer Oberschule in Daressalam, der beklagte, daß monatlich drei bis vier Mädchen wegen ihrer Schwangerschaft von der Schule abgingen. Diese Oberschule besuchten Mädchen im Alter von 11 bis 15 Jahren. Das weitere Schicksal der Schulabgängerinnen sei dem Direktor nicht bekannt. »In dieser Situation«, schloß die Abgeordnete, »ist es nötig, ein Gesetz zu schaffen, das die Väter unehelicher Kinder zwingt, den Müttern ihrer Kinder Alimente zu zahlen.«

Nun setzte eine Diskussion ein, die — wie der Berichterstatter des *Tanganyika Standard* schrieb — »die traditionelle Würde des Parlaments verletzte.«

Der Abgeordnete P. Mbogo (Mpanda) meinte, das Alimentationsgesetz würde die Prostitution im ganzen Land fördern. »Die Mädchen werden sich so viele uneheliche Kinder wie nur möglich wünschen, um auf diese Weise das Geld für Schminkzeug zu verdienen. Mit diesen Mädchen wird es sich dann so verhalten wie mit den unterentwickelten Ländern — man wird in sie investieren müssen.«

Nach Ansicht des Abgeordneten B. Akindu (Kigoma) stellt das Alimentationsgesetz »eine besondere Gefahr für reiche Menschen dar, wie zum Beispiel für Parlamentsabgeordnete, denn schwangere Mädchen könnten fälschlich behaupten, Regierungsminister oder Parlamentsabgeordnete seien die Väter ihrer unehelichen Kinder. Diese treulosen Wesen«, sagte der Abgeordnete, »werden neokolonialistische Propagandalügen verbreiten in der Hoffnung, auf diese Weise den Reichen das Geld aus der Tasche zu ziehen.« Der Abgeordnete stellte fest, daß zahlreiche *TD-men* (TD steht auf dem Nummernschild der Wagen höherer Staatsfunktionäre) Mädchen von der Straße auffordern, zu ihnen ins Auto zu steigen. In einem solchen Fall sollten die Mädchen unbedingt ablehnen. »Wenn ihr euren Trieb nicht unterdrücken könnt, dann heiratet so rasch wie möglich«, appellierte der Sprecher an die Mädchen von Tanganjika.

Der Abgeordnete R. S. Wambura (Maswa) konnte ebenfalls keinen Bedarf für ein Alimentationsgesetz sehen, weil nach afrikanischer Tradition eheliche und uneheliche Kinder ohnehin dieselbe Behandlung erfahren. »Dieses Gesetz« — so der Abgeordnete — »könnte Frauen nur auf den Gedanken bringen, mit Hilfe ihrer körperlichen Reize Geld zu verdienen. Und außerdem«, fuhr der Abgeordnete fort, »haben unsere Mädchen für gewöhnlich viele Männer. Wie soll man also entscheiden, wer jeweils der Vater des Kindes ist?« Der Redner brachte noch ein weiteres Argument vor. »Dieses Gesetz steht in Widerspruch zum Naturrecht, denn bekanntlich sind auch Arbeitslose imstande, Kinder zu zeugen, sie haben jedoch kein Geld, um Alimente zu zahlen.«

Der Abgeordnete R. S. Wambura wurde unterstützt vom Abgeordneten Chief A. S. Fundikira (Tabora): »Ein uneheliches Kind ist kein Problem in der afrikanischen Familie, ganz im Gegenteil — es bedeutet noch ein Paar Hände mehr für die Feldarbeit.«

Der Justizminister und Abgeordnete Scheich Armii Abedi verteidigte den Gesetzentwurf der Regierung. »Wenn ein Mann nicht will«, sagte der Minister, »kann er es so einrichten, daß er die Frauen, mit denen er sich abgibt, nicht schwängert.« Der Minister sprach sich dafür aus, das Gesetz für Arbeitende und Arbeitslose gleichermaßen gelten zu lassen. »Wenn das Gesetz nicht auch für mittellose Männer gilt, könnten die Arbeitslosen meinen, die Regierung habe ihnen freie Hand gegeben, Kinder gleich im Dutzend zu zeugen. Die Produktion von Kindern — das wäre dann die Arbeit der Arbeitslosen«, sagte der Minister unter Beifall und Gelächter von den Abgeordnetenbänken.

Der Abgeordnete F. Mfundo (Handeni) erinnerte daran, daß das traditionelle afrikanische Gesetz keinen Unterschied mache zwischen ehelichen und unehelichen Kindern. Dieser Unterschied sei erst durch den Kolonialismus eingeführt worden. Aus diesem Grund sei das Alimentationsgesetz — meinte der Sprecher —, das die unehelichen Kinder über die ehelichen stellt (von Zahlungen für eheliche Kinder ist in dem Gesetz nämlich keine Rede), »ein Ausdruck kolonialer Mentalität«.

Dem widersprach die Abgeordnete Frau Chesman (Iringa), die sich für die Annahme des Gesetzentwurfs einsetzte. Das Gesetz werde dafür sorgen, daß die Männer den finanziellen Pflichten für ihre unehelichen Kinder nachkämen, während der Staat keine Waisenhäuser mehr bauen müßte, wodurch mehr Mittel frei würden für die Bekämpfung der drei wichtigsten Feinde Tanganjikas: Unwissenheit, Armut und Krankheiten.

Nach ihr ergriff der Abgeordnete A. S. Mtaki (Mpwapwa) das Wort und legte in langer Rede dar, daß das Alimentationsgesetz fatale gesellschaftliche Folgen nach sich ziehen müsse. Zum einen würde es zu mehr Mordtaten führen. »Männer, die gezwungen sind, für ihre unehelichen Kinder zu zahlen, werden diese lieber umbringen — ein Mord kostet nichts.« Zweitens werde die Zahl der Ehebrüche zunehmen: »Dieses Gesetz führt dazu, daß sich die Männer von Mädchen fernhalten und statt dessen fremde Frauen verführen.« Drittens werde es mehr Scheidungen geben, »denn wenn ein verheirateter Mann Alimente für ein uneheliches Kind zahlen muß, erfährt seine Frau davon und reicht die Scheidung ein oder verläßt ihn gar auf der Stelle«. Seine negative Ansicht über das Alimentationsgesetz faßte der Abgeordnete Mtaki mit den Worten zusammen: »Experten auf diesem Gebiet wie Karl Marx lehren uns: Prostitution, das ist der Kapitalismus.«

Der Abgeordnete Mtaki wurde energisch unterstützt von Victor Mkello (Daressalam), der die Regierung aufforderte das »unglückselige Gesetz« zurückzuziehen. Nach Ansicht des Abgeordneten zwinge das Gesetz die Männer, zufällige Frauenbekanntschaften zu ehelichen, nur um die Bezahlung von Alimenten zu vermeiden. »Solche Ehen werden nie glücklich sein.« Die Regierung sollte lieber Anstrengungen unternehmen, »die Mädchen aufzuklären, wie sie Schwangerschaften vermeiden können. Wenn das Gesetz schon verabschiedet werden muß«, sagte der Abgeordnete, »sollte es nur für verheiratete Männer gelten; ledigen Männern bieten sich zu viele Gelegenheiten, als daß sie sich diese entgehen lassen könnten.«

Der Vizepräsident Tanganjikas, der Abgeordnete R. Kawawa widersprach in seiner Wortmeldung der Ansicht, das Gesetz fördere die Prostitution; das Anwachsen der Prostitution werde nämlich gleichzeitig durch ein Antiprostitutionsgesetz gebremst. Ebenso lehnte der Vizepräsident es ab, die Frauen darüber zu belehren, wie sich eine Schwangerschaft vermeiden läßt. »Ein solches Ansinnen ist unserer Gesellschaft fremd und kommt von außen«, sagte der Vizepräsident. »Wenn man den Frauen beibringen wollte, Schwangerschaften zu vermeiden, wäre das gleichbedeutend mit der Aufforderung zum unmoralischen Lebenswandel.«

Die Abgeordnete Bibi Mohammed (Rufiji) — Leiterin der Frauensektion der regierenden Partei TANU — verteidigte in ihrem Auftritt das Gesetz. »Bei manchen Stämmen«, so führte sie aus, »werden die Mädchen, wenn sie zur Frau heranreifen, zu Hause eingesperrt, damit die Eltern sichergehen, daß sie nicht geschwängert werden. Doch die Männer sind wie Ratten, die sich in die Häuser stehlen, und in der

Folge müssen die Eltern feststellen, daß die Töchter schwanger sind, obwohl sie zu Hause eingesperrt waren. Die Männer können nie genug kriegen — wenn ein Mann schon sechzig Frauen verführt hat, wird er doch immer wieder alles versuchen, sich eine weitere Frau gefügig zu machen.« Und die Abgeordnete Bibi ging hart mit den Gegnern des Gesetzes ins Gericht: »Als Repräsentanten der gesamten Nation von Tanganjika sollten die Abgeordneten nicht nur an die Männer denken, sondern auch an die Frauen. Die Männer dürfen sich nicht die Tatsache zunutze machen, daß sie im Parlament zahlreicher vertreten sind als die Frauen, und ein Gesetz blockieren, das den Männern ebenso viele Vorteile verschafft wie den Frauen. Wer unter euch Abgeordneten kann sich hier erheben und sagen, daß er ein reines Gewissen hat? Es gibt viele Frauen, die von weit her kommen und mir erzählen, daß dieser oder jener Abgeordnete Vater ihres Kindes sei. Ich habe diesen Frauen versprochen, hier im Parlament die Namen dieser Abgeordneten zu nennen ...«

In diesem Augenblick unterbrach der Abgeordnete J. Namfua, Vizeminister für Handel und Industrie, die Rede der Abgeordneten Bibi und sagte, diese möge ihre Worte zügeln oder besser überhaupt schweigen. Nach Ansicht des Abgeordneten »hat sich die Kollegin zu weit vom Thema entfernt«. Die Abgeordnete willigte ein, daß es »vielleicht besser ist, wenn ich es dabei bewenden lasse, denn ich sehe, daß zahlreiche betroffene Abgeordnete schon recht sorgenvolle Mienen machen. Ich möchte aber noch hinzufügen«, sagte die Abgeordnete abschließend, »daß viele Mädchen an den Folgen der Abtreibung sterben. Wenn wir das Gesetz annehmen, müßte kein Mädchen abtreiben, und auf diese Weise könnten wir zahlreichen jungen Menschen das Leben retten.«

Der Abgeordnete M. S. Madenge (Tabora) stellte fest, er wolle das Gesetz unterstützen, wenn dieses nur für Schülerinnen gelte; sollte es jedoch auch Mädchen von der Straße erfassen, müsse er es entschieden ablehnen.

Einen ähnlichen Standpunkt bezog der Abgeordnete H. S. Sarwatt (Mbulu), der meinte, das Gesetz trage dazu bei, »die Moral der Frauen zu senken«.

Ein anderer Abgeordneter, M. S. Haule (Kondoa), erinnerte daran, daß es nach der jüngsten Volkszählung in Tanganjika 5 500 000 Frauen und 4 000 000 Männer gebe. »Dieses Mißverhältnis hat Gott so gewollt«, sagte der Redner, »und daraus ist die Schlußfolgerung zu ziehen, daß Gott es den Männern gestattet, mehr Frauen als nur eine zu besitzen. Das Gesetz hat also die Absicht, die natürliche Ordnung zu vernichten.«

Im Ergebnis sprachen sich 95% der Abgeordneten entschieden gegen die Annahme der Regierungsvorlage über das Alimentationsgesetz aus. Da im Parlament von Tanganjika ausschließlich Mitglieder der Regierungspartei TANU sitzen, die stets alle Gesetzesvorlagen, die von der Regierung Nyerere eingebracht werden, einstimmig befürworten, war dies der erste Fall, daß sich fast das gesamte Parlament gegen die Regierung stellte. In dieser Situation blieb der Regierung nichts anderes übrig, als einzulenken. Nach einer langen Verfahrensdiskussion einigten sich

Regierung und Parlament auf einen Kompromiß: Es wurde eine fünfköpfige Kommission einberufen, die das Alimentationsgesetz neuerlich begutachten sollte.

1964

Wir werden unsere Pferde mit Blut tränken

1

»Wenn sie uns angreifen, werden wir uns zur Wehr setzen. Wir werden uns so zur Wehr setzen, daß unsere Pferde bis zu den Nüstern in Blut stehen. Und ich schwöre euch an dieser Stelle, daß es sich nicht nur um unser eigenes Blut handeln wird.« (Aus einer Rede des Verteidigungsministers der Republik Südafrika, J. Fouche) »Dieser Anordnung zufolge ist es verboten, daß Medizinstudenten, die nicht der weißen Rasse angehören, die Leichen verstorbener Weißer sezieren. Nichtweiße Studenten dürfen in den Prosekturen nur an nichtweißen Leichen Anatomie lernen.« (Aus einer Verordnung des Erziehungsministeriums der Republik Südafrika) »Zuerst wurde ich auf einen eisernen Tisch gelegt, dann wurde der Strom eingeschaltet — ich begann mich in Zuckungen zu winden. Sie übergossen mich mit Wasser und brachten mich wieder zu Bewußtsein. Dann hängten mich zwei Polizisten mit den Füßen an der Decke auf, während zwei andere meinen Kopf wie einen Ball traten. Was weiter geschah, weiß ich nicht.« (Aus der Aussage von Sikave Mashiklehele beim Prozeß von dreißig Afrikanern in Krosdorp) »In den Straßen von Durban tauchten Banden von Zulus auf, die auf afrikanische Frauen mit bemalten Lippen Jagd machten. Sie ergriffen diese Frauen und rieben ihnen den Lippenstift mit Glaspapier vom Mund.

Dann ließen sie die Frauen mit blutüberströmten Gesichtern und auf den Rücken gehefteten Losungen laufen: ICH WOLLTE SEIN WIE EINE WEISSE FRAU *(Daily News)*. »In einem gewissen Augenblick erschien auf der Leinwand ein weißer Mann, der auf einen Schwarzen zuging und diesem die Hand reichte. Der Film wurde an der Universität Oranje gezeigt — im Saal waren nur weiße Studenten anwesend. Sie sprangen unter Pfiffen und Protesrufen auf und verließen den Saal. Der Film wurde unterbrochen. Könnte unsere Zensur nicht mehr Vorsicht walten lassen und verhindern, daß solche schändlichen Szenen auf der Leinwand gezeigt werden?« (Aus einem Leserbrief an die Zeitung *Die Burger*) »Im Jahre 1962 wurden von südafrikanischen Gerichten 348497 Schwarze verurteilt. Das bedeutet, daß täglich 1054 schwarze Afrikaner verurteilt werden. In den letzten fünf Jahren standen knapp vier Millionen Afrikaner vor südafrikanischen Gerichten — mehr als ein Drittel der afrikanischen Bewohner dieses Landes.« (Die Tageszeitung *Star*) »In einer Straße von Johannesburg sprach ich einen weißen Polizisten an und sagte zu ihm: ›Wissen Sie, daß Menschen wie Sie in dieser Stadt bald von den Laternen baumeln werden?‹ Er führte mich wortlos zum Polizeiwagen und brachte mich ins Irrenhaus.« (Aus dem Bericht von H. Papworth, ehemaliger Kandidat der Labour Party für das britische Parlament) »Es gibt immer mehr Bücher, die von der Regierung auf den Index gesetzt werden. Diese Bücher werden sofort aus den Bibliotheken entfernt und verbrannt. Zuletzt haben wir in unserer Bibliothek Bücher von Autoren wie

Hemingway, Caldwell, Tolstoi, Dostojewski und Faulkner verbrannt — sie zeigen nämlich den weißen Mann in einem falschen Licht.« (Aus einem Gespräch des Korrespondenten der *Cape Times* mit dem Leiter der öffentlichen Bibliothek in Kapstadt) »DER MANN, DER WEISS WAR, IST NEUERLICH WEISS. Eine zweijährige Agonie der Angst fand für den zwanzigjährigen Bewohner von Durban, D.B., durch ein Urteil des Obersten Gerichts der Republik Südafrika, das D. B. als Weißen anerkannte, ein glückliches Ende. D. B. besitzt weiße Eltern, wurde jedoch irrtümlich vom Amt für Identitätsausweise als Farbiger eingestuft. ›Dies waren schreckliche Jahre zwischen Leben und Tod‹, erinnert sich D.B. an diesen Abschnitt seines Lebens.« *(Rand Daily Mail)* »Gleich am ersten Tag nach Eröffnung der Ausstellung« (einer Ausstellung zum Andenken an das Warschauer Ghetto an der Witwaters Rand Universität bei Johannesburg) »drangen Gruppen weißer Studenten mit Farbkübeln in den Saal ein. Sie rissen alle Bilder, auf denen Verbrechen der Nazis gezeigt wurden, herunter und beschmierten die Wände mit Hakenkreuzen.« (Aus dem Bericht eines Assistenten der Universität für die Tageszeitung *Star*) »Sie müssen wissen, daß der Westen lieber einen Weltkrieg riskieren würde, als zuzulassen, daß Südafrika angegriffen wird. Im Jahre 1963 wurde hier Gold im Werte von einer Milliarde Dollar gefördert. Auf unserem Gold beruht die gesamte Zone des Pfund Sterling. Wenn man das Gold Südafrikas wegnimmt, bedeutet das die Zerstörung der weltweiten Sterlingzone.« (Ein südafrikanischer Industrieller im Gespräch) »Ich habe fünfundzwanzig Jahre mit dieser Frau zusammengelebt. Fünfundzwanzig Jahre habe ich diese Frau, die heute eine alte Frau ist, geliebt. Auch ich bin ein alter Mann. Wir haben Kinder und Enkelkinder. Ich habe nie geglaubt, ein Verbrechen zu begehen. Das ist alles, was ich dazu sagen kann.« (Aus den Aussagen des siebenundsechzigjährigen Weißen John de Lange, der von einem Gericht in Durban verurteilt wurde, weil er eine Afrikanerin zur Frau hatte. Das Urteil: drei Jahre Haft.) »Wenn die Schwarzen das Haupt heben — dann heben wir die gepanzerte Faust. Das Verhältnis ist 1:4, doch wir sind bis an die Zähne bewaffnet, und sie stehen mit leeren Händen da. Das gibt ein solches Gemetzel, daß wir sie aus dem Ausland importieren müssen.« (Aus einer Erklärung des Büros der regierenden Nationalen Partei im Bezirk Oranje) »Südafrika hat noch nie einen derartigen wirtschaftlichen Aufschwung erlebt wie in den letzten Jahren. Was die weiße Bevölkerung betrifft, zählt die Republik Südafrika heute zu den fünf Ländern mit dem höchsten Lebensstandard in der Welt.« (Aus einem Rechenschaftsbericht der Handelskammer von Pretoria aus dem Jahre 1963) »Der Aufenthalt in diesem Lande war für mich wie eine Alptraum. Ich nehme aus Südafrika dieselben Eindrücke mit, mit denen ich im Jahre 1936 Deutschland verließ. Dasselbe Gefühl der Angst und der Unsicherheit, das alle Menschen ständig verfolgt. Dieselben Massenverhaftungen zu jeder Tageszeit. Dieselbe ängstliche Sorge, wer heute wieder verhaftet wird. Derselbe Terror eines Polizeistaates. Ich warte nur darauf, daß auch in Südafrika die massenhafte und rasche

Ausrottung eines Teils der Bevölkerung zum Alltag gehören wird.« (Dr. W.T. Ross Flemington, Präsident der Mount Allison University in New Brunswick) »Ich verlasse Südafrika, weil es für einen weißen Menschen eine Schande ist, in diesem Land zu leben. Es ist unmöglich, alle Menschenrechte aufzuzählen, die dort verletzt werden. Die fundamentalsten Werte werden in diesem Staat mit Füßen getreten und verachtet.« (Prof. Dr. Maxwell Marwick, einer der Schöpfer der Sozialanthropologie)

2

Es ist das Land der Apartheid — einer Doktrin, die den niedrigsten menschlichen Instinkt, *die Rassenverachtung,* in den Rang der Rechtswürde und des Glaubensprinzips erhoben hat. Das Afrikaans-Wort *apartheid* bedeutet »Trennung«, »Separation«. Doch es ist eine Trennung *im Namen der Vorherrschaft.*

Es gibt zwei Versionen der Apartheid, eine volkstümliche und eine »wissenschaftliche«. In ihrer alltäglichen, volkstümlichen Version besagt die Philosophie der Apartheid: Wer nicht weiß ist, »ist kein Mensch«. Die spanischen Eroberer Westindiens schrieben in ihren Berichten nach Madrid: »So lebten wir auf dieser Insel: Rinder, Eingeborene und Menschen.« Diese Ansicht hat sich bis heute nicht nur in Südafrika erhalten, sondern bei allen weißen Siedlern des afrikanischen Kontinents. Und nicht nur bei den Weißen. Ein Inder in Nairobi spricht von einem Schwarzen nur als *black monkey,* auch wenn der

Afrikaner Universitätsprofessor ist und der Inder selber Straßenkehrer.

Die »wissenschaftliche« Version der Apartheid, die die weißen Südafrikaner der Welt präsentieren, stellt folgende Theorie auf: Weiße und Nichtweiße sind zwei verschiedene Rassen, deren Zusammenleben in einem Staat stets Gefahren mit sich bringt: für die Weißen die Gefahr, die Macht zu verlieren, für die Nichtweißen die Gefahr der Ungerechtigkeit. Einerseits können die Weißen nicht zustimmen, den Nichtweißen politische Rechte zuzuerkennen, denn das würde bedeuten, daß die westliche Zivilisation von der Eingeborenenzivilisation verdrängt wird. Andererseits sind die Eingeborenen in den Industriebetrieben der Weißen beschäftigt, daher wäre es ungerecht, ihnen Bürgerrechte zu verweigern. Darüber hinaus haben Nichtweiße genauso wie Weiße das Recht, ihre eigene Sprache und Kultur zu pflegen. Würde man nun die Schwarzafrikaner zu Bürgern eines europäischen Staates machen (und als solchen betrachten die weißen Afrikaner Südafrika), wären sie statt echter Afrikaner Imitationen der Europäer. In einem europäischen Staat kann der Schwarzafrikaner nicht gleichberechtigt sein und Macht ausüben, was in seinem afrikanischen Staat natürlich möglich ist. Daher braucht auch der Schwarzafrikaner sein eigenes Land *(homeland)*, ein Territorium, das er als sein eigenes betrachten und in dem er die höchsten Positionen erringen kann, die seinen Fähigkeiten entsprechen. Diese Heimat des Schwarzafrikaners in einem europäischen Land sind die existierenden Reservate, die nur einen anderen *Namen* erhalten müssen. Wenn ein schwarzer Afrikaner sein Reservat verläßt, um für einen Europäer zu arbeiten, wird er als Saisonarbeiter behandelt, der weder bürgerliche noch politische Rechte besitzt. Daher begreift er und denkt stets daran, daß er nach Beendigung seines Kontrakts im europäischen Südafrika in sein Reservat zurückkehren muß. Man muß das Niveau der Reservate anheben und stets daran denken, daß die Weißen für lange Zeit die Aufsicht über die Reservate ausüben müssen, weil die schwarzen Afrikaner noch nicht das Stadium erreicht haben, in dem sie sich selbst regieren könnten.

3

Die dominierende Gestalt auf der weißen Seite der Barrikade ist in diesem Land der Afrikaander. Die gesamte Regierung, die Polizei, das Militär, die herrschende Kirche und die Mehrheit im Parlament — alles Afrikaander. Die Afrikaander nennen Südafrika *Ons Staad* — »unseren Staat«, und ihre Hymne beginnt mit den Worten: *Ons vir Suid-Afrika!* — »Wir leben für dich, Südafrika!« Der Nationalismus der Afrikaander ist fanatisch und besessen, ihr Rassismus beinahe paranoid.

Die Afrikaander wurden ursprünglich *voortrekker* (Pioniere) genannt, später *boeren,* (das heißt Bauern, Landleute), doch heute werden sie in der ganzen Literatur einfach *Afrikaander* genannt. Der Afrikaander ist weiß, betrachtet sich jedoch nicht als Europäer. Im Gegenteil — der Afrikaander fühlt

Mitleid mit dem Europäer oder schämt sich seiner. Die Europäer sind nämlich in seiner Vorstellung ein minderwertiger Teil der weißen Rasse, ein schwaches Glied derselben, ein opportunistischer, verweichlichter Part. Der Afrikaander sieht im Europäer einen Liberalen, der der weißen Rasse Schande macht, weil er in Afrika vor den Schwarzen zurückweicht. Der Europäer ist unmoralisch, weil er am Sonntag ins Kino und ins Restaurant geht, und was am schlimmsten ist — manche Europäer sind Kommunisten. Wenn fanatische Afrikaander sagen: *Jou Europeen!* (du Europäer), so ist das ein Schimpfwort, etwa gleichbedeutend mit »du Strolch!«. Ein Afrikaander beherrscht vielleicht eine europäische Sprache, wird es aber tunlichst vermeiden, sich ihrer zu bedienen. Wenn er vor Gericht englisch gefragt wird, wird der Afrikaander nur afrikaans antworten. Antwortet er englisch, wird er von anderen Afrikaandern Verräter genannt.

Im Jahre 1960 wurden in Südafrika 3067638 Weiße gezählt, davon rund 58 Prozent, das heißt 1,8 Millionen, Afrikaander. Insgesamt hatte Südafrika damals 15841128 Einwohner. Das bedeutet, daß die Afrikaander nicht mehr als 12 Prozent der gesamten Einwohnerschaft Südafrikas ausmachen. Trotz ihrer geringen Zahl stellen die Afrikaander ohne Zweifel eine *Nation* dar. Sie haben eine gemeinsame Sprache, gemeinsame historische und kulturelle Wurzeln, bewohnen ein gemeinsames Gebiet und besitzen sogar eine eigene Religion. Die Afrikaander sind ein ethnisches und gesellschaftliches Phänomen in Afrika.

Die Afrikaander sind eine der vier Nationen europäischer Herkunft, die sich im Zuge der großen kolonialen Eroberungen der frühen kapitalistischen Epoche in außereuropäischen Gebieten ansiedelten. Die drei anderen Nationen sind die Amerikaner, die Australier und die Kanadier. Diese vier Nationen haben gemeinsame historische Wurzeln, doch ihre gegenwärtige Situation ist verschieden. Amerikaner, Australier und Kanadier stammen von den Angelsachsen ab, die Afrikaander von den Holländern. Der wichtigste Unterschied ist jedoch anderswo zu suchen. Die USA, Kanada und Australien werden als Länder des weißen Mannes betrachtet, und diese Tatsache wird von niemandem in Frage gestellt. Keiner verlangt, daß in den USA die Ureinwohner, die Indianer, die Macht übernehmen sollen. Auch in Kanada und in Australien ist die »Eingeborenenfrage« kein brennendes politisches Problem. In Südafrika verhält sich das anders. Dieser Staat wird von vielen als Land der Schwarzafrikaner angesehen, andere betrachten ihn als Land des weißen Mannes und wieder andere als gemischtes Land von Weißen und Schwarzen, als *multiracial* also.

Die Situation eines Afrikaanders und zum Beispiel eines Amerikaners ist insofern unterschiedlich, als die weißen Amerikaner in den USA eindeutig die Mehrheit ausmachen, während die Weißen in Südafrika klar in der Minderheit sind. Historisch erklärt sich das damit, daß die beiden Kolonisierungen, die amerikanische und die afrikanische (die ungefähr gleichzeitig stattfanden und ähnlich gewaltsam verliefen), sich hinsichtlich ihrer Dichte und Ausdehnung deutlich unterschieden — aber auch, und das ist wichtig, hinsichtlich des Widerstands, dem sie begegnet sind.

Daß Südafrika nicht wie die USA ein Land des weißen Mannes wurde und dieser heute in der Minderheit ist, hat folgende Gründe:

Zunächst ist da der erbitterte Widerstand der ursprünglichen Bewohner des Landes, der Schwarzafrikaner. In Amerika befanden sich die indianischen Stämme zur Zeit der kolonialen Eroberung bereits im Zustand der Auflösung, sie wurden durch Stammeskriege geschwächt und rotteten sich gegenseitig aus. In Südafrika hingegen trafen die Afrikaander auf den Stamm der Bantu, der sich damals auf der Höhe seiner Macht befand: er war straff militärisch organisiert, einig und zu keinerlei Kompromissen bereit. Ehe es Afrikaandern und Engländern gelang, den Stamm der Xhosa zu besiegen, mußten sie neun Kriege führen, gegen die Matabele waren vier Kriege nötig, gegen die Zulu drei usw. Diese Kriege dauerten jahrelang (die Kämpfe gegen die Zulu etwa von 1838 bis 1906). Auf beiden Seiten kamen Zehntausende von Menschen ums Leben. Die massenhafte Ausrottung der eingeborenen Bevölkerung, die in Nordamerika dem weißen Mann das Land erschloß, war angesichts des bewaffneten Widerstandes der Ureinwohner Südafrikas kaum möglich. Der weiße Kolonialist war stark genug, um Südafrika zu erobern, jedoch zu schwach, um es tatsächlich voll und ganz in Besitz zu nehmen.

Ein weiterer Unterschied in der Eroberung Amerikas und Südafrikas liegt in folgendem: Bis zu den achtziger Jahren des vorigen Jahrhunderts (den

Goldfunden) wurde Südafrika von niemandem als Land großer wirtschaftlicher Hoffnungen angesehen. Daher kam es auch zu keiner massenhaften europäischen Besiedlung wie in Amerika. Südafrika lockte niemanden so wie Amerika. Im Jahre 1865, also vor nicht einmal hundertfünfzig Jahren, zählte Südafrika kaum 181000 weiße Siedler!

Ein weiterer Unterschied: Die amerikanische Gesellschaft entstand unter anderem durch die massenhafte Einwanderung weißer Arbeitskräfte aus Europa. Eine solche Einwanderung ließen die Engländer in Südafrika nicht zu, weil sie immer dagegen waren, daß der weiße Mann in den Kolonien physische Arbeit verrichtet (der britische Kolonialismus ist geprägt von einer aristokratischen Haltung, daher auch die Ansicht, körperliche Arbeit erniedrige in den Augen der Eingeborenen die Würde der weißen Rasse). Aus diesem Grund war der Zustrom der Weißen in Südafrika stets strengen Restriktionen unterworfen (und das ist noch heute der Fall).

4

Ehe Südafrika in britischen Besitz überging, war es eineinhalb Jahrhunderte lang eine Kolonie der Niederländisch-Ostindischen Kompanie. Im Jahre 1652 gründete ein Gesandter der Kompanie namens Jan van Riebeek auf der Kaphalbinsel einen Stützpunkt — mehr Kneipe als Hafen — für die holländischen Schiffe, die von Europa nach Westindien und zurück segelten. Das war im siebzehnten Jahrhundert, dem goldenen Jahrhundert der Holländer, die damals in

Europa eine Handels- und Schiffahrtsgroßmacht waren. Der Stützpunkt entwickelte sich im Laufe der Jahre, den Grundstock bildeten Holländer, Franzosen (vornehmlich Hugenotten, die hier vor den Verfolgungen in Frankreich Zuflucht suchten) und Deutsche — Kaufleute aus den baltischen Häfen. Die Nation der Afrikaander stellt eine Mischung dieser drei Elemente dar: Holländer, Franzosen und Deutsche (wobei das Holländische das dominierende Element ausmacht), und ihre Sprache, das Afrikaans, ist ein Gemisch aus Holländisch, Französisch und Deutsch (mit Entlehnungen aus dem Englischen und malaiischen Dialekten).

Der holländische Kolonialismus in Südafrika lag in privaten Händen. Holland als Staat versäumte es, sich dieses Land zu sichern. Die Siedler waren auf sich selber gestellt, jeder konnte seinen eigenen Kleinstaat gründen, irgendein Stück Land in Besitz nehmen und sich zum König ausrufen. Die Afrikaander sind heute der Ansicht, Südafrika sei einzig ihr Eigentum, weil das Land niemandem gehörte, als sie es besiedelten. Das ist eine jener alten Lügen, die von allen Kolonialisten verbreitet werden, von Amerika bis zu den Ozeanischen Inseln. Es stimmt jedoch, daß Südafrika überaus dünn besiedelt war. Dieser Zustand hat sich bis heute, ins Zeitalter der Bevölkerungsexplosion, erhalten. Aus diesem Grund verfügten die Siedler über endlose Weiten, und es ist auch heute noch das Ideal jedes echten Afrikaanders, so viel Land sein eigen zu nennen, daß er von der Schwelle seines Hauses kein Dach eines Nachbarn sieht.

Die Kapprovinz ist (mit Ausnahme von Natal) der schönste Teil Südafrikas, ja, vielleicht des gesamten afrikanischen Kontinents. Hier gibt es heute riesige Weingärten, nicht weniger beeindruckend als die Weinberge in Südfrankreich (es herrscht hier übrigens ein ähnliches Klima wie im Mittelmeerraum). Unter diesen Bedingungen wenden sich die Siedler der Feldwirtschaft und auch der Viehzucht zu, weil sie sehen, daß die hier lebenden Eingeborenenstämme riesige Rinderherden besitzen. So beginnt der Kolonialismus: mit dem Kampf um die fruchtbare Erde und dem Raub der Rinder von eingeborenen Stämmen.

Von den Holländern wenig beachtet, treten die Siedler eineinhalb Jahrhunderte lang allein oder in Gruppen auf, ohne irgendeine Macht über sich. Sie waren ihre eigene Regierung. Sie schufen ihre eigenen Gesetze und sorgten für deren Einhaltung. In dieser Situation wird der Afrikaander zum Anarchisten — eine Eigenschaft, die ihn bis heute auszeichnet. In dieser ursprünglichen zerrissenen afrikanischen Welt entsteht ein System patriarchalischer Sklaverei. Die Arbeitskräfte in den weißen Familien sind entweder Sklaven, die auf dem Markt in Kapstadt eingekauft werden, oder Gefangene, die man in den Kämpfen gegen einheimische Stämme macht. Denn die weißen Afrikaander und die schwarzen Bewohner geraten immer wieder aneinander. Südafrika ist ein unermeßlich weites Land, doch guter Boden ist nicht überall zu finden. Heute nimmt man an, daß höchstens fünfzehn Prozent der Fläche Südafrikas ohne Bewässerung bebaut werden können. Ähnlich, wie die größte Schwäche der südafrikanischen Industrie der

Mangel an Erdöl ist, ist der Schwachpunkt der Landwirtschaft der Mangel an Wasser.

Es wird also nicht um den Boden an sich gekämpft, sondern um guten Boden, um gute Weidegründe. Hier prallen die Interessen der weißen Afrikaander und der Schwarzafrikaner am härtesten aufeinander. Beide sind Rinderzüchter — daher benötigen beide riesige Flächen Landes, die sich als Weidegründe eignen.

Im Jahre 1806 besetzten die Engländer die Kapprovinz und machen dem Hirten-Anarchismus der holländischen Kolonialvagabunden ein Ende. Die in Polen und anderen Ländern weitverbreitete Meinung, daß »die Deutschen die Ordnung lieben«, trifft eher auf die Engländer zu. Die englische Ordnung ist am bürokratischsten. Doch es handelt sich nicht um einen gedankenlosen, idiotischen, dumpfen Bürokratismus, sondern um einen Bürokratismus im Dienste der Ordnung. Für die Engländer sind Verfassung, Verordnung, Gesetz, Gesetzesnovelle, zweite Novelle zu diesem Gesetz, Ergänzung zur zweiten Gesetzesnovelle usw. heilige Texte, und der englische Beamte schöpft ungeheure Befriedigung daraus, solche Texte zu schreiben und zu lesen.

Eine solche neue Ordnung hält nun Einzug in Südafrika. England setzt einen Gouverneur und Verwaltungsbehörden ein, es erläßt Gesetze, das Land erhält ein Steuersystem, und Englisch wird Amtssprache. Die britische Kolonialdisziplin legt den Afrikaander, der bislang keinen Herren über sich kannte, an die Leine. Der Neuankömmling, der Engländer, ist nicht mehr der primitive holländische

Bauer oder Kleinbürger des siebzehnten Jahrhunderts, aus dem sich dann der anarchistische, habgierige, dumpfe Afrikaander entwickelte. Diese beiden trennt eine ganze Epoche. Wir stehen in der ersten Hälfte des neunzehnten Jahrhunderts, in der Zwischenzeit wehte durch Europa der Wind des Liberalismus, gab es die Aufklärung und die Französische Revolution — Ereignisse, von denen der Afrikaander, dieses in den Wüstengebieten lebendig erhaltene Relikt des feudalen Europas, nichts mitbekommen hat. Nicht einmal heute — Mitte des zwanzigsten Jahrhunderts — weiß man hier, was in Europa vorgeht.

Unter dem Druck der liberalen öffentlichen Meinung hebt das britische Parlament im Jahre 1836 die Sklaverei auf. Für die Afrikaander ist das in zweifacher Hinsicht ein schwerer Schlag: Es trifft ihr Wirtschaftssystem, das auf der Sklaverei basiert, und es steht in Widerspruch zu ihrer Religion, der zufolge Gott den Schwarzen als Sklaven geschaffen hat. Der Afrikaander muß daher seine Wahl treffen. Hinter ihm steht der britische Beamte, vor ihm erstreckt sich die unermeßliche Weite Afrikas. Er spannt die Ochsen ins Joch, packt sein ganzes Hab und Gut und die Familie auf den Wagen und besteigt sein Pferd. Neben dem Wagen ziehen Scharen schwarzer Sklaven her, dahinter folgt die Rinderherde.

So beginnt der Große Treck.

Dieser Treck dauert zwanzig Jahre. Die Afrikaander »trecken« allein oder in Gruppen, manchmal zählt ein Zug hundert bis zweihundert Wagen. Anna

Steenkamp, eine Frau, die an diesem Treck teilnahm, schreibt in ihr Tagebuch, warum die Afrikaander sich zum Großen Treck entschlossen: »Die Sklaven wurden auf dieselbe Stufe wie die Christen gestellt, und das widerspricht dem Gesetz Gottes und der naturgewollten Trennung der Menschen nach Rasse und Hautfarbe. Für jeden ehrlichen Christenmenschen war das so, als müßte er sich in den Staub werfen, als würde man ihn in Ketten schließen. Daher zogen wir die Flucht vor, um unseren Glauben an die Reinheit der Rassen zu bewahren.« Das wurde im Jahre 1838 geschrieben.

Organisatorisch war der Treck eine Partisanenbewegung, ideologisch eine religiöse Strömung. Ziel des Trecks war die koloniale Eroberung Afrikas, der Raub afrikanischen Landes, erreicht mit Methoden des Partisanenkampfes. Die fanatisch gläubigen Afrikaander gingen in diesen Kampf in der Überzeugung, sie seien die auserwählte Nation, der Gott Südafrika als neue Heimat geschenkt habe. Es war ein Zug ins Gelobte Land, ein Kreuzzug afrikaandischer Kolonialisten, um das Heilige Land von der schwarzen Barbarei zu befreien. In seiner Form erinnerte der Zug der Trecker an die sozialen Bewegungen im mittelalterlichen Europa, die ihre Ziele unter religiösen Parolen verfolgten, doch Inhalt und Sinn des Trecks waren andere: Es ging um kolonialen Landraub.

Der Große Treck, der vom Kap aufbrach und bis ins heutige Moçambique und Rhodesien vorstieß, ließ blutige Spuren auf seinem Weg zurück. Die Trecker schlachteten Zehntausende von Schwarzen ab, brannten ihre Dörfer nieder und raubten ihre Viehherden. Während des Trecks eroberten die Afrikaander ungefähr die Hälfte des heutigen Südafrikas und gründeten auf diesem Gebiet drei afrikanische Republiken: Natal (1841), das ein Jahr später von den Engländern besetzt wurde, und kurz darauf Oranje und Transvaal. Auch diese Republiken wurden später von den Engländern erobert und zu Kolonien gemacht.

Im Jahre 1870 wurde in Südafrika erstmals nach Diamanten geschürft, und sechzehn Jahre später wurde in Transvaal Gold entdeckt. England, das bislang gleichmütig die Erfolge der Afrikaander mit angesehen hat, ändert mit einem Mal seine Politik. Das Gold und die Diamanten waren nämlich auf dem Gebiet der Afrikaander-Republiken gefunden worden. In diese Republiken strömten nun aus aller Welt Goldgräber und Diamantenschürfer, die aus der Geschichte des Kolonialismus nur allzu bekannt sind. Das waren oft verbrecherische Elemente, Spekulanten und Schwindler, die das Leben des Landes durcheinanderbrachten, Kosmopoliten und unabhängige Geister. Die Diamantenschürfer trieben es so weit, im Jahre 1872 auf dem Gebiet Südafrikas ihre eigene Republik auszurufen, die sie Republik der Schürfer nannten. Dieses Unterfangen kleiner privater Geschäftemacher war allerdings nicht von langer Dauer, dann machten sich mächtige britische Grubenunternehmer, Kapitalisten und Banken in den gesäuberten Gebieten breit.

Das war ein neuer Treck, ein Treck des britischen Großkapitals, die erste Vorhut des modernen Imperialismus, und er kündigte den Kampf um eine Neuaufteilung der Welt an. Die Afrikaander, die ja Bauern sind, die das Land pflügen und ihre Kühe melken, glücklich, daß sie ihre eigenen Republiken besitzen, in denen sie wieder selber regieren und ihr eigenes Recht sprechen können, sehen diese moderne industrielle Bewegung erst mit Staunen, dann mit Mißtrauen und schließlich mit Haß. Es beginnt zunächst ein Krieg um das Durchzugsrecht. Die Engländer wollen das alleinige Recht auf die Ausbeutung der goldführenden Gebiete für sich beanspruchen. Die Afrikaander antworten mit Schikanen, sie beschlagnahmen Lebensmitteltransporte für die britischen Gruben in Transvaal; in Transvaal ist es den Engländern verboten, Waffen zu tragen. Im Jahre 1899 bricht schließlich der Krieg zwischen Afrikaandern und Engländern aus.

Dieser Krieg dauert beinahe drei Jahre, allein in den britischen Konzentrationslagern sterben sechsundzwanzigtausend afrikaandische Frauen und Kinder an Hunger oder an Epidemien, was die Afrikaander den Engländern bis heute nicht verziehen haben. Dieser Krieg, der »schändlich« genannt wurde, weil er die Würde des weißen Mannes erniedrigte, da er Weiße zwang, vor den Augen der Schwarzen gegen andere Weiße zu kämpfen, endete im Jahre 1902 formal mit dem Sieg der Briten, in Wahrheit aber mit einem Kompromiß. Mehr noch, als im Jahre 1910 die Südafrikanische Union ausgerufen wird, ist ihr erster Premier ein Afrikaander, ein General des afrikaandisch-britischen Krieges, Farmer, Herdenführer und urwüchsiges Kriegstalent — Louis Botha.

In der Regierung sitzen sechs Afrikaander und vier Engländer. So entstand das heutige Regime Südafrikas aus einem Kompromiß zweier Kräfte — des Nationalismus der Afrikaander und der wirtschaftlichen Expansion des britischen Großkapitals. Zuerst aus dem Kompromiß, dann aus der *Vereinigung*. Vor über hundert Jahren zog der Große Treck der Afrikaander los, um das Gebiet des heutigen Südafrikas mit Feuer und Schwert zu erobern. Doch es zeigte sich, daß es dort nicht nur fruchtbaren Boden gibt, sondern daß dieser Boden auch reich ist an Diamanten und Gold. »Die Entdeckung von Diamanten in Kimberley im Jahre 1870«, schreibt Leo Marquard, »änderte den Verlauf der Geschichte dieses Landes. Geld und Menschen begannen massenhaft ins Land zu strömen. Schrittweise brachten Leute wie Cecil Rhodes und Barney Barnato die Diamantengebiete in ihre Gewalt und erwarben sagenhafte Vermögen, die es ihnen später erlaubten, den Goldbergbau in Transvaal zu entwickeln und das britische Imperium nach Norden hin auszudehnen.«

Drei Faktoren prägen Haltung und Ansichten des durchschnittlichen Afrikaanders:

— seine Vergangenheit und die gegenwärtige Position im Lande;

— seine Kirche;

— seine Partei.

Die herrschende Kirche der Afrikaander, ihre regierende Partei und der von Afrikaandern geführte Staat bilden eine untrennbare Einheit. Sie bildet das ideologisch-politische Fundament des südafrikanischen Systems.

Die erste Partei der Afrikaander wurde im Jahre 1912 gegründet, die Macht im Staat übernahmen sie 1948, doch die Kirche der Afrikaander existiert seit dem siebzehnten Jahrhundert. Die Kirche stellte die einzige Institution dar, die Jahrzehnte hindurch die Einheit der Afrikaander sicherte und den afrikaandischen Geist der nationalen Selbständigkeit prägte. Früher besaßen die Afrikaander weder einen eigenen Staat noch ein eigenes Parlament, doch sie hatten von Anfang an ihre eigene Kirche. Aus dieser Kirche, in der die Ideologie des Afrikaandertums wurzelte und die für die Afrikaander oberste Autorität und Führerin war, entwickelte sich später, als zweiter Flügel der Nation, eine politische Partei, die dann die Staatsgeschäfte übernahm.

Der Afrikaander ist ein fanatisch religiöser Mensch; seine Religion ist der Kalvinismus. Das geht auf die ersten Afrikaander zurück, holländische Bauern und Bürger, die im siebzehnten Jahrhundert nach Südafrika kamen.

Zwei Dogmen des Kalvinismus waren für die Weltanschauung der Afrikaander von besonderer Bedeutung.

Erstens das Dogma der Prädestination. Diesem zufolge ist alles in der Welt vorherbestimmt: Der Mensch wird von vornherein gut oder schlecht geboren. Der eine kommt auf die Welt, um zu herrschen, der andere, um zu dienen. Das läßt sich nicht ändern — so entspricht es der Ordnung der Welt, wie Gott sie eingerichtet hat. Wer die Welt verändern will, lästert den Herrn und muß gesteinigt werden. Nach dem Dogma der Vorherbestimmung steht auch derjenige, der im Glauben geboren wurde, über dem, der als Heide zur Welt kam, weil er, den der Finger Gottes berührt hat, der Erlösung näher ist. Mit diesem Glauben kamen die Vorväter der Afrikaander nach Südafrika. Hier gewann ihr Weltbild, das sie aus dem Dogma der Vorherbestimmung ableiteten, klar umrissene Züge. Sie waren Menschen des Glaubens, die umringt von einer Welt des Heidentums lebten. Der gläubige Mensch war weiß, der Heide schwarz. So hat Gott die Welt in seiner Weisheit erschaffen: er bewies den Weißen seine Liebe und verurteilte die Schwarzen zur Verdammnis. Der Schwarze kann seine Hautfarbe nicht ändern und sein Heidentum nicht abstreifen, weil Gott die Ordnung ein für allemal festgelegt hat. Doch als niedrige Kreatur, die von Gott mit dieser unchristlichen Hautfarbe bestraft wurde, muß er dem weißen Mann dienen, den der Finger Gottes berührte und der damit der Erlösung näher ist.

Die Afrikaander nehmen auf ihren Großen Treck und für das jahrelange Leben in Isolation und bedrückender Einsamkeit ein einziges Buch mit — die Bibel. Sie sind Menschen, für die der Kontakt mit Europa im siebzehnten Jahrhundert abriß. Das war das Jahrhundert der religiösen Finsternis, der jesuitischen Gegenoffensive, der Menschen, die auf dem Scheiterhaufen verbrannt wurden, des kirchlichen Terrors, ein Jahrhundert, in dem es keine Liberalität gab, keine Kompromisse, keine Menschlichkeit, in dem das menschliche Denken von radikalem Sektierertum und starrsinnigen Doktrinen beherrscht wurde. Die Bibel ist das einzige Buch, das die Afrikaander durch Jahrzehnte lesen oder vielleicht auch nur vorgelesen bekommen, denn viele sind Analphabeten.

Das zentrale Thema der Bibel — das Thema von Gut und Böse — wird in zwei symbolischen Farben dargestellt: schwarz und weiß. In allen suggestiven Bildern der Bibel tauchen immer wieder diese beiden Farben, diese beiden Tönungen auf — Finsternis und Licht. Stets sind die Bilder so komponiert, daß das Gute hell ist und das Böse dunkel. »Meine Haut über mir ist schwarz geworden«, ruft Hiob voll Verzweiflung, um zu zeigen, wie furchtbar er für seine Sünden bestraft wurde. »Seht mich nicht an, daß ich so schwarz bin«, fleht das Mädchen im Hohenlied usw.

In einem solchen Klima werden die Ansichten der Afrikaander zum Rassenproblem geformt. Der Rassismus der Afrikaander erklärt sich nicht allein aus dem Wunsch, ihre privilegierte Stellung in der kolonialen Gesellschaft zu verteidigen (wie das zum Beispiel bei den Engländern der Fall ist). Der Rassismus ist für den Afrikaander ein Glaubensdogma, und der Glaube ist ihm eine Bestätigung für die Existenz der afrikaandischen Nation, das heißt auch seiner eigenen Existenz. Alle Versuche, den Schwarzafrikanern Menschenrechte zu gewähren, betrachtet der Afrikaander nicht nur als Angriff auf seine soziale Stellung, sondern auch als Verfolgung seines Glaubens, Schändung seiner Kirche, als Gotteslästerung. Und alles das einem Menschen, dessen Ansichten sich nicht wesentlich von der Mentalität seiner mittelalterlichen Vorväter unterscheiden, da sich die Nation der Afrikaander unter den Bedingungen völliger Isolierung entwickelte.

Das zweite Dogma des Kalvinismus, das das Denken der Afrikaander prägte, ist die Lehre von der auserwählten Nation. Einer der hervorragendsten Historiker der Afrikaander, Dr. G. D. Scholtz, schreibt: »Die Religion gestattete den Afrikaandern, unter den Schwarzen zu überleben, weil sie ihre Rolle mit der des biblischen Volkes Israel identifizieren konnten — und so wie es den Israeliten nicht erlaubt war, sich mit den unterjochten Heiden zu vermischen, verbot auch den Afrikaandern ein heiliges Gesetz, sich mit Menschen, deren Hautfarbe nicht weiß war, zu mischen.«

L. E. Neame entwickelt diesen Gedanken in seinem Buch *The History of Apartheid:* »Drohungen und Warnungen haben keinerlei Einfluß auf die Afrikaander. Ein unbeteiligter Beobachter kann sich nicht vorstellen, mit welcher inneren Überzeugung die Afrikaander Fragen der Rasse und der Zukunft ihres Vaterlandes betrachten. Auf diesem Gebiet sind sie zu keinen Kompromissen bereit. Sie sind fanatische Kalvinisten, die fest daran glauben, daß Gott sie nach Südafrika geführt habe und daß sie darauf gefaßt sein müßten, in Erfüllung ihres Schicksals zu sterben. Sie glauben, daß der Allmächtige sie nach Südafrika gebracht und ihnen einen göttlichen Auftrag gegeben hat und daß es ihre Pflicht ist, dieses Land für ihre Kinder und Kindeskinder zu verteidigen. Sie verschanzen sich in ihrer Festung, um neuerlich den Kampf gegen die Horden der Barbarei aufzunehmen, und wenn die Vorsehung sie vor das offene Grab stellt, dann gehen sie kämpfend in dieses Grab.«

Dieses Motiv der göttlichen Berufung, der auserwählten Nation und der Vorherbestimmung zieht sich durch die gesamte Propaganda und Literatur der Afrikaander. Es wiederholt sich in Regierungsreden und Parteibeschlüssen, es wird von Kirchenkanzeln herab gepredigt und in Universitätssälen gelehrt. Der Geist des religiösen Fanatismus und der Entschlossenheit zum Letzten schlägt einem aus allem entgegen, was ein Afrikaander schreibt: »Wenn wir aus Südafrika verschwinden sollten«, schreibt Dr. A. B. Duprés, eine bedeutende theologische Autorität der Kirche der Afrikaander mit großem Einfluß auf die Regierung, »wenn es tatsächlich unser Schicksal sein sollte, als weiße Nation unterzugehen, erklären wir vor der ganzen Welt in vollem Bewußtsein und im Namen der afrikaandischen Nation, daß wir lieber zugrunde gehen wollen, wenn das Gottes Wille ist, der unsere Geschicke lenkt, als Selbstmord zu begehen, wie es eine Integration und Assimilierung der Schwarzen bedeuten würde. Wenn die Nichtweißen uns hinschlachten und in kleine Stücke schneiden, wäre das nur ein neuer Triumph der Barbarei, den Gott am Blutfluß (bei einer Schlacht gegen die Zulu, die die Afrikaander im Jahre 1883 gewannen) durch ein Wunder verhinderte. Dennoch sind wir fest davon überzeugt, daß Gott in seiner Herrlichkeit weiter das Schicksal unseres Volkes lenkt. Wir wollen lieber, unserer Vorherbestimmung entsprechend, untergehen, als uns mit den Schwarzen zu vermischen, unsere Identität aufzugeben und die göttliche Berufung zu verleugnen.«

1981

Algerien verhüllt sein Gesicht

1

Am 19. Juni 1965 wurde der Präsident Algeriens Ahmed Ben Bella gestürzt. Das geschah um zwei Uhr nachts, während der Wachablösung. Ben Bella wohnte in einem Haus an der Franklin-Roosevelt-Avenue, etwa auf halbem Weg zwischen dem heißen, überfüllten Zentrum Algiers und dem exklusiven Villenviertel Hydra. Dieses Haus trägt zwar den schönen Namen Joly, es hat aber nichts Besonderes an sich. Auch die Wohnung des Präsidenten war durchschnittlich, wenn auch elegant eingerichtet. Die Leute, die von Ben Bella eingeladen wurden, erinnern sich, daß er für gewöhnlich selber die Eingangstür öffnete. Er war sehr zerstreut und suchte ständig seine Schlüssel. Ben Bella, der damals sechsundvierzig Jahre alt war, lebte in seiner Wohnung allein.

Ben Bella war bescheiden, außergewöhnlich ehrlich und peinlich genau in materiellen Dingen. Er fuhr einen Peugeot 404, ein Auto, mit dem sich in anderen afrikanischen Ländern höchstens Abteilungsdirektoren begnügen. Diese Bescheidenheit war nicht berechnend. Der Präsident legte immer eine angeborene Gleichgültigkeit allen irdischen Gütern gegenüber an den Tag. Er aß unregelmäßig und hastig, und seine Kleidung war von durchschnittlicher Qualität.

Er achtete ganz einfach nicht besonders darauf.

Trotz seiner sechsundvierzig Jahre hatte er sich eine große Portion Jugendlichkeit bewahrt, nicht nur im physischen Sinn, sondern auch geistig, was viel wichtiger ist. Er war, wie man sagt, ein jugendlicher Typ. Man sah ihm seine Jahre nicht an. Ich lernte Ben Bella im Jahre 1963 in Addis Abeba kennen. Man hätte ihn vielleicht für sechsunddreißig, siebenunddreißig halten können. Er hatte schwarzes, dichtes Haar, das tief in die Stirn wuchs, und ein ausdrucksvolles, männliches, junges Gesicht mit heller Haut. Was mir an diesem Gesicht auffiel, war ein gewisser infantiler Zug, der darauf schließen ließ, daß er sich ein jungenhaftes Temperament bewahrt hatte. Tatsächlich besaß Ben Bella ein unausgeglichenes Naturell. Alles an ihm war fließend, unkoordiniert, widersprüchlich. Ein leicht aufbrausendes, elektrisierendes, unstetes Element. Oft schlug seine Stimmung von einem Augenblick zum anderen um. Er war impulsiv und mitreißend und neigte zu stürmischen Begeisterungsausbrüchen. Er war ungeduldig – und diese Ungeduld wurde ihm zum Verhängnis. In der Aufregung sprudelte er unverantwortliches Zeug hervor, traf unerhörte Entscheidungen, von denen er sich tags darauf distanzierte. »Ben Bella rief in der Führung eine Situation hervor«, sagte einer seiner nächsten Mitarbeiter nach seinem Sturz, »in der keiner mehr wußte, woran er war.« Das Verhalten Ben Bellas wurde durch seinen Charakter geprägt. Im Gefängnis hatte er sich an eine besondere Form der Entspannung gewöhnt: Er konnte stundenlang regungslos, mit versteinertem

Gesicht, in dem kein Muskel zuckte, dasitzen. Das machte großen Eindruck. Dann lebte er plötzlich wieder auf, wurde von exaltierter Begeisterung gepackt, redete ungestüm gestikulierend. Schließlich beruhigte er sich wieder und lächelte müde. Er stand offenbar stets unter Hochspannung, die seine innere Ordnung durcheinanderbrachte.

Die Gestalt Ben Bellas zog die Aufmerksamkeit auf sich, sie wirkte ungemein faszinierend.

Seine Leidenschaft war der Fußball. Er besuchte oft Fußballspiele und spielte selber gern. Oft fuhr er zwischen der Arbeit an Verordnungen und Sitzungen des Politbüros zum Fußballplatz und jagte hinter dem Ball her. Sein engster Freund bei diesen Vergnügungen war ebenfalls ein leidenschaftlicher Fußballspieler, der Außenminister Algeriens und spätere Hauptorganisator des Putsches gegen Ben Bella — Abd al-Asis Bouteflika.

2

Technisch wurde der Putsch gegen Ben Bella fehlerlos und mit größter Präzision durchgeführt. Die topographischen Bedingungen kamen den Putschisten entgegen: Die Villa Joly liegt in der Nähe des Hauses, das Oberst Boumedienne bewohnte, unweit der Villa von Bouteflika, vor allem aber in unmittelbarer Nachbarschaft des Generalstabs, wo der Plan für den Putsch ausgearbeitet wurde; gleich daneben liegt auch noch die Gendarmeriekaserne. Ben Bella wohnte allein an einem Ort, umringt von den Häusern der Männer, die ihn dann ins Gefängnis werfen sollten, so daß sich das Drama tatsächlich unter Nachbarn eines Viertels abspielte.

Das Haus Ben Bellas wurde von Polizisten und Soldaten bewacht. Um zwei Uhr nachts sahen die abgelösten Soldaten, daß die nächste Wache vom Chef des Generalstabs der algerischen Volksarmee, Tahar Zbiri, befehligt wurde. Zbiri, ein Bauernsohn mit einem angeborenen Talent als militärischer Führer, der klassische tschapajewsche Typ, hatte sich in den Jahren des Befreiungskrieges hervorgetan. Er war Partisanenführer in der Region von Algier, wo er die Wilayatgruppe I leitete und sich durch großen Mut und untrügliches taktisches Geschick auszeichnete. Nach der Befreiung wurde er von der Elite der Armee Boumediennes in den Schatten gedrängt. Ben Bella spürte, ob bewußt oder unbewußt, daß Boumedienne ihm eines Tages ein Bein stellen könnte, und machte Zbiri zum Chef des Generalstabes, wohl mit dem Hintergedanken, ihn für den Fall, daß es zum offenen Konflikt mit Boumedienne kommen sollte, an dessen Platz in der Armee zu setzen.

Doch in der Nacht des 19. Junis leitete ebendieser Zbiri die Operation der Putschisten. Es waren noch ein paar Offiziere aus dem Generalstab daran beteiligt. Alle trugen Helme, Kampfuniformen und automatische Waffen. Sie drangen in die Villa Joly ein. In der Franklin-Roosevelt-Avenue bezogen zwei Panzer des Typs T 54 Stellung.

Als Ben Bella erwachte, mußte er als erstes den auf sich gerichteten Lauf einer Maschinenpistole sehen, dann die bullige, jedoch nicht ungeschlachte Gestalt seines Freundes Tahara Zbiri, des Helden aus dem Befreiungskrieg, auf den der Präsident Algeriens so große politische Hoffnungen gesetzt hatte.

Es gibt viele verschiedene Versionen der folgenden Ereignisse. Alle diese Versionen wurden von Journalisten erfunden. Man kann davon ausgehen, daß Ben Bella aus seinem Schlafzimmer weggebracht wurde. Der Rest sind Gerüchte.

In Wahrheit ist buchstäblich *nichts* bekannt.

Es wurde gesagt, Ben Bella sei getötet worden. Er sei verwundet. Er lebe. Er sei nicht verwundet, sondern krank. Alles wurde gesagt, weil man nichts wußte. Es ging die Version um, er werde auf einem Schiff festgehalten, das vor Algier liegt. Dieser Darstellung widersprach die Behauptung, Ben Bella werde in der Sahara in einem Armeelager gefangengehalten. Dann wurde wieder beteuert, Ben Bella lebe weiterhin in der Villa Joly, und das wäre insofern naheliegend, als Boumedienne ihn hier am besten überwachen könnte. Vielleicht kommt Boumedienne gerade in diesem Moment mit Ben Bella zusammen und spricht mit ihm.

Alles ist möglich, denn nichts ist bekannt.

Die offizielle Version ist am vagsten: Er lebe in Algerien und werde gut behandelt. Vielleicht ist das sogar die Wahrheit.

3

Ben Bella führte Algerien drei Jahre lang.

Algerien ist ein ungewöhnliches, einzigartiges Land. Auf Schritt und Tritt zeigt uns die algerische Wirklichkeit Kontraste, Widersprüchlichkeiten und

Konflikte. Nichts ist hier eindeutig, läßt sich auf eine Formel bringen.

Ein französicher Journalist, der sich seit Jahren mit Algerien befaßt, sagte mit entwaffnender Offenheit: »Ich verstehe dieses Land nicht.« Und ein hervorragender Wirtschaftsexperte vertraute mir an: »Ich begreife immer noch nicht, wie das alles zusammenhält.«

Algerien gehört zu den afrikanischen Ländern, in denen der europäische Kolonialismus länger regierte als anderswo. Die Franzosen herrschten in Algerien 132 Jahre lang. Nur die Portugiesen in Moçambique und die Engländer in Südafrika übten ihre Kolonialherrschaft noch länger aus. Die lange Kolonialherrschaft der Franzosen drückte Algerien einen tragischen Stempel auf, den das Land nach Jahrzehnten noch nicht abgestreift haben wird.

Der Kolonialismus schädigte und deformierte Algerien viel stärker, als das in den meisten heute unabhängigen Ländern Afrikas der Fall war. Die wichtigste Rolle bei dieser Deformation spielen stets die europäischen Siedler. Daher ist für das Ausmaß der Zerstörung in den afrikanischen Ländern nicht nur die Dauer der Kolonialherrschaft ausschlaggebend, sondern auch — und vielleicht noch mehr — die Anzahl der Siedler. In dieser Hinsicht wird Algerien auf dem afrikanischen Kontinent nur von Südafrika übertroffen. In Algerien lebten ungefähr 1 200 000 europäische Siedler. Das sind genauso viele Siedler, wie insgesamt in allen sechsundzwanzig Ländern des tropischen Afrikas lebten. Die Siedler machten ein Zehntel der Bevölkerung Algeriens aus.

Doch noch etwas anderes ist wichtig, nämlich die geographische Lage des Landes. Von allen afrikanischen Kolonien lag Algerien seiner Metropole am nächsten. Heute braucht ein Flugzeug von Algerien nach Paris zwei Stunden. Diese zwei Stunden sind nicht nur ein verkehrstechnisches Faktum, sondern auch ein Symbol der Verbindung zwischen Frankreich und Algerien, die von den Franzosen 132 Jahre lang gepflegt wurde und die weder im Befreiungskrieg noch nach Ausrufung der Unabhängigkeit abriß. Wenn man die Statistik betrachtet, erkennt man, daß Algerien heute mit dem Land der früheren Kolonialherren nicht nur wirtschaftlich enger verbunden ist als irgendein anderes unabhängiges afrikanisches Land.

4

Die koloniale Vergangenheit macht sich auf allen Gebieten der algerischen Realität bemerkbar. Das Wesen des Kolonialismus besteht darin, im Leben des unterjochten Landes eine ganze Reihe tiefer Gegensätze aufzureißen. Diese Gegensätze sind überall festzustellen: in der Wirtschaft, in der Struktur der Gesellschaft, in der Mentalität der Menschen. Für ein Kolonialland ist das Bild typisch, auf dem wir eine supermoderne automatisierte Fabrik zur Herstellung von Transistorradios sehen und gleich daneben Höhlen, in denen Menschen hausen, die ihre Felder mit hölzernen Hacken bearbeiten. »Seht nur, was für herrliche Straßen wir ihnen gebaut haben!« sagen die Kolonisten. Einverstanden, doch gleich neben dieser Chaussee findet man Dörfer, deren Bewohner noch im Paläolithikum stecken.

Ein solches Bild bietet Algerien dar.

Menschen, die Frankreich gern haben, müssen auch von Algier begeistert sein. Es ist eine Stadt nach französischem Muster; selbst die arabische Kasbah hat noch französischen Esprit. Hier ist nicht Afrika, sondern Lyon, Marseille. Die Schaufenster wohlgefüllt, wunderbare französische Küche, nette Bistros. Die neueste Pariser Mode kommt am selben Tag her, an dem sie in Paris auf dem Laufsteg gezeigt wurde, ähnlich wie die Pariser Zeitungen und die Pariser Gerüchte.

Doch vierzig Kilometer außerhalb von Algier, diesem Paris Afrikas, beginnt die Steinzeit. Nach halbstündiger Fahrt mit dem Auto spüre ich, daß ich wieder in Afrika bin. Sechzig Kilometer hinter Algier beginnen Dörfer, in denen die Menschen noch nicht einmal die Töpferscheibe kennen. Die echten Töpfe der Kabylen werden mit der Hand geformt. Und ein neuer Kontrast: Bei diesen primitiven Kabylen, die ihre Kinder nicht waschen, weil die Mütter meinen, sonst müßten ihre Kleinen qualvoll sterben, finde ich ein Spital und in diesem Spital einen polnischen Arzt, der eben aus Krakau gekommen ist. Er sagt zu mir: »Die Leute hier haben einen Operationssaal mit Geräten, von denen ich nicht einmal wußte, daß solche technischen Wunder überhaupt existieren. Ich weiß nicht, was ich mit diesen Schätzen anfangen soll.«

Kontraste. Algerien, das sind die unwahrscheinlichsten Kontraste. Hier existieren fünf sozialökonomische Formationen nebeneinander oder bilden ein verblüffendes Mosaik.

Zwei Kontraste sind am augenfälligsten: der Kontrast zwischen der Hauptstadt Algier und dem Rest des Landes und der Kontrast zwischen dem nördlichen Teil Algeriens am Mittelmeer und dem mittleren Teil und der Sahara, dem Landesinneren oder, wie man hier sagt, dem *bled*. Der nördliche, am Meer gelegene Teil des Landes besitzt gutes Klima, in dem es sich gut leben und Landwirtschaft treiben läßt. Hier waren die Kolonisten zu Hause. Hier gibt es große Plantagen und Industrie. Hier liegen die großen Städte und auch kleinere, ebenfalls sehr französisch geprägte Orte. Gepflegte Straßen, Motels, kleine Paläste, alles wie an der Côte d'Azur.

Eine Reise ins Innere Algeriens ist vor allem eine Reise in die Vergangenheit: wir entdecken verflossene Epochen, die noch lebendig, allgegenwärtig sind. Der Rest des Landes sind verbrannte Steppen und die Dünen der Sahara.

Neun Zehntel Algeriens beansprucht die Sahara.

Von der algerischen Sahara weiß man, daß sich dort das französische Atomzentrum Regane und eine Reihe von Ölfeldern befinden und daß sich in den Tassilifelsen die ältesten Fresken der Welt erhalten haben. Im Städtchen In Salah in der algerischen Sahara gab es bis vor gar nicht langer Zeit den größten Sklavenmarkt der Welt. Ben Bella hat den Markt geschlossen und das Land und die Dattelpalmen der Sklavenhändler an die Sklaven verteilen lassen. Heute gibt es in In Salah weltweit die einzige Diktatur von Sklaven, die *haratin* genannt wurden (Zugtiere). So erfüllte Ben Bella den Traum des Spartakus.

Der Kolonialismus erzeugt gesellschaftliche Gegensätze. Die machen sich in der algerischen Gesellschaft noch heute bemerkbar. Einerseits bringt die Kolonialpolitik eine Schicht »kultivierter« und »effizienter« Eingeborener hervor, andererseits läßt sie den Rest der Gesellschaft in Armut und Unwissenheit zurück. Die Schicht der Beamten, der Bürger und der Intelligenz schottet sich unübersehbar von der übrigen Gesellschaft ab. Diese Menschen leben ganz nach dem Vorbild der Franzosen, deren Lebensstil und oft auch Denken sie übernommen haben. Dieser Schicht gehören in Algerien Vertreter aller politischen Richtungen an — von den Reaktionären bis zu den Kommunisten. Es sind nicht die politischen Ansichten, die sie miteinander verbinden, es ist ihr Lebensstil. Aus diesen Kreisen rekrutieren sich die meisten Politiker und Verwaltungsbeamten Algeriens. Bedingung für die Zugehörigkeit zur herrschenden Elite des Landes ist die Kenntnis des Französischen, und sie alle sprechen fließend französisch. Was sie außer ihrem Lebensstil noch gemeinsam haben, ist die Distanz zum eigenen Land. Um eines sind diese Menschen jedenfalls nicht bemüht: die Unterschiede zwischen der Hauptstadt Algier und dem übrigen Land auszugleichen. Das beschäftigt sie nicht. Das kommt ihnen gar nicht in den Sinn. Vor allem, weil sie ihr Land nicht kennen, weil sie in Algier zu Hause sind, aber nicht in Algerien. »Es ist auffallend«, sagte einer meiner Gesprächspartner, »daß die Menschen in Regierung und Partei Algerien gar nicht kennen, nichts wissen über ihr Land. Keiner kennt die Dörfer. Ben Bella interessierte sich ein wenig fürs Dorf, doch er war fast der einzige.« Aber in den Dörfern leben 80 Prozent der Einwohner.

Wieder der Einfluß der französischen Tradition, die durch einen feudalen Stil der Politik geprägt ist. Das spürt man auch in der algerischen Politik, die getränkt ist von Intrigen und Gerüchten. Die politischen Kreise genießen es, sich in verschiedene Lager Fraktionen, Grüppchen und Verschwörungen zu spalten. Sie alle leben davon, was heute Boumaza gesagt hat, was morgen Mahsas sagen wird und ob übermorgen Said Mohammed oder Mohammed Said hinter Gitter wandert. Daß es aber in dem Land drei Millionen Arbeitslose gibt, scheint keiner Diskussion wert. Ben Bella wollte den Stil der algerischen Politik von diesem Intrigantentum, diesem Kaffeehausklatsch befreien, doch das ist ihm nicht gelungen.

Ben Bella machte den Staatsbeamten gegenüber einen fatalen Fehler, der schlimme Folgen nach sich zog: Er behielt das französische koloniale Gehaltssystem bei. Ich habe tausend Seiten über Algerien gelesen, doch nirgends fand ich auch nur am Rande diese Tatsache erwähnt, die doch von fundamentaler Bedeutung ist, weil sie alle Chancen des Sozialismus in Algerien zunichte machte, noch ehe sein Aufbau in Angriff genommen werden konnte. Worum geht es dabei? In Verwaltung und Wirtschaft ist in Algerien ein Heer von rund 300000 mittleren und höheren Beamten beschäftigt. Diese Posten waren in der Kolonialzeit (damals waren es nicht ganz so viele) überwiegend von Franzosen besetzt. Die Gehälter der in Algerien beschäftigten Franzosen waren, gemessen an den durchschnittlichen Einkommen der Algerier, geradezu atemberaubend hoch, doch auch im Vergleich zu den Einkommen von Franzosen in ähnlichen Positionen im Mutterland waren sie immer noch üppig. Die meisten Franzosen verließen nach der Befreiung das Land. Ihre Posten nahmen Algerier ein, die dieselben Einkommen bezogen wie ihre Vorgänger. Auf diese Weise wurde mit einem Schlag eine Schicht der bürokratischen Bourgeoisie geschaffen. Diese Leute wissen, daß alle sozialistischen Initiativen Akkumulation voraussetzen und daß die wichtigste Quelle für eine interne Akkumulation in einem Land mit einer Wirtschaft wie Algerien ebenjener Budgetposten darstellt, aus dem die Gehälter der Beamten bestritten werden. Die Bürokratie frißt die Hälfte des algerischen Budgets auf. Es ist daher klar, daß jedes ambitionierte sozialistische Programm in Algerien damit beginnen müßte, diese postkoloniale Lohnstruktur abzuschaffen und den Bürokraten ihre materiellen Privilegien wegzunehmen.

5

Frankreich ließ in Algerien eine Wirtschaft von typisch kolonialer, unterentwickelter Struktur zurück. Diese Wirtschaft ist dadurch gekennzeichnet, daß sie einen integralen Teil des Wirtschaftsorganismus von Frankreich darstellt, daß sie abhängig und nicht autark ist.

Algerien hat eine Fläche von 2381000 Quadratkilometern. Das Land ist also knapp achtmal so groß wie Polen. Es zählt zwölf Millionen Einwohner (davon 15 Prozent Berber — Kabylen und Tuareg —, die übrigen sind Araber).

Was die allgemeine wirtschaftliche Entwicklung, das Niveau der Infrastruktur und die Verteilung der Bevölkerung betrifft, zerfällt Algerien deutlich in zwei — im Land selber sofort sichtbare — Teile: den Norden — der etwa fünf Prozent der gesamten Fläche ausmacht — und den Rest des Landes.

Die fünf Prozent entscheiden alles — wirtschaftlich, politisch und sozial. Der Unterschied zwischen dem Norden Algeriens und dem übrigen Land ist gigantisch. Wenn man das Durchschnittseinkommen der Algerier mit 100 annimmt, dann beträgt das Durchschnittseinkommen der Menschen im Süden knapp 30, in der nördlichen Stadt Oran 200 und in Algier 275.

Im nördlichen und mittleren Teil des Landes beträgt die Bevölkerungsdichte fünf Personen pro Quadratkilometer. In den südlichen Landesteilen leben etwa drei Menschen auf zehn Quadratkilometern.

Die Industrie macht den kleinsten Wirtschaftszweig aus. Sie beschäftigt zwei Prozent der Bevölkerung (mehr als 240000 Menschen) und erwirtschaftet 20 Prozent des Bruttonationaleinkommens.

Alles übrige erzielt die Landwirtschaft.

In der Landwirtschaft sind rund 70 Prozent der Bevölkerung beschäftigt.

6

Der algerische Freiheitskrieg dauerte siebeneinhalb Jahre. Neben der chinesischen Revolution und dem Vietnamkrieg war er in den letzten zwanzig Jahren der größte Befreiungskrieg der Welt. Das algerische Volk bewies in diesem Krieg großen Mut, Ausdauer und Patriotismus.

Der Krieg endete für Frankreich mit einer Niederlage.

Doch Algerien mußte für diesen Sieg einen hohen Preis entrichten. Es zahlt noch heute dafür.

Im Krieg kam ein Zehntel der algerischen Bevölkerung ums Leben — über eine Million Menschen. Die Gefallenen, Ermordeten, mit Napalm Verbrannten werden hier *chuhada* genannt — Märtyrer.

Die Franzosen richteten in Algerien schreckliche Verwüstungen an. Sie machten mehr als achttausend algerische Dörfer dem Erdboden gleich, wodurch über eine Million Menschen das Dach auf dem Kopf verloren. Sie brannten Tausende Hektar Wald nieder, der den Boden vor der Erosion schützte. Sie vernichteten Viehherden, die für mehr als die Hälfte der algerischen Bauern den wichtigsten Lebensunterhalt darstellten (von sieben Millionen Rindern blieben nur drei Millionen übrig). Die Fellachen hatten die Hauptlast des Krieges zu tragen.

Der Krieg löste auch eine riesige Wanderbewegung aus. Während die Idee des Befreiungskrieges die Einheit der algerischen Gesellschaft festigte, trugen die Migrationen zu ihrem Zerfall, ihrer Atomisierung bei. Diese widersprüchlichen Prozesse liefen gleichzeitig ab, und das war eine große psychische Belastung für die Menschen in Algerien.

Drei Millionen Algerier wurden aus ihren Dörfern verjagt und in Reservate gesperrt oder in entlegene Gebiete umgesiedelt. 400 000 Algerier saßen im Gefängnis oder in Internierungslagern. 300 000 flüchteten nach Tunesien und Marokko. Den ganzen Krieg hindurch gab es eine Flucht aus den Dörfern (die von den Kämpfen am meisten betroffen waren) in die Städte.

Heute leben 30 Prozent der algerischen Bevölkerung in den Städten, doch das läßt sich nicht durch die wirtschaftliche Entwicklung erklären. Die überwiegende Mehrheit der Neuankömmlinge in den Städten ist arbeitslos, doch ins Dorf wollen oder können sie nicht mehr zurück, weil dieses vielleicht gar nicht mehr existiert.

Neben den menschlichen und materiellen Verlusten hinterließ der Krieg auch im Bewußtsein der Bevölkerung seine Spuren. Diese Spuren sind heute noch lebendig, sowohl die positiven als auch die negativen. Positive — weil Algerien aus diesem Krieg als ein Land mit eigenen gesellschaftlichen und politischen Ambitionen hervorging, als antiimperialistisches und antikoloniales Land. Negativ — weil sich während des Krieges in der algerischen Gesellschaft Gegensätze ausbildeten, die ein einiges Handeln der Algerier erschweren und das politische Leben belasten.

Die algerische Gesellschaft war nie homogen. Sie stellte und stellt bis heute ein Gemisch ethnischer Gruppen, religiöser Sekten, verschiedener Bevölkerungsschichten, Stämme und Klans dar. Ein buntes und kompliziertes Mosaik. Der Krieg brachte eine gewisse Ordnung in das soziale Chaos. Er ließ die meisten Algerier für ein gemeinsames Ziel kämpfen. Doch nach Beendigung des Krieges machte sich die Gespaltenheit der algerischen Gesellschaft von neuem bemerkbar. Der Aufstand der Rif-Kabylen ist ein Beispiel dafür. Das algerische Volk bildet noch lange keine Einheit, es ist ein Tiegel, in dem alles durcheinandergemischt wird.

Der Krieg brachte neue Trennlinien mit sich: auf der einen Seite die, die im Freiheitskrieg kämpften, auf der anderen jene, die den Franzosen dienten. Und bei den Freiheitskämpfern gibt es wieder welche, die in der Heimat Widerstand leisteten, und andere, die außerhalb der Grenzen des Landes kämpften.

In der Heimat kämpfte die Partisanenbewegung. Man schätzt, daß etwa 300000 Algerier am Partisanenkampf teilnahmen. Diese Verbände mußten die größten Opfer erbringen.

Zur selben Zeit zogen die Franzosen einen Teil der algerischen Bevölkerung zum Dienst in ihrer Armee und in der Verwaltung heran. Sie ließen diese Algerier gegen andere Algerier kämpfen. Die Trennungslinie verlief oft durch ein Dorf, durch eine Familie. (»In Tudji«, schreibt Jules Roy in seinem Buch *Krieg in Algerien* über eine algerische Kleinstadt, »gibt es keine Familie, die nicht zerrissen wäre, in der sich nicht sowohl Mitglieder der FLN als auch der französischen Armee fänden ... In manchen Familien kämpft ein Mann im Befreiungskrieg und der andere für die Franzosen ... Warum sind sie in französischem Dienst? Weil sie dort ein Stückchen Brot und Sold bekommen ... Werden diese Gräben verschwinden, wenn der Frieden kommt? In der Armee herrscht die Meinung vor, daß sie sich dann noch vertiefen werden ... Und muß man diese Sorge nicht teilen? In Tudji dienen dreißig Männer in der französischen Armee, und sie legen Abend für Abend ihren Brüdern, die bei den Partisanen kämpfen, einen Hinterhalt.«)

Die Erinnerung, wer im Krieg was gemacht hat, ist in Algerien nach wie vor lebendig; die gegenseitige Feindschaft der Menschen auf beiden Seiten der Barrikaden ist nicht verschwunden. Es ist allerdings eine Tatsache, daß sich die algerischen Fachleute aus den Kollaborateuren rekrutieren, weil nur diese die Möglichkeit hatten, eine ordentliche Berufsausbildung zu erwerben. Sie stellen daher heute die wichtigsten Verwaltungsbeamten, und viele sabotieren die Arbeit heimlich, doch systematisch. Die Regierung mußte sie sogar wieder in die Armee aufnehmen. Das geschah während des Konflikts mit Marokko, den Algerien verlor, weil die Etappe nichts taugte. Die Regierung konnte daraus nur eine Schlußfolgerung ziehen: Man muß die Kollaborateure zum Dienst verpflichten, weil sie Fachleute sind. Und das ist auch geschehen.

Dann gibt es noch eine dritte Gruppe — die Emigranten. Menschen, die den Krieg in französischen Gefängnissen verbrachten (wie Ben Bella), oder die in der algerischen Armee dienten, die in Marokko und Tunesien aufgestellt wurde (wie Boumedienne).

Zwischen den Partisanen und den Emigranten schwelt ein Konflikt, der schon eine ganze Generation lang dauert und kein Ende zu finden scheint.

Es geht darum, daß Algerien seine Unabhängigkeit in einem Augenblick errang, da die Partisanenbewegung beinahe zerschlagen war. Die Partisanenverbände waren ausgeblutet, stark dezimiert, ins Landesinnere, in die unbesiedelten und entlegensten Gebiete abgedrängt. Sie waren in alle Winde zerstreut.

An den Grenzen Algeriens hingegen, in Tunesien und in Marokko, standen starke, straff organisierte, modern bewaffnete, gut geschulte, ausreichend ernährte Verbände der jungen algerischen Armee.

Als die Partisanen darangingen, die Macht zu übernehmen, rückte diese Armee mit ihren gepanzerten Kolonnen in Algier ein und errichtete ihre eigene Ordnung.

Von diesem Moment an, seit dem Sommer 1962, hat die Grenzarmee alle wichtigen Entscheidungen in Algerien beeinflußt, und so wird es in den kommenden Jahren auch bleiben.

Seit damals zerfällt auch die politisch aktive Schicht des Landes, die Regierungs- und Verwaltungselite, in drei Gruppen, drei Fraktionen:

die Emigranten, die Kombattanten und die Kollaborateure.

Das ist der wichtigste Schlüssel, wenn man die internen politischen Verhältnisse des Landes verstehen will.

7

In einem solchen Land übernahm Ben Bella im Jahre 1962 die Macht.

Seine Startbedingungen waren nicht günstig. Genaugenommen ist die Ursache für seine spätere Niederlage bereits in den Bedingungen zu suchen, unter denen er an die Spitze des Staates gelangte. Das geschah in folgender Situation:

Das Land war durch den Krieg geschwächt und verwüstet. Besonders betroffen waren die Dörfer. Eine Million Franzosen verließen Hals über Kopf das Land. Die Menschen strömten aus der Emigration zurück, aus den Reservaten, aus den Lagern. Die Obstplantagen waren verlassen, die Fabriken standen still. Die Verwaltung war ein einziges Chaos. Es fehlte an Fachleuten, vor allem an technischem Personal. Viele Menschen waren arbeitslos. Die Bevölkerung war erschöpft und ausgehungert. Die Menschen wollten Frieden, und sie wollten essen. Noch heute kann man in Algerien spüren, wie erschöpft diese Gesellschaft ist.

Ben Bella übernahm die Macht in einem Land, das von allen afrikanischen Ländern vielleicht am schwierigsten zu regieren ist. Algerien besitzt eine ungemein komplizierte innere Struktur, die man mit einer viele Stockwerke hohen sozialökonomischen Konstruktion vergleichen könnte, deren Etagen und Plattformen einander vielfältig überschneiden und kreuzen. Keiner weiß, wie dieses Land regiert werden kann — das sagen die Algerier selbst.

Ben Bella begann seinen Kampf ganz allein. Er war erst wenige Monate zuvor nach langjähriger Isolationshaft aus dem Gefängnis entlassen worden. Er hatte keine eigene Mannschaft und keine Garde. Die meisten aktiven Politiker waren seine Gegner und leisteten ihm Widerstand, und er hatte keine starke Partei hinter sich, auf die er sich hätte stützen können.

Die Partei war zerstritten, von inneren Streitigkeiten, Gruppenkämpfen und Fraktionen, die sich gegenseitig lähmten, zerrissen.

Es blieb also nur eine Kraft, bei der Bella Rückhalt für seinen Kampf um die Macht finden konnte. Das war die Armee, die effiziente, von ihrer Kraft überzeugte Grenzarmee unter der Führung von Boumedienne. Das Besondere an dieser Armee war, daß sie lange beschäftigungslos gewesen war. In der Heimat wurde gekämpft, doch die Armee konnte in die Kämpfe nicht eingreifen, weil die Grenze zwischen Tunesien und Algerien durch Sperren gesichert war, die sie nicht überwinden durfte. Auf diese Weise blockiert, wandte sich die Armee Boumediennes der Politik zu. Es war ihr versagt, ihre militärische Kraft zu beweisen — das wollte die Armee durch vermehrte politische Aktivitäten kompensieren. Und dies entsprach auch ganz ihrem Programm, denn die Soldaten Boumediennes wurden nach revolutionärem Vorbild geschult, als politisch agierende Soldaten, die in der einen Hand den Karabiner halten und in der anderen die Schulungsbroschüre des Agitators. Die alten Berufspolitiker in der Provisorischen Regierung Algeriens und in der Führung des FLN ahnten seit langem die Absicht der Armee. Sie fürchteten sie und suchten nach einem Weg, sie zu entwaffnen. Am 2. Juli 1962, drei Tage vor der Ausrufung der algerischen Unabhängigkeit, beschloß die Provisorische Regierung, Boumedienne und die ihm nahestehenden

Offiziere, die heute im Revolutionsrat sitzen, abzulösen. Doch Boumedienne ließ sich nicht abschieben. Er stand nun offen in Opposition zur alten Politikergarde. Auch Ben Bella war gegen die alten Politiker, die verhindern wollten, daß er an die Macht kam. In dieser Situation war ein Bündnis zwischen Ben Bella und Boumedienne nur logisch. Die beiden waren aufeinander angewiesen. Ben Bella hatte einen Namen, er war in Konflikt mit der Provisorischen Regierung geraten, er konnte reden, und er verteidigte das Konzept einer politisierten Armee. Die politisierte Armee brachte Ben Bella an die Macht, weil sie die einzige intakte Kraft war, die nach Beendigung des Krieges in Algerien übriggeblieben war. Es stand außer Zweifel, daß nur ein Kandidat der Armee die Macht übernehmen konnte. Das war Ben Bella.

Und so kam es dann auch.

Doch damit war Ben Bella gleich zu Beginn in die Falle getappt: Er wurde ständig von den Militärs beobachtet, die sehr genau wußten, was eine solche Armee vermag, wenn sie nur will.

8

Ich will hier Ben Bella verteidigen, so wie ich Boumedienne verteidigen werde. Ben Bella war nicht jener »Dämon«, von dem die übereilte und demagogische Erklärung vom 19. Juni sprach, und Boumedienne ist nicht der »Reaktionär«, als den ihn die *Unità* beschrieb. Beide sind Opfer eines Dramas, das jeder Politiker der Dritten Welt erlebt, der ehrlich ist und obendrein Patriot. Es war das Drama Lumumbas und Nehrus, es ist das Drama Nyereres und Sékou Tourés. Dieses Drama besteht im unseligen *Widerstand der Materie,* dem jeder Politiker begegnet, wenn er den ersten, zweiten oder auch dritten Schritt zum Gipfel der Macht unternimmt. Jeder hat die besten Absichten; er beginnt auch damit, sie zu verwirklichen, doch nach einem Monat, einem Jahr, drei Jahren muß er erkennen, daß er nicht weiterkommt, daß sich alles auflöst, daß alles auf Sand gebaut war. Auf allen Seiten stellen sich ihm Hindernisse entgegen: die jahrhundertealte Rückständigkeit, die primitive Wirtschaft, der Analphabetismus, der religiöse Fanatismus, der Aberglaube der Stämme, die chronische Hungersnot, die koloniale Vergangenheit mit ihrer Politik der Erniedrigung und Verdummung der Unterjochten, die Erpressung der Imperialisten, die Habgier der Korrumpierten, die Arbeitslosigkeit, die negativen Wirtschaftsbilanzen. Es ist nicht leicht, auf einem solchen Weg zum Fortschritt zu gelangen. Der Politiker beginnt zu lavieren und sucht schließlich einen Ausweg in der Diktatur. Die Diktatur bringt Opposition hervor. Die Opposition organisiert einen Putsch.

Und der Kreislauf beginnt von vorn.

Es gibt verschiedene Varianten dieses Mechanismus, doch das Schema bleibt immer das gleiche. In dieser Welt entstehen die Diktaturen mit einer festen, sich wiederholenden Gesetzmäßigkeit. Sie sind oft weniger ein Ausbund individueller pathologischer Despotengehirne als eine Folge der Bedingungen, die es nun einmal nicht zulassen, daß man einen Staat auf platonische Weise führt.

9

Drei Jahre Regierung Ben Bella.

Die Opposition wirft ihm vor, daß er zu wenig handelt.

Ist das wahr?

Ben Bella war eine große Persönlichkeit mit weitem Horizont, ein tiefer Denker. Sein Denken war mutig und fruchtbar, wenn auch oft wenig konsequent. Er war ohne Zweifel eine große Gestalt, allerdings sehr komplex und unausgeglichen.

Die Regierung Ben Bellas hat einige Aktiva aufzuweisen:

Vor allem hat Ben Bella das durch den Krieg zerstörte Land in Ordnung gebracht, er brachte Algerien wieder in Gang, er kurbelte den Staatsapparat an, die Wirtschaft, das Bildungswesen, er verlieh dem Alltagsleben neuen Schwung.

Er unternahm das Wagnis, die von den Siedlern verlassenen Plantagen und Betriebe zu verstaatlichen und unter die Verwaltung der Arbeiter zu stellen. Auf diese Weise schuf er einen großen sozialistischen Sektor in der algerischen Wirtschaft.

Er wendete den Bürgerkrieg ab, der Algerien drohte und der zu einem langdauernden Niedergang geführt hätte.

Er bereitete eine neue Etappe der Agrarreform vor, die das Leben von ein paar hunderttausend algerischen Arbeitern verändert hätte.

Ihm verdankt Algerien den Ruf eines führenden Landes in der Dritten Welt. Er wollte aus Algerien eine Brücke zwischen Europa und Afrika machen, er öffnete der europäischen Linken, den kommunistischen Parteien den Weg nach Afrika, in die arabische Welt.

Er war ein Verfechter des aktiven Kampfes gegen den Kolonialismus.

Wichtig ist, daß die Weltanschauung Ben Bellas frei war von jeglicher Orthodoxie, von jedem Fanatismus. Er war ein offener Geist, unerhört aufnahmefähig, wenn auch vielleicht zu wenig selektiv. In seiner Jugend gehörte Ben Bella keiner ideologischen Schule an. Er trat der Befreiungsbewegung bei, weil er ein freies Algerien wollte. Er kämpfte, und er saß im Gefängnis. Als er die Macht übernahm, entsprachen seine Ansichten eher jenen der Rechten. Doch dann wandte er sich nach links. Diese Entwicklung war unübersehbar, doch Ben Bella wählte diese Richtung nicht aufgrund intellektueller Erwägungen, sondern eher instinktiv, überzeugt durch die politische Praxis. Daher sagte man auch, der Sozialismus Ben Bellas sei »sentimental«, Ben Bella sei »mit dem Herzen links«, er habe den Sozialismus einfach »gern gehabt«. Aus diesem Grund gab es in seiner Umgebung viele algerische Kommunisten, auf die er hörte und deren Vorschläge er oft verwirklichte.

Ben Bella änderte das Klima der Sitten und Gebräuche in seinem Land, ein Klima, das immer von den Konservativen geprägt war. Er bemühte sich, der Jugend gute Entwicklungsmöglichkeiten zu bieten, die Fellachen aus den Klauen der Grundbesitzer zu befreien, er gab den Sklaven die Freiheit und kämpfte für die Rechte der Frauen. Als der Sturz Ben Bellas bekannt wurde, herrschte unter den algerischen Frauen helle Verzweiflung. Sie legten Trauer an. (Eine sagte mir: »Er wollte den Frauen ein würdiges Leben ermöglichen. Jetzt werden uns die Männer wieder in den Häusern einsperren.«)

Der Sozialismus Ben Bellas war ein kühnes, originelles Experiment. Vereinfacht dargestellt, wollte er eine sozialistische Wirtschaft aufbauen, bei gleichzeitiger Beibehaltung eines islamischen Überbaus. Die Opposition wirft ihm vor, daß er zu viel redete und nicht genug handelte, daß sein Sozialismus sich in bloßen Worten erschöpfte.

10

Wieviel Zeit widmet der Präsident Algeriens dem Kampf gegen die Opposition?

Ben Bella ist ständig in Auseinandersetzungen mit der Opposition verstrickt. Statt ein konstruktives Programm zu entwerfen, rauft er sich mit seinen Gegnern herum. Wir haben hier eine typisch algerische Situation. Ständig werden Komplotte geschmiedet; die Regierung kommt gar nicht zum Arbeiten, weil sie dauernd vom Umsturz bedroht ist. Allein im Jahre 1963 setzt Ben Bella im April Khider (den Generalsekretär des FLN) ab, weil Khider die Opposition gegen ihn organisiert; im Juni läßt er Budiafi wegen einer Verschwörung gegen die Regierung verhaften; im Juli erklärt der Führer der Kabylen, Ait Ahmed, der Regierung den offenen Krieg;

im August setzt Ben Bella den Vorsitzenden der Nationalversammlung Ferhat Abbas ab, weil Abbas sich gegen die Partei stellt; im September entfernt er Rabah Bitat wegen oppositioneller Tätigkeit von seinem Posten; ebenfalls im September entläßt er Oberst el-Hadj aus dem Dienst, weil dieser unter den Kabylen einen Aufstand organisierte. Im Oktober und November gibt es den großen Aufstand der Kabylen, und die machen immerhin ein Fünftel der algerischen Bevölkerung aus. Das ist nur eine Liste der bekanntesten Namen, aber wie viele kleine Revolten wurden schon im Keim erstickt, wie viele weniger bekannte Oppositionelle intrigierten gegen Ben Bella? In Algerien endet nichts mit Diskussionen. Hier beharrt jeder auf seiner eigenen Meinung und fühlt sich noch dazu berechtigt, diese mit Gewalt durchzusetzen, dem Regime den offenen Krieg zu erklären, um zu beweisen, daß er im Recht ist, und wenn der offene Kampf aussichtslos scheint, wenigstens eine Verschwörung zu organisieren. Es fehlt jede politische Disziplin, keiner denkt in Kategorien eines übergeordneten Staatsinteresses. Bis sich ein anderes Denken entwickelt, wird es Jahre, ganze Generationen brauchen.

Dazu kommt, daß sich Algerien in einer ideologisch fließenden, ungewissen Situation befindet, es gibt weder Kapitalismus, zu dem sich keiner bekennen will, noch Sozialismus, der hier nur oberflächlich bekannt ist, und auch keinen orthodoxen Islam; es herrscht eine neue Qualität, doch diese besitzt keinen festen Rahmen und wird von jedem so ausgelegt, wie er will. Daher herrscht im algerischen Denken so viel

Verwirrung, daher gibt es so viele Widersprüche, so viele Ansichten, die einander oft ausschließen. Das macht den politischen Kampf ungeheuer schwierig, weil die Gegner — von denen keiner eine klare Konzeption besitzt — ihre Standpunkte nicht klar darlegen können. Der Kampf wird auf der Ebene persönlicher Konflikte ausgetragen, alte Streitereien und Fraktionen leben wieder auf.

In diesem Labyrinth scheint Ben Bella recht geschickt zu lavieren. Allmählich verschwindet die die Opposition hinter Gittern oder in der Emigration. Vielleicht dachte Ben Bella, seine Position sei endgültig gefestigt?

Doch Ben Bella besitzt keine Rückendeckung.

Der schwächste Punkt in seiner politischen Doktrin ist sein Verhältnis zur Partei. Das ist letzten Endes ausschlaggebend für den Sturz des algerischen Präsidenten. Es gibt drei Machtfaktoren: die Partei, den Staatsapparat und die Armee, und der Führer eines Landes sollte nach Möglichkeit alle drei Faktoren kontrollieren, einen aber *muß* er in der Hand halten.

Ben Bella steht mit leeren Händen da.

»Ben Bella befand sich in einem Vakuum«, schrieb Heikal in *Al Ahram*.

In diesem Satz steckt die ganze Wahrheit.

Die Partei in Algerien, das waren das Politbüro und die Provinzkomitees. Der Apparat betrachtete die Programme Ben Bellas mit Mißtrauen, weil er stets in Sorge war, ihm könnte das Salär gekürzt werden. Doch auch das Bündnis Ben Bellas mit der Armee war immer nur taktisch.

In der arabischen Welt gibt es keine Tradition der politischen Partei als führende, organisierte gesellschaftliche Kraft. Eine solche Partei läßt sich nur schwer auf die Beine stellen. Ben Bella hat das aber auch gar nicht ernsthaft versucht, er begnügte sich mit einer Partei als Fassade, als einer Gruppe von Mitarbeitern, weiter blickte er nicht.

11

Was geschah in Algerien in der Zeit vor dem Umsturz?

Die Lage war ernst.

Wenn man die Situation in diesem Land beurteilen will, wird man stets Probleme einbeziehen müssen, die bis heute nicht gelöst sind — Millionen Arbeitslose, hungernde Dörfer, ein Chaos im Selbstverwaltungssektor, fehlende Kader, unlösbare Widersprüche zwischen den Absichten der Regierung und dem tatsächlichen Zustand des Landes, eine unausgeglichene Zahlungsbilanz. Ben Bella hat das nicht verändert, und wir wissen nicht, ob überhaupt jemand dazu imstande sein wird.

Die Stimmung innerhalb der Elite war besonders schlecht.

Eine stagnierende Wirtschaft, interne Mißerfolge, die Gleichgültigkeit der Bürokratie, die Immobilität der Massen drängen für gewöhnlich die Politiker der Dritten Welt in zwei Richtungen: in Richtung einer Diktatur und in Richtung einer Aktivierung der Außenpolitik.

Genau diesen Weg schlug Ben Bella ein. Er wollte seine inneren Mißerfolge durch eine Außenpolitik kompensieren, die sein Prestige in der Welt heben sollte. Dieser Politik widmete er immer mehr Zeit und Aufmerksamkeit. Er liebte Staatsbesuche und Gespräche am Verhandlungstisch. Er verstand es, die Menschen durch seinen persönlichen Charme für sich zu gewinnen. Seine außenpolitischen Ambitionen reichten weit. Er dachte an eine bewaffnete Hilfe für die Aufständischen in Angola und Moçambique und ließ Kämpfer aus Südafrika ausbilden. Er wollte in Algier eine zweite Bandungkonferenz abhalten. Man sagt, daß er selber die Vorbereitungen traf und *diese Aufgabe mit niemandem teilte.* Lange vor der geplanten Konferenz begann er mit den Häuptern vieler afrikanischer und asiatischer Staaten zu korrespondieren. Im Juni lud er Zhou Enlai zu einem Staatsbesuch ein. Im Juli stattete er de Gaulle einen Besuch ab. Er lud die Weltjugendfestspiele nach Algerien ein. Algerien wurde zu einem der zentralen Länder der Dritten Welt, doch das kostete viel, vor allem viel Geld. Das alles verschlang Millionen Dollar, die das Land selber bitter benötigt hätte.

Langsam wurde die Kluft zwischen der Außenpolitik und der Innenpolitik Ben Bellas unübersehbar, die Gegensätze vertieften sich: Algerien galt in der Welt als revolutionärer Staat mit einer mutigen, entschlossenen, dynamischen Außenpolitik, als ein Staat, der ein Bollwerk und einen Zufluchtsort für die Kämpfenden und Unterdrückten dieser Welt darstellte, der für den farbigen Kontinent ein Vorbild sein konnte, der ein klares und mitreißendes Beispiel setzte — und gleichzeitig machte sich im Lande selber Stagnation bemerkbar, in den Städten lungerten Scharen von Arbeitslosen herum, es fehlte an Investitionen, es wimmelte von Analphabeten, die alte Bürokratie, Reaktion und Fanatismus regierten, und die Herrschenden waren mit ihren Intrigen beschäftigt.

Diese Diskrepanz zwischen der Innen- und der Außenpolitik, die für zahlreiche Länder der Dritten Welt bezeichnend ist, kann nie von langer Dauer sein. Politiker mit solchen hochfliegenden Plänen werden stets vom eigenen Land auf den Boden hinuntergezogen. Das Land kann diese Politik nicht lange ertragen, es kann sich diese Politik nicht leisten und ist nicht interessiert daran.

Vielleicht kündigt der Sturz Ben Bellas das nahende Ende großer Führer der Dritten Welt an, die deutlich über das bescheidene Mittelmaß ihres Landes hinauswuchsen, die eher Führer ihrer Länder waren als deren Verwalter. Sogar Nyerere und Sékou Touré büßten an Dynamik ein, wurden von der Wirtschaft gebremst. Wirtschaftliche Schwierigkeiten werden zum Hemmschuh: Mangel an Kapital, Fehlen von Kadern, Probleme mit dem Handel.

Vielleicht kommt einmal die Zeit, da sich überhaupt nur mehr die entwickelten Länder den Luxus einer aktiven Außenpolitik leisten können, während ärmere Länder ihre Außenpolitik den begrenzten Möglichkeiten anpassen müssen, die für gewöhnlich viel geringer sind als die nationalen Ambitionen.

12

Dem Juniputsch ging der wachsende Konflikt zwischen Ben Bella und seiner Umgebung voraus.

Dieser Konflikt hatte viele Wurzeln. Einige reichten bis ins Jahr 1962 zurück, andere stammten aus der Zeit des Kampfes gegen die Opposition. Nicht alle Mitglieder der Elite sahen in den Gegnern Ben Bellas auch ihre eigenen Gegner. Manche waren der Meinung er behandle die Opposition zu streng, andere waren gegenteiliger Ansicht. Kurz vor seinem Sturz begann Ben Bella sich mit der Opposition der Kabylen zu arrangieren. Das erregte den Unmut Boumediennes, der die Kabylen nicht ausstehen konnte. Ben Bella führte die Gespräche mit den Kabylen hinter dem Rücken der Regierung. Später versuchte er sich herauszureden und die ganze Geschichte öffentlich zu dementieren. Auch sein Engagement in der Weltpolitik gefiel manchen nicht. Diese Politik, die auf internationale Wirkung abzielte und Investitionen erforderte, die die finanziellen Möglichkeiten Algeriens weit überstiegen, brachte viele Menschen aus der Umgebung Ben Bellas auf. Sie sahen auch die wachsende Berühmtheit Ben Bellas mit Unbehagen, weil der Präsident dadurch immer unzugänglicher wurde und sich jeder Kontrolle entzog. Tatsächlich zählte der Name Ben Bellas im Ausland vielleicht mehr als zu Hause.

Doch es waren ganz besonders zwei Gründe, die den Putsch auslösten: der Führungsstil des Präsidenten und die Abrechnung mit Boumedienne, die Ben Bella vorbereitete.

Wie jeder Alleinherrscher begann sich auch Ben Bella langsam der Menschen zu entledigen, die selbständig dachten und bereit waren, für ihre eigene Meinung einzutreten. Die anderen beachtete er gar nicht, mit denen rechnete er nicht. Er war ihnen an Format und Niveau eindeutig überlegen. Er vertrat mit großer Hartnäckigkeit seine Ansichten, zu denen er oft durch langes Nachdenken gelangt war. Die Leichtigkeit und Unbekümmertheit, mit der andere ihre Meinung äußerten, kränkte und ärgerte ihn. Eine solche Meinung war für ihn nicht viel wert. Ben Bella hörte immer weniger auf seine Umgebung. Es fiel ihm zunehmend schwer, die Menschen um sich herum zu ertragen. Er begann sie anzuschreien. Er rief sie nicht zusammen, um sich mit ihnen zu beraten, sondern zitierte sie herbei, um ihnen seine Entschlüsse zu verkünden. »Heute habe ich dieses und jenes beschlossen« — mit dieser Formel leitete er immer öfter die Sitzungen des Politbüros ein.

Andererseits spielte hier auch jener Mechanismus des Herrscherhofes eine Rolle, der den Machthaber für gewöhnlich in die Isolation treibt. Er überstrahlt alle, doch er ist allein. Die Villa Joly wurde immer leerer. Ben Bella verlor sogar den Kontakt zu seinen alten Freunden. Er hatte für sie entweder keine Zeit, oder sie machten ihn wütend. Wenn jemand zu ihm kam, um ihm seine Meinung mitzuteilen, wurde Ben Bella zornig, klingelte nach seinen Leibwächtern und ließ den Störenfried abführen. Die Menschen mieden ihn zunehmend, weil sie nicht seinen Zorn erregen wollten.

Ben Bella war launisch, er brauste leicht auf, um dann wieder dumpf vor sich hin zu brüten. Er ließ sich oft im Zorn zu unbedachten Äußerungen hinreißen. Kurz vor dem Umsturz rief er in einer Regierungssitzung: »Ich schmeiße euch alle hinaus.«

Und er warf sie tatsächlich hinaus.

Er glaubte keinem mehr. Er war davon überzeugt, daß die Menschen entweder Komplotte gegen ihn schmiedeten oder seine Bemühungen sabotierten. Eines Tages stellte er einem ägyptischen Journalisten Boumedienne mit den Worten vor: »Das ist der Mann, der eine Verschwörung gegen mich vorbereitet.« Und er fragte Boumedienne: »Wie steht's mit den Intrigen?« — »Danke, es geht«, antwortete Boumedienne.

Bella konzentrierte die Macht immer mehr in seinen Händen. Er war Präsident der Republik und Generalsekretär der Partei. Und er begann auch einzelne Ministerien zu übernehmen. Er allein entschied, wer ins Politbüro aufgenommen wurde und wer ins ZK, wer in der Regierung saß und wer im Parlament. »Er entschied alles selber«, versicherte Bouteflika später den Journalisten.

Ben Bella war eine komplizierte, vielschichtige Persönlichkeit. Einerseits traute er keinem über den Weg, andererseits wollte er allen sein Wohlwollen beweisen. Er redete mit jeder Fraktion und versprach jeder etwas anderes. Am Morgen traf er sich mit den Linken und machte ihnen Zugeständnisse, die er nicht einhielt, nachmittags konferierte er mit den Rechten und versprach auch diesen so allerlei, was er ebenfalls nicht erfüllte. Daraufhin hörten die Menschen auf, ihm zu glauben. Das gegenseitige Mißtrauen wuchs, die Spannungen stiegen.

Er spielte und improvisierte. Er war ein großer Improvisator und Taktiker. Doch hinter dieser Taktik steckte kein strategisches Denken. Seine Taktik war ohne Plan und unbeständig.

Er ließ sich nichts sagen. Er übte überhaupt keine Selbstkritik. Er glaubte an seine Kraft, an seinen Stern, an seine Popularität. Er hatte eine gute Presse, bis zum letzten Moment hatte er eine sehr gute Presse. Es gehörte sich nicht, schlecht über Ben Bella zu schreiben. Die Journalisten liebten ihn, und er empfing sie gern.

Er war so selbstsicher, daß er meinte, nun sei der Augenblick gekommen, mit seinem wichtigsten Gegner abzurechnen, mit jener Kraft, die ihn an die Macht gebracht hatte, die drei Jahre lang nicht so sehr hinter ihm als vielmehr neben ihm gestanden hatte — mit der Armee. Er wußte und spürte nicht, wie einsam und hoffnungslos der Kampf war, den er aufnahm. Die Armee, das waren nicht bloß die Leute, die immer noch Uniform trugen, das waren auch alle jene, die längst die Uniform ausgezogen, jedoch ihre Karriere in der Armee begonnen hatten. Die Hälfte der Regierung, des Zentralkomitees, des Parlaments — das waren Leute der Armee, aus der früheren oder der gegenwärtigen Armee, der Armee in der Emigration oder der Inlandsarmee. Es zeigte sich, daß die meisten Menschen um Ben Bella hinter Boumedienne standen und nicht hinter Ben Bella.

Ben Bella begann mit zwei taktischen Schachzügen. Zuerst wollte er eine Volksmiliz schaffen, als Gegengewicht zum Einfluß der Armee. Dazu kam es nicht mehr. Während Boumedienne sich in Moskau aufhielt, ernannte Ben Bella Tahara Zbiri zum Chef des Generalstabs. Dem hätte Boumedienne nie zugestimmt, denn Zbiri hatte den Partisanen angehört.

Es wird berichtet, daß die Atmosphäre in der Führungsschicht Anfang Juni unerträglich wurde. Ben Bella bereitete offensichtlich eine Säuberung vor. Er kündigte diese selber an.

Eine Woche vor dem Putsch, am 12. Juni, sagte Ben Bella bei einer Sitzung des Politbüros, daß am folgenden Samstag, dem 19. Juni, eine Sitzung des Politbüros mit folgender Tagesordnung stattfinden würde:

1. Ablösung des Kabinetts;
2. Ablösung der Armeeführung;
3. Liquidierung der Opposition in der Armee.

Boumedienne war bei dieser Sitzung nicht anwesend, er hatte sich bereits endgültig von Ben Bella getrennt. Dessenungeachtet stand die Hälfte des Politbüros hinter Boumedienne.

Nach dieser Sitzung setzte sich Ben Bella ins Flugzeug und flog für eine Woche nach Oran. Er reiste allein.

Die Bedrohten blieben alle in Algier zurück.

Die Situation war um so schlimmer, da keiner wußte, wen die Säuberung treffen würde. Jeder mußte insgeheim selber sein Gewissen befragen. Alle waren verunsichert, und diese Unsicherheit schmiedete sie zu einem Block zusammen. Angeblich diskutierten sie während der Abwesenheit Ben Bellas noch darüber, ob sie putschen sollten oder nicht. Ob es nicht vielleicht genüge, bloß mit einem Putsch zu drohen. Am Freitag, dem 18. Juni, einige Stunden vor dem Putsch, leitete Ben Bella in Oran eine Versammlung. Auf dieser Versammlung sagte er, Algerien sei »bedroht wie nie zuvor«; zugleich behauptete er, alle Gerüchte über eine Spaltung in der Regierung seien Unsinn und feindliche Propaganda.

Nach der Versammlung besuchte er ein Fußballspiel, denn ein soches Vergnügen ließ er sich nie entgehen.

Spätabends kehrte er nach Algier zurück.

Angeblich rief ihn noch jemand an und schlug eine außerordentliche Sitzung der Regierung vor.

Ben Bella sagte, er sei müde und wolle schlafen gehen.

Um zwei Uhr nachts weckte ihn sein Freund, Oberst Tahar Zbiri, auf dem Kopf einen Helm, eine Maschinenpistole in der Hand.

Am andern Morgen war Ben Bella spurlos verschwunden.

13

Technisch hatte Ben Bella den Putsch selber provoziert.

Organisiert wurde er vom ersten Vizepremier, dem Verteidigungsminister, Mitglied des Politbüros der FLN, Mitglied der Algerischen Nationalversammlung, Führer der Nationalen Volksarmee, Oberst Houari Boumedienne (sein wirklicher Name lautet Mohammed Bukharuba), einem ehemaligen Lehrer für arabische Literatur. Oberst, weil es in der algerischen Armee als einer Volks-, Bauern und Revolutionsarmee keinen Generals- oder Marschallsrang gibt. Die Rangabzeichen der Offiziere sind unscheinbar, und die Uniformen der gewöhnlichen Soldaten und der Offiziere unterscheiden sich weder im Schnitt noch im Material.

Boumedienne ist nicht photogen, und dazu kommt, daß die Zeitungen ihn nicht mögen und daher sein Gesicht so retuschieren, daß er besonders blutrünstig wirkt.

In Wirklichkeit macht Boumedienne einen sympathischen Eindruck. Er ist mittelgroß und sehr schlank, Er hat ein längliches, beinahe asketisches Gesicht mit eingefallenen Wangen und hohen Backenknochen. Seine tiefliegenden Augen sind braun und flink, ihr Blick ist durchdringend. Boumedienne hat nichts von einem Araber an sich. Er ist brünett mit langem, gewelltem Haar und kurz gestutztem, vom Nikotin verfärbtem Schnurrbart, der den Kettenraucher verrät.

Seine Wesensart verblüffte mich. Ich sah ihn ein paar Tage nach dem Putsch und erwartete eine Gestalt mit dem Gehabe eines Despoten. Doch Boumedienne war schüchtern und verlegen. Ich ging zu dem Empfang, den er im Volkspalast gab. Er machte vor allen eine tiefe Verbeugung wie ein Schuljunge. Er wußte nicht, was er mit seinen Händen anfangen sollte, sein ganzes Benehmen ließ seine mangelnde Erfahrung mit gesellschaftlichen Anlässen erkennen. Nach der Begrüßung der Gäste nahm er in einem Lehnsessel an der Wand Platz und starrte in eine leere Ecke des Salons. Ich glaube nicht, daß er während des Empfangs mit einem der Gäste einen Satz gewechselt hat.

Ich fragte einen der Journalisten, die in Algerien akkreditiert sind: »Hat einer von euch je mit Boumedienne gesprochen?« Er antwortete: »Keiner. Er spricht mit keinem. Er spricht überhaupt nicht.«

Tatsächlich ist Boumedienne ein notorischer Schweiger. Er ist eine hermetische Natur. Wenn Boumedienne ein Wort herausbringen muß, dann bereitet ihm das solche Mühe, als müsse er einen Stein behauen. Er antwortet am liebsten einsilbig oder nur mit einem Nicken. Nur selten spricht er in der Öffentlichkeit. Im vorigen Jahr hielt er eine einzige Rede. Die Reden liest er vom Blatt ab. Sie sind kurz und bestehen aus trockenen Thesen. Es heißt, daß Boumedienne allen Zivilisten mißtraut und diplomatisches Geschwätz und Gespräche am runden Tisch nicht ausstehen kann.

Er macht immer den Eindruck eines konzentrierten Menschen, der gerade besonders schwierige und wichtige Gedanken wälzt. Daher lächelt er auch nur selten. Er hat nichts von einer Führungspersönlichkeit an sich: er streichelt keine Kinder, wirft nicht die Hände in die Höhe, drängt sich nicht in den Vordergrund. Er kümmert sich weder um Öffentlichkeitsarbeit noch um seinen Ruf. Das ist keine Pose, das ist nun einmal seine Art. Er kleidet sich achtlos, seine überlangen Hosen werfen Falten, und oft hat er die Jacke falsch zugeknöpft. Er trägt weder Krawatte noch weißes Hemd, stets nur Polo- oder Drillichhemden.

Er ist von einer einzigen Leidenschaft besessen: dem Militär. Er ist ein Soldat, der die Armee im Blut hat. Boumedienne wurde stets ungehalten, wenn Ben Bella Geld für Konferenzen und Staatsbesuche hinauswarf, weil er dieses Geld lieber für die Armee verwendet hätte. Die Welt Boumediennes ist die Welt der Kasernen, des Generalstabs und der Manöver.

Das Ziel Boumediennes ist eine politische Armee im Sinne eines Militärstaates. Die Rettung des Vaterlandes — durch die Armee, die Entwicklung — durch die Armee. Die Zivilisten bringen nichts Gutes zuwege, sie führen das Land nur in die Krise. Man braucht ein paar Zivilisten in der Regierung, weil das auf der Welt nun einmal so üblich ist, doch nur die Armee ist imstande, das Land zu festigen, vor allem ein Land, in dem Unordnung herrscht, in dem sich die verschiedenen Fraktionen gegenseitig auffressen, ohne an das Wohl der Allgemeinheit zu denken.

Boumedienne traf Ben Bella zum ersten Mal in Kairo, im Jahre 1954. Boumedienne war damals ein Niemand, er war achtundzwanzig Jahre alt und unterrichtete an einer arabischen Schule. Ben Bella gewann Boumedienne für den Befreiungskampf. Dann brachte Boumedienne Ben Bella an die Macht. Im Tausch dafür verteidigte Ben Bella Boumedienne gegen die Parteiführung, die verlangte, daß die Armee nur Armee sein dürfe und sich aus der Politik fernhalten müsse. Lange Jahre hindurch leisteten die beiden einander verschiedene Dienste. Stets traten sie gemeinsam auf: im Vordergrund Ben Bella, ein weltgewandter Mann und geborener Führer, und im Hintergrund, reglos und schweigend, wie ein Schatten, Boumedienne.

Ben Bella und Boumedienne, das waren zwei völlig gegensätzliche Charaktere, zwei grundverschiedene Typen, zwei entgegengesetzte Mentalitäten. Aber jeder für sich war ohne Zweifel eine Persönlichkeit. Boumedienne mußte auf Ben Bella störend wirken,

Ben Bella seinerseits mußte sich vor Boumedienne in acht nehmen.

Boumedienne hat einen stählernen Charakter. Er ist ein Mensch ohne Skrupel.

Politisch ist er ein revolutionärer arabischer Nationalist, ein Fürsprecher der Sache der algerischen Fellachen und der kleinen städtischen Schichten. Vor allem für diese Schichten will Boumedienne etwas tun. Die Sehnsüchte und Ziele dieser Menschen versteht der Oberst am besten. Und diese Schichten machen neunzig Prozent der algerischen Gesellschaft aus.

14

Die algerische Öffentlichkeit reagierte auf den Putsch am ehesten mit Widerwillen. Das war eine Frage der Ambitionen. Die Algerier betrachten sich als die Aristokratie im arabischen Raum, als kultivierte Araber, und sie sind der Meinung, ein Putsch sei etwas für den Irak oder Libyen, jedoch nicht für ihr eigenes Land.

Der Putsch kompromittierte Algerien in den Augen der Welt, um so mehr, als er eine Woche vor der zweiten Bandungkonferenz stattfand.

Da wird geputscht — und in ein paar Tagen soll die Konferenz abgehalten werden. Das ergab ein ungeheueres Chaos. Es war unmöglich, irgend etwas in Erfahrung zu bringen. Der Revolutionsrat agierte im Untergrund wie die Mafia. Niemand wußte, wo der Rat zusammentraf, wer dort saß. Es gab keinerlei offizielle Staatsmacht. Verschiedene Menschen gaben sich als Sprecher der neuen Ordnung aus. Niemand kannte sie. Weiß der Teufel, vielleicht ist er tatsächlich der Sprecher, aber vielleicht hat er sich auch nur selber dazu ernannt? Über der Stadt lag eine dichte Wolke von Gerüchten. Ben Bella lebt — Ben Bella ist tot — die Konferenz wird stattfinden — sie wurde abgesagt — es wird eine Demonstration geben — einen Aufstand — Nasser kommt — Zhou Enlai — alle kommen — keiner wird einen Fuß in unser Land setzen — die Kommunisten werden verhaftet — die Ägypter werden ins Gefängnis geworfen — alle werden verhaftet — jetzt beginnt es — heute fängt es an — nein, erst morgen — in einer Woche beginnt es gewiß.

Dazu kam, daß das Land von einer Hitzewelle heimgesucht wurde. Die Menschen brachen vor Hitze in den Straßen zusammen. Ein glühender Verehrer Ben Bellas sagte mir: »Die Menschen machen keinen Aufstand, weil es dafür zu heiß ist.« Tatsächlich — tagsüber herrschte Ruhe, abends begannen die Demonstrationen. An fünf Abenden wurde demonstriert. Es waren Jugendliche, Straßenjungen, die demonstrierten. Sie waren mit viel Begeisterung und Eifer dabei, doch Organisation hatten sie keine. Die größte Demonstration in Algier umfaßte vielleicht zweitausend bis dreitausend Menschen. Die Armee ging gegen die Demonstranten vor. Die Armee beherrschte die Taktik, wie man Demonstranten bekämpft, hervorragend. Und sie war für diesen Kampf bestens gerüstet. Sechs Tage nach dem Putsch hörten die Demonstrationen auf, und die Armee kehrte in ihre Kasernen zurück.

Abgesehen von der Jugend verhielt sich die algerische Bevölkerung ruhig. Die Partei schwieg, die Gewerkschaften schwiegen, alle anderen Organisationen schwiegen. Es hieß, sie diskutierten, was zu unternehmen sei, sie zögerten noch. Der Putsch zeigte deutlich, wie zersplittert die Gesellschaft war, wie wenig Zusammenhalt es gab, wie wenig organisierte Kräfte.

Alle Kraft lag bei der Armee. Und die Armee hatte die Macht in Händen.

Die Menschen der Linken wurden von Pessimismus erfaßt. Sie erwarteten Repressionen und schliefen nicht zu Hause. Doch es gab keine Repressionen. Boumedienne sperrte keinen einzigen Kommunisten ein, kein Linker wanderte ins Gefängnis. Diese Ängste erklären sich dadurch, daß keiner in Algerien die Armee kennt, daß die Menschen die Armee fürchten. Die Gesellschaft ist atomisiert, und eine solche Gesellschaft fürchtet jede homogene Kraft. Und die Armee ist die einzige homogene Kraft in Algerien. Boumedienne ist es nicht darum zu tun, die Menschen zu überzeugen. Boumedienne agiert — er ist ein Mensch, der völlig im praktischen Handeln aufgeht. Die Menschen in Afrika lieben einen Führer, der zu ihnen spricht, ihnen etwas erklärt, sich ihnen anvertraut. Nasser vertraute bei einer Versammlung der Menge an, daß seine Tochter bei der Aufnahmeprüfung zur Universität durchgefallen sei. Er sprach voll Bedauern darüber, wie der Vater eines Kindes, dem etwas mißlungen ist, er sprach zu Tausenden von Vätern, die ähnliche Probleme kennen.

Das Volk schätzt einen solchen Führer und vertraut ihm.

Der Putsch zeigte Algerien, wie es tatsächlich ist, als ein typisches Land der Dritten Welt. Unten die bäuerlichen Massen in der endlosen Tretmühle der Armut, in ständiger Furcht, daß eine Dürre bevorsteht, stets zu Allah um eine Schüssel Essen betend, die der karge Boden ihnen versagt. Oben hingegen, in den Salons, sperrt einer den anderen ein, putscht einer gegen den anderen. Zwei Welten, zwischen denen es keine Verbindungen zu geben scheint.

Nach dem Putsch übernahm der Revolutionsrat die Macht in Algerien. Die Mehrheit im Rat stellt die Elite der algerischen Armee. Die Armee ist groß, mit den Verbänden der Polizei zählt sie insgesamt 100 000 Mann. Und sie ist gut gerüstet.

In einer Situation, wie sie in Afrika existiert, ist eine Regierung wie die Boumediennes als nationalistisch und links zu bezeichnen.

In Afrika kann man von keinem reinen Sozialismus sprechen, etwas Derartiges gibt es hier nicht. In Afrika treten die linken Kräfte noch in ursprünglicher Form auf, als ein Element im komplizierten Bild einer bislang nur undeutlich ausgeprägten gesellschaftlichen und politischen Wirklichkeit.

Vielleicht hätte es eine Möglichkeit gegeben, den Putsch zu vermeiden. Vor allem war der Putsch taktisch ungeschickt. Doch man muß eines bedenken: Das alles spielt sich unter jungen Menschen ab, wenn man das Maß europäischer Politik anlegt — unter Jugendlichen. Das durchschnittliche Alter der Mitglieder des Revolutionsrates liegt zwischen zweiunddreißig und vierunddreißig Jahren. In diesen Kreisen ist Boumedienne mit seinen neununddreißig

Jahren der Älteste. Die Politik in Algerien ist eine Angelegenheit der Zwanzig- bis Dreißigjährigen. Das gilt für das gesamte politische Leben. Darüber hinaus haben wir es mit Arabern zu tun, mit stolzen Menschen, die empfindlich ihre Ehre hüten, mit heißblütigen Menschen, die einander wegen jeder Kleinigkeit an die Gurgel fahren. »Ben Bella hat uns beleidigt« — das ist Grund genug, Ben Bella einzusperren. Viele dieser Kapriolen und Sprünge in der afrikanischen Politik lassen sich dadurch erkären, daß die Politik von unerfahrenen Menschen gemacht wird, die kaum imstande sind, die unvermeidlichen Folgen ihrer Entscheidungen vorherzusehen, denen der Ernst und die Umsicht erfahrener Politiker fehlt.

Das alles ist kompliziert und läßt sich nur schwer in die gewohnten Schemata politischer Verifizierung fügen. Um wieviel leichter fällt ein Urteil über die europäische Politik: Hier weiß man, daß die Schweiz ihre Neutralität wahrt, daß die Bundesrepublik die DDR nicht anerkennen wird und daß in England entweder die Konservativen oder die Labour Party die Regierungsgeschäfte führt. In Afrika ist nichts sicher. Aus den reaktionärsten Ländern (wie Kongo) werden innerhalb eines Monats die revolutionärsten, und aus revolutionären Staaten (wie Kenia) werden innerhalb von nur zwei Monaten Bastionen der Reaktion. Der Politiker, der Jahre hindurch als Symbol einer übertrieben prowestlichen Einstellung galt (Nyerere), wandelt sich im Verlauf von nur zwei Wochen zum größten Enthusiasten der Revolution, und ein anderer Politiker, der als Vorbild des antikolonialen Kampfes verehrt wurde (Kenyatta), wird in ein paar Monaten zum dumpfsten Reaktionär.

Nur die Armee blieb auf der politischen Szene Algeriens präsent. Über die Zustände innerhalb der Armee ist in Algerien selber wenig bekannt. Die Armee hat etwas von der Mafia, von einer religiösen Sekte an sich. Die Offiziere salutieren nicht voreinander, sondern reichen einander die Hand und küssen sich auf beide Wangen.

In den Revolutionsrat zogen Menschen verschiedener politischer Strömungen ein. Reaktionäre und Progressive, die oft nur die gemeinsame Furcht vor Ben Bella verband. In dieser Gruppe wird sich der kommende Kampf abspielen, werden sich die Spaltungen und neuen Umgruppierungen vollziehen.

Es sind noch alle Optionen offen: eine neue Verschwörung, ein neuer Putsch, eine Meuterei in der Armee, ein Aufstand der Kabylen. Wie Boumedienne zu Heikal gesagt hat: »Die algerische Revolution ist eine Revolution der Überraschungen.«

1981

Streit um einen Richter, der mit dem Sturz der Regierung endet

Im November 1965 flog ich von Algier nach Accra. Das Flugzeug machte eine Zwischenlandung in Conakry. Am Flughafen war viel Polizei und Militär zu sehen. Ich fragte einen Einheimischen, was geschehen sei. »Es wurde eine Verschwörung gegen die Republik aufgedeckt«, antwortete er. »Es gab Anschläge gegen Sékou Touré. Und nun setzt es Verhaftungen und Entlassungen.«

Drei Tage später berief Präsident Nkrumah in Accra eine Pressekonferenz über Rhodesien ein. In die Präsidentschaftskanzlei gelangt man durch drei Tore und drei Höfe. In den Höfen wimmelte es von Polizisten und Soldaten. Wir wurden angewiesen, eine Stunde vor Beginn der Pressekonferenz zu erscheinen. Dann mußten wir uns in einer Reihe aufstellen und wurden einzeln in ein Zimmer gerufen, in dem zwei Polizisten saßen. Sie führten eine Leibesvisitation durch. Bei mir fanden sie in einer Jackentasche einen automatischen Druckbleistift. Sie befahlen mir, diesen zu zerlegen. Das tat ich. Dann ließen sie mich den Bleistift wieder zusammensetzen. Ich setzte ihn wieder zusammen. Noch einmal auseinandernehmen. Die Polizisten berieten sich — dieser Bleistift war ihnen nicht recht geheuer. Ich stand wie ein Verdächtiger vor ihnen, der nicht weiß, welches Urteil gefällt wird. Schließlich sagte einer der beiden: »Kannst du beschwören, daß dieser Bleistift nicht schießt?« Ich erklärte, daß ich das beschwören könne. Sie gestatteten mir, den Bleistift mitzunehmen.

Nkrumah sah müde aus. Es hieß, er sei erschöpft und schlafe schlecht. Im September wurde in Accra gemunkelt, der Generalstab der Armee hecke ein Komplott aus, die Armee wolle die Macht an sich reißen. Ende September entließ Nkrumah den Chef des Generalstabs und dessen Stellvertreter, organisierte das Verteidigungsministerium um und ernannte sich selber zum obersten Befehlshaber der Armee. In einer feierlichen Zeremonie wurde ihm der Marschallstab überreicht.

Von Accra fuhr ich mit dem Auto nach Lagos. Man passiert dabei Togo und Dahomey. Zwischen Accra und der Grenze zu Ghana gibt es an der Straße sechs Kontrollstellen mit Schlagbäumen. An den Schlagbäumen sind Militär und Polizei postiert, die Fahrzeuge und Dokumente kontrollieren. In Ghana herrscht ein permanenter Ausnahmezustand, der nach den Anschlägen gegen den Präsidenten ausgerufen wurde. Außerdem sollen die Straßenkontrollen dem Kampf gegen die Spekulation dienen, die die Wirtschaft des Landes durcheinanderbringt.

An der Grenze von Ghana und Togo steht ein riesiges Tor, das mit einem Vorhängeschloß versperrt ist. Als ich vorfuhr, mußte ein Polizist lange nach dem Schlüssel suchen. Gleich hinter dem Tor beginnt die Hauptstadt Togos — Lomé. Einen Kilometer weiter gibt es eine kleine Straße, Palmen, ein paar Häuser und einen hohen Bretterzaun. An diesem Zaun wurde im Jahre 1963 der Präsident von Togo — Sylvanus Olympio — von ein paar Offizieren erschossen. Lomé ist klein, sandig, heiß und schön. Die Stadt scheint nur aus Strand zu bestehen, überall spürt man das Meer. Im *Hôtel du Golfe* hörte ich im Radio die Nachrichten. Der Sprecher verlas die ersten Berichte aus Léopoldville über den Putsch, den General Mobutu im Kongo angezettelt hatte. Mobutu hatte Präsident Kasawubu verhaften lassen und sich selber zum Präsidenten für fünf Jahre ausgerufen. An der Erklärung Mobutus gefiel mir am besten die präzise Feststellung, daß er die Präsidentschaft fünf Jahre lang ausüben wolle.

Keiner wird gefragt.

Doch Mobutu hat recht: In diesen Ländern stellen ein Offizier und tausend Soldaten eine unbesiegbare Macht dar. Wer kann sich ihnen entgegenstellen? Wie viele regierende Parteien gibt es hier, die in einem kritischen Moment tausend ergebene, überzeugte und vor allem untereinander nicht zerstrittene Menschen aufbieten könnten?

Von Lomé bis zur Grenze Dahomeys sind es fünfzig Kilometer. Die Straße wird immer vom Meer begleitet. Das ganze Ufer entlang erstreckt sich ein Fischerdorf, das längste Dorf der Welt, das in Ghana beginnt und in Dahomey endet. Es ist hundert Kilometer lang.

In Dahomey geriet ich zufällig in einen Putsch.

Als ich nach Cotonou kam, wie die eine Hälfte der Hauptstadt Dahomeys genannt wird (die andere Hälfte heißt Porto Novo und liegt dreißig Kilometer entfernt), kam mir der Korrespondent von AFP, Jacques Lamoureux, in einem Wagen entgegen und rief mir zu: »Halt an! Warte! Hier gibt's eine Revolution!« Lamoureux war offensichtlich hocherfreut, denn Cotonou ist ein ebenso schönes wie langweiliges Städtchen, und die einzige Abwechslung bieten tatsächlich die Revolutionen, die allerdings nur alle paar Monate stattfinden.

Diesmal war ein Konflikt zwischen dem Präsidenten der Republik, Suru Migane Apithy, und dem Vizepräsidenten und Regierungschef, Justin Ahomadegbé, ausgebrochen. Formaler Grund dafür war ein Streit zwischen den beiden Politikern um die Frage, wer einen Richter zum Obersten Gerichtshof ernennen dürfe. Jeder wollte den Richter ernennen, denn jeder hatte zahlreiche Verwandte, die er ständig mit Posten versorgen mußte.

Ein Wort gab das andere, der Streit wurde schärfer, und schließlich gerieten sich der Präsident und der Vizepräsident so heftig in die Haare, daß sie gar nicht mehr miteinander reden wollten. Sie hielten nur mehr brieflich Kontakt, doch auch die Korrespondenz riß bald ab, weil beide in den Briefen (die mir Apithy später zeigte) immer wieder auf die leidige Affäre mit dem Richter zu sprechen kamen und einander von neuem beschimpften.

Seit ein paar Monaten funktionierte nichts mehr im Staate, die Regierung konnte nicht zusammentreten, das Land war wie gelähmt.

Hier werden uns eindrucksvoll die Mechanismen vorgeführt, die die afrikanische Politik bestimmen: Dahomey ist ein armes, unterentwickeltes Land. Um

Dahomey zu helfen, bedarf es ungeheurer Anstrengungen, großer Energie und viel erzieherischer Arbeit.

Doch die will keiner aufbringen.

Seit Monaten sind die Regierung und die Partei, das Parlament, die Armee, kurz, alle Institutionen, vollauf mit dem Streit um den Obersten Richter beschäftigt. Diese Frage wird unermüdlich diskutiert, es werden Resolutionen verabschiedet und Kompromisse ausgehandelt.

Ich kam nach Cotonou an dem Tag, da beide Seiten erkannten, daß in dem Streit nun alle rechtlichen Möglichkeiten ausgeschöpft waren und daß es an der Zeit war, konkretere Schritte zu unternehmen. Ahomadegbé begann die Attacke. Er berief eine Sitzung des Politbüros der herrschenden Partei (PPD) ein, in der beschlossen wurde, Apithy aus der Partei auszuschließen und als Präsident abzusetzen, weil dies »die einzige Möglichkeit bietet, die Einheit der Nation von Dahomey zu bewahren«. Am selben Abend verlas Ahomadegbé über den Rundfunk eine Ansprache, in der er sagte, die Geschichte habe ihm, Ahomadegbé, die Verantwortung für das Schicksal des Volkes von Dahomey übertragen und er wolle im Bewußtsein dieser Verantwortung die Pflichten des Präsidenten der Republik übernehmen. Es hatte ganz den Anschein, als habe Ahomadegbé gesiegt. Als wir jedoch am nächsten Tag Apithy in Porto Novo aufsuchten, sahen wir, daß sich dieser nicht aus der Ruhe bringen ließ. Er aß zu Mittag, machte sein Nickerchen, und nach dem Nickerchen empfing er uns und erklärte, er sei vom Volk zum Präsidenten gewählt worden und nur das Volk könne ihm diese Würde wieder nehmen.

Nun hatte Dahomey zwei Präsidenten, zwei Staatsoberhäupter.

Ein solcher Zustand kann nicht von langer Dauer sein. Zum Glück machte jemand den vernünftigen Vorschlag, die ganze Angelegenheit, wie man bei uns in Polen sagt, »im Aktiv zu diskutieren«. Für Sonntag wurde daher nach Cotonou das Aktiv zu einer Beratung einberufen. Und zwar das nationale Aktiv: die Parteiführung, die Parlamentsabgeordneten, führende Gewerkschaftler und Funktionäre des Jugendverbandes, Kaufleute vom Basar (die eine wichtige politische Rolle spielen), Priester, Zauberer und Armeeoffiziere. Die Beratung fand im Palast des ehemaligen Präsidenten von Dahomey, Hubert Maga, statt, der im Jahre 1963 vom Militär gestürzt worden war.

Dieser Palast ist berühmt.

Sein Bau verschlang alles Geld, das für den dreijährigen Entwicklungsplan des Landes bestimmt war. Die Beschläge des riesigen Eingangstores sind aus purem Gold, und um die Marmorsäulen im Empfangssaal winden sich goldene Schlangen. Alles glänzt von Gold. Wandnischen sind mit edlen Steinen ausgelegt, und auf den Böden liegen echte Perser. Zur Zeit der Unruhen im Jahre 1963, in deren Verlauf der nunmehrige Präsident und damalige Armeeoberst Christopher Soglo den damaligen Präsidenten Hubert Maga stürzte, verschwand aus diesem Palast ein wertvolles Silberbesteck, das Maga bei einem Pariser Antiquitätenhändler gekauft hatte.

Vizepräsident Ahomadegbé begann damals den Fall auf eigene Faust zu untersuchen und kam — wie er später öffentlich verkündete — zu dem Schluß, daß die Frau Soglos das Besteck in ihren Besitz gebracht hatte. Die Regierungskrise, die daraus entstand, konnte beigelegt werden, doch eines war klar: Wenn nun Soglo den Streit entscheiden sollte, hatte Ahomadegbé bereits ausgespielt.

Wir gingen also zur Versammlung.

Auf den Stufen des Palastes trafen wir General Soglo, der uns begrüßte und sich eine Weile mit uns unterhielt. Soglo ist ein stämmiger, jovialer, energischer Mann. Er ist sechsundfünfzig Jahre alt und hatte seit dem Jahre 1931 als Berufsoffizier in der französischen Armee gedient. Er war einfach gekleidet und trug ein Militärhemd ohne Rangabzeichen und als Kopfbedeckung ein grünes Barett. Weder Soglo noch die anderen Offiziere, noch auch die Fallschirmjäger, die um den Palast herum Posten bezogen hatten, waren bewaffnet. Während des ganzen Militärputsches sah ich keinen einzigen bewaffneten Offizier oder Soldaten. Darin unterscheidet sich dieser Putsch vom Umsturz im Oktober 1963, als die Armee Waffen einsetzte. Das heißt den einzigen Mörser, den die Armee Dahomeys besaß. Als Soglo damals Maga inhaftierte, verschanzte sich die ganze Regierung, die nicht recht wußte, was vorgefallen war, in einem kleinen Gebäude unweit vom Marktplatz. Soglo brachte persönlich vor diesem Gebäude den Mörser in Stellung (er war der einzige in der Armee, der wußte, wie man das Gerät bediente) und rief durch ein Sprachrohr, daß er das Gebäude unter Beschuß nehmen würde, wenn die Regierung nicht bis vier Uhr ihren Rücktritt erkläre. Die Regierung beschloß darauf einstimmig ihren Rücktritt, der Soglo durchs Fenster mitgeteilt wurde. Auf diese Weise konnte die Regierungskrise beigelegt werden.

Nun stand Soglo glänzend gelaunt auf den Palaststufen und plauderte mit uns. Er sagte, er sehe leider keine Möglichkeit, »die beiden« — das heißt den selbsternannten Präsidenten und den vom Volk gewählten Präsidenten — zu versöhnen. Dann fügte er hinzu, daß er nun wohl »handeln« müsse.

Noch vor Eröffnung der Beratung wurde bekannt, daß sich die Zauberer für Ahomadegbé ausgesprochen hatten. »Damit ist Apithy erledigt«, verkündete Lamoureux und schickte eine Depesche dieses Inhalts nach Paris.

Wir anderen wollten abwarten. Die Beratung ging am Nachmittag ergebnislos auseinander, weil sich das Aktiv in zwei Lager gespalten hatte: Die einen waren für Apithy, die anderen für Ahomadegbé. Am Abend wurden in der Stadt Flugblätter verteilt, die drei Sätze enthielten: »Nieder mit dem Faschismus! Nieder mit Ahomadegbé! Es lebe die Armee!« Am selben Abend unternahm Ahomadegbé den dramatischen Versuch, Apithy auf eigene Faust zu verhaften. Er fuhr nach Porto Novo, wo Apithy residierte. Dort ging er zur Gendarmeriekaserne und forderte den Chef der Gendarmerie, Major Jacson, auf, Apithy einzusperren. Doch der Major erklärte, er empfange seine Befehle nur vom General; der Vizepräsident ließ sich nun mit dem Major auf einen Streit ein, ohne etwas auszurichten, und kehrte schließlich nach Cotonou zurück. Jacson berichtete offenbar Soglo alles brühwarm, denn dieser entschloß sich, unverzüglich tätig zu werden.

In derselben Nacht, um vier Uhr morgens, weckte Soglo Apithy und befahl ihm, seinen Rücktritt zu unterschreiben. Apithy antwortete, daß er nur zurücktrete, wenn er schwarz auf weiß sehe, daß auch Ahomadegbé demissioniert habe. Soglo war einverstanden, setzte sich in den Wagen und fuhr nach Cotonou. Dort holte er Ahomadegbé aus dem Bett und forderte ihn auf, seinen Rücktritt zu unterzeichnen. Ahomadegbé unterschrieb. Während des ganzen Unternehmens war Soglo *allein*. Er zeigte Apithy die Rücktrittserklärung Ahomadegbés. Nun unterschrieb auch Apithy.

Um sechs Uhr morgens war die Krise ausgestanden. Soglo ernannte einen neuen Premierminister — Tairu Congacu, eine farblose, zweitrangige Persönlichkeit. Es war klar, daß nun Soglo selber regierte.

Von dieser Revolte in Dahomey geriet ich geradewegs in das Feuer des Bürgerkrieges, der seit Oktober im westlichen Nigeria tobte. Auf der Straße, die Dahomey und Nigeria verbindet — Schlagbäume, Polizei, Militär, Durchsuchungen, Kontrollen. In den Gräben ausgebrannte Autos. In den Dörfern niedergebrannte Hütten. Armeepatrouillen auf Lastwagen.

Es ist ein hoffnungsloser, absurder Krieg, dessen Ende nicht abzusehen ist, der zu nichts führt, in dem bereits Hunderte Menschen ihr Leben verloren, Hunderte Häuser niedergebrannt wurden, ein Krieg, der Unsummen Geldes verschlang.

In einem Monat fuhr ich durch fünf Länder. In vier Ländern herrschte Ausnahmezustand. In einem war eben der Präsident gestürzt worden, im zweiten hatte er sich durch Zufall retten können, im dritten hatte der Regierungschef Angst, seine vom Militär bewachte Residenz zu verlassen. Zwei Parlamente waren aufgelöst, zwei Regierungen entlassen worden. Dutzende Funktionäre wurden verhaftet, Dutzende Menschen kamen in den politischen Kämpfen ums Leben.

Auf einer Strecke von 520 Kilometern wurde ich einundzwanzigmal kontrolliert und viermal einer genauen Leibesvisitation unterzogen.

Überall Spannungen, überall der Geruch von Pulver.

1965

Brennende Barrikaden

Januar 1966. In Nigeria herrscht Bürgerkrieg. Ich bin Korrespondent in diesem Bürgerkrieg. An einem bewölkten Tag verlasse ich Lagos. An einem Schlagbaum hält eine Polizeipatrouille alle Wagen an. Sie öffnen den Kofferraum und suchen nach Waffen. Sie schlitzen Säcke mit Mais auf: vielleicht ist im Mais Munition versteckt?

Hinter dem Schlagbaum der Hauptstadt endet die Staatsmacht.

Der Weg führt nun durch eine grüne Landschaft mit flachen Hügeln, bewachsen mit dichtem Buschwerk. Die Straße besteht aus rostfarbenem Laterit, die Fahrbahn ist holprig und trügerisch.

Die Hügel, die Straße, die Dörfer entlang der Straße, das ist das Land der Joruba, die im Südwesten Nigerias wohnen. Sie machen ein Viertel der Bevölkerung des Landes aus. Im Himmel der Joruba drängen sich die Götter, auf Erden — die Könige. Ihr höchster Gott heißt Oduduwa und wohnt über den Sternen, höher noch als die Sonne. Dafür wohnen die Könige ganz in der Nähe der Menschen. In jedem Ort, jedem Weiler gibt es einen König. Die Joruba sind stolz darauf und verachten die übrige Welt, weil kein anderes Volk so viele Könige sein eigen nennt.

(Im Jahre 1962 zerfielen die Joruba in zwei Lager: Die Mehrheit gehörte der Partei UPGA an, eine verschwindende Minderheit der Partei NNDP. Im Herbst 1965 fanden Wahlen statt. Es war klar, daß die Mehrheitspartei, die UPGA, gesiegt hatte. Die Zentralregierung ignorierte jedoch das Wahlergebnis und die Stimmung der Joruba und rief die Marionettenpartei NNDP zum Sieger aus, die eine Regierung bildete. Die Zentralregierung sah in der Provinz lieber die schwächere Partei an der Macht, weil sie auf diese Weise die Joruba besser kontrollieren und ihre separatistischen Gelüste leichter dämpfen konnte. Doch auch die Mehrheitspartei, die gegen den Schwindel protestierte, bildete eine Regierung. Eine Zeitlang gab es zwei Regierungen. Schließlich wurde die Mehrheitsregierung eingesperrt. Nun begann die UGPA den offenen Kampf gegen die Minderheitsregierung.)

Es gibt also ein Unheil, es gibt Krieg. Einen ungerechten, brutalen, bösartigen Krieg, in dem alle Mittel erlaubt sind, wenn man nur den Gegner schneller besiegen und die Macht an sich reißen kann. Dieser Krieg benötigt viel Feuer, daher brennen Hütten, brennen Plantagen, liegen auf Straßen und Chausseen verkohlte Leichen.

Die ganze Erde der Joruba steht in Flammen.

Ich fahre auf einer Landstraße, von der es heißt, daß auf ihr kein Weißer lebend durchkommt. Ich fahre, um mich zu überzeugen, ob das stimmt, denn ich muß alles selber erleben. Ich weiß, daß der Mensch Angst empfindet, wenn er sich im Dickicht an einen Löwen heranpirscht. Ich habe mich an Löwen angepirscht, um zu erfahren, wie das ist. Ich mußte das kennenlernen und wußte, daß es mir keiner beschreiben konnte. Ich selber kann es auch nicht beschreiben. So wie ich die Nacht in der Sahara nicht beschreiben kann. Die Sterne in der Sahara sind riesig groß. Solche Sterne gibt es nirgends sonst in der Welt. Sie schaukeln wie gewaltige Lüster über dem Sand und verströmen ein grünes Licht. Die Nacht der Sahara ist grün wie eine masowische Wiese.

Vielleicht sehe ich noch einmal die Sahara und die Straße, die mich durch das Land der Joruba führte. Auf dieser Straße fuhr ich einen Hügel hinauf, und als ich auf der anderen Seite hinunterkam, sah ich im Tal die erste brennende Barrikade.

Für eine Umkehr war es zu spät.

Quer über der Fahrbahn lagen brennende Baumstämme. In der Mitte loderte ein großes Feuer. Ich bremste und hielt schließlich an, da eine Weiterfahrt unmöglich war. Ich sah ein Dutzend junger Menschen. Einige trugen Schrotflinten, andere waren mit Messern bewaffnet, die übrigen mit Macheten. Alle waren gleich gekleidet: blaue Hemden mit weißen Ärmeln. Die Farben der Opposition, die Farben der UPGA. Sie trugen blauweiße Kappen mit der Aufschrift UPGA. Auf die Hemden hatten sie Photographien von Chief Awolowo geheftet. Chief Awolowo war der Führer der Opposition, der kleine Gott der Partei.

Ich war in die Hände von Aktivisten der UPGA gefallen. Sie standen offenbar unter dem Einfluß von Haschisch, denn in ihren Augen waren nur Leere und Wahnsinn. Sie waren schweißgebadet, in Ekstase, in einem Zustand des Amoks.

Nun fielen sie über mich her und zerrten mich aus dem Auto. Sie riefen: »UPGA! UPGA!« Auf dieser Landstraße herrschte also die UPGA. Sie herrschte nun auch über mich. Ich spürte drei Messerspitzen in meinem Rücken und sah einige Macheten auf meinen Kopf gerichtet. Zwei Aktivisten standen ein paar Schritte entfernt und richteten ihre Schrotflinten auf mich, um jeden Fluchtversuch zu verhindern. Ich war umzingelt. Dicht vor mir sah ich schweißnasse Gesichter, wirre Blicke, blitzende Messer und Läufe.

Meine afrikanischen Erfahrungen lehrten mich, daß es in einer solchen Situation am schlimmsten ist, Schwäche zu zeigen oder zu versuchen, sich zu wehren, denn das stachelt den Gegner nur auf, setzt in ihm neue Aggressionen frei.

Im Kongo wurden Maschinenpistolen auf meinen Magen gerichtet. Ich durfte mich nicht bewegen. Das war das oberste Gebot: reglos zu bleiben. Um diese Reglosigkeit zu erreichen, bedarf es eines gewissen Willenstrainings, denn innerlich möchte man am liebsten davonlaufen oder dem Gegenüber an die Gurgel fahren. Doch da dieser stets in Scharen auftritt, würde das den sicheren Tod bedeuten. Es ist der Moment, da er, der Schwarze, mich prüft, nach meiner Schwachstelle sucht. Er hat Angst, meinen starken Punkt zu treffen, denn die Angst vor dem weißen Mann sitzt tief, daher will er meine Schwächen aufspüren. Er will mich schlagen und fahndet nach der geeigneten Stelle. Daher muß ich nun meinerseits jede Schwäche verbergen, muß sie tief in mir verstecken. Das ist Afrika, ich bin in Afrika. Sie wissen nicht, daß ich nicht ihr Feind bin. Sie wissen, daß ich ein Weißer bin, und der einzige Weiße, den sie kannten, war der Kolonialherr, der sie ihrer Würde beraubte, und nun wollen sie sich an mir rächen.

Die Situation ist paradox: Ich soll für den Kolonialismus sterben, soll für den Sklavenhandel mein Leben lassen, für die Peitsche des weißen Pflanzers, ich soll umgebracht werden, weil Lady Lugard sich in der Sänfte tragen ließ.

Die Leute an der Straße wollten Geld. Sie wollten, daß ich der UPGA beitrete und dafür bezahle. Ich gab ihnen 5 Shilling. Das war zu wenig, gleich drosch mir einer von hinten über den Kopf. Schmerz zuckte durch meinen Schädel. Gleich darauf setzte es neuerlich einen Schlag auf den Kopf. Nach dem dritten Schlag verspürte ich eine ungeheure Müdigkeit. Müde und schläfrig fragte ich, wieviel sie verlangten.

Sie wollten fünf Pfund.

Alles in Afrika wird teurer. Im Kongo wurde man von den Soldaten noch für eine Schachtel Zigaretten und einen Kolbenhieb in die Partei aufgenommen. Und hier hatte ich schon eine ganze Serie Schläge eingesteckt und sollte noch fünf Pfund herausrücken. Offenbar zögerte ich, denn der Chef, der die Aktion überwachte, rief den Aktivisten zu: »Steckt das Auto an!«, doch der Wagen war nicht mein Eigentum, er war Eigentum des polnischen Staates, ein Peugeot, der mich durch ganz Afrika gebracht hatte. Dieser Peugeot wurde nun mit Benzin übergossen.

Ich begriff, daß die Diskussion damit zu Ende war und ich keinen anderen Ausweg hatte. Ich gab ihnen fünf Pfund. Sie begannen sich um das Geld zu balgen.

Doch sie ließen mich weiterfahren. Zwei Burschen schoben die brennenden Holzbohlen zur Seite. Ich blickte mich um. Auf beiden Seiten der Landstraße, im Wald, lag ein Dorf, und die Dorfbewohner beobachteten, was auf der Straße vor sich ging. Sie schwiegen, einer hielt eine Fahne der UPGA hoch. Alle trugen an den Hemden Photographien von Chief Awolowo. Am besten gefielen mir die Mädchen. Sie waren nackt bis zu den Hüften und hatten auf ihre vollen Brüste den Parteinamen gemalt: auf die rechte Brust — UP, auf die linke — GA.

Ich machte mich auf den Weg.

Zurück konnte ich nicht: sie ließen mich nur weiterfahren. Also fuhr ich weiter hinein in das kämpfende Land, eine Staubfahne hinter mir herziehend. Die Landschaft hier ist schön, überall leuchtende Farben, Afrika, wie ich es liebe. Ruhig, leer, manchmal flog ein Vogel vor dem Wagen hoch. Nur in meinem Kopf rumorte es wie in einer Mühle. Doch die leere Landstraße und der fahrende Wagen wirkten beruhigend auf mich.

Jetzt kannte ich bereits den Preis: die UPGA hatte fünf Pfund verlangt. Ich besaß nur mehr viereinhalb Pfund und hatte noch 50 Kilometer vor mir. Ich kam durch ein brennendes, menschenleeres Dorf, dessen Bewohner in den Busch geflüchtet waren. Zwei Ziegen grasten neben der Fahrbahn, Rauchschwaden hüllten die Straße ein.

Hinter dem Dorf loderte eine weitere Barrikade.

Aktivisten in der Uniform der UPGA, Messer in Händen, traten einen Autofahrer mit Füßen, der die Einschreibgebühr nicht bezahlen wollte. Daneben stand blutüberströmt ein zweites Opfer, das sich ebenfalls nicht freikaufen konnte. Sonst sah alles aus wie bei der ersten Barrikade. Ehe ich noch den Wunsch äußern konnte, der UPGA beizutreten, mußte ich schon zwei schwere Haken in den Magen einstecken. Dann rissen sie mir das Hemd herunter, durchsuchten meine Taschen und nahmen mir alles Geld ab.

Ich erwartete, daß sie mich in Brand stecken würden, denn die UPGA verbrannte viele Menschen bei lebendigem Leib. Der Chef der Operation an der Barrikade versetzte mir einen Schwinger ins Gesicht. Ich spürte süßliche Wärme im Mund. Dann übergoß er mich mit Benzol, denn hier werden alle Menschen mit Benzol in Brand gesteckt, weil das am besten brennt.

Ich empfand animalische Angst, eine Angst, die mich lähmte und am Boden festnagelte, als steckte ich bis zum Hals in der Erde. Ich fühlte Schweiß über meinen Körper rinnen, doch unter der Haut spürte ich eisige Kälte, als stünde ich nackt im grimmigsten Frost.

Ich wollte leben, doch das Leben hatte mich verlassen. Ich wollte leben, doch ich konnte mein Leben nicht verteidigen. Mein Leben wird mir unter unmenschlichen Schmerzen geraubt werden, es wird in Flammen verlöschen.

Was wollten sie von mir? Sie hielten mir ein Messer vor die Augen. Sie hielten mir ein Messer ans Herz. Der Chef der Operation stopfte sich mein Geld in die Taschen und brüllte mir durch seinen Bieratem ins Gesicht: *»Power!* UPGA *must get power!*

We want power! Upga *is power!«* Er geriet außer sich, er lechzte nach Macht, er war verrückt nach Macht, allein das Wort Macht versetzte ihn in höchste Ekstase. Sein Gesicht troff von Schweiß, die Adern an den Schläfen traten hervor, die Augen waren blutunterlaufen und glänzten im Wahnsinn. Er war glücklich und begann froh zu lachen. Nun stimmten alle in dieses Lachen ein. Das Lachen war meine Rettung.

Sie ließen mich ziehen.

Die Menge an der Barrikade rief »Upga!« und reckte die Arme, zwei Finger zu einem V geformt: Sieg der Upga an allen Fronten.

Etwa vier Kilometer weiter loderte die dritte Barrikade. Die Straße verlief hier gerade, und ich sah schon von weitem den Rauch, dann die Flammen und die Aktivisten. Zurück konnte ich nicht: in meinem Rücken hatte ich zwei Barrikaden. Ich konnte nur vorwärts. Ich war in eine Falle geraten, taumelte von einer Grube in die nächste. Doch nun besaß ich auch kein Geld mehr, um mich freizukaufen, und ich wußte, daß sie meinen Wagen anstecken würden, wenn ich nicht bezahlte. Vor allem wollte ich Schläge vermeiden. Ich war fix und fertig, mein Hemd hing in Fetzen herab, und ich stank nach Benzol.

Es blieb nur ein Ausweg — die Barrikade zu durchbrechen. Das war riskant, denn der Wagen konnte kaputtgehen oder Feuer fangen. Doch ich hatte keine andere Wahl.

Ich trat das Gaspedal bis zum Bodenblech durch. Die Barrikade war noch einen Kilometer entfernt.

Die Nadel des Tachometers schnellte hinauf. 110 — 120 — 140. Der Wagen zitterte, und ich packte das Lenkrad fester. Ich drückte auf die Hupe. Das Feuer war schon ganz nah, die ganze Straße schien in Flammen zu stehen. Die Aktivisten schwangen ihre Messer, um mich zum Anhalten zu zwingen. Zwei zielten mit Benzinflaschen auf den Wagen. Das ist das Ende — jetzt ist es aus, dachte ich, doch es gab kein Zurück. Es gab kein Zurü. . .

Ich raste ins Feuer, der Wagen sprang hoch, Blech kreischte, Funken stoben über die Windschutzscheibe. Und plötzlich waren die Barrikade, das Feuer, die Schreie hinter mir. Die Flaschen hatten nicht getroffen. Die Messer hatten mich verfehlt. Von Angst gejagt, fuhr ich noch einen Kilometer weiter und blieb dann stehen, um zu sehen, ob der Wagen Feuer gefangen hatte. Er brannte nicht. Ich war schweißnaß. Die Kräfte verließen mich, ich war unfähig zu kämpfen, fühlte mich nackt und wehrlos. Ich setzte mich in den Staub, mir wurde schlecht. Um mich herum war alles fremd. Fremde Hügel, fremde Maniokfelder. Der Himmel und die Bäume fremd. Ich mußte weiter und fuhr bis zum Städtchen Idiroko. An der Einfahrt stand ein Polizeiposten, bei dem ich hielt. Die Polizisten hatten es sich auf einer Bank gemütlich gemacht. Sie erlaubten mir, mich zu waschen und auszuruhen.

Ich wollte zurück nach Lagos, doch allein konnte ich die Fahrt nicht unternehmen. Der Kommandant stellte eine Eskorte zusammen. Auch die Polizisten wollten nicht allein fahren. Der Kommandant wollte einen Wagen leihen und machte sich in die Stadt auf.

Ich saß auf der Bank und las die *Nigerian Tribune*, die Zeitung der UPGA. Die Zeitung war voll von Berichten über die Aktivitäten der Partei und die Methoden, mit denen sie ihren Kampf um die Macht führte. »Unser zorniger Kampf«, las ich, »dauert immer noch an. Unsere Aktivisten haben u.a. die achtjährige Schülerin Janet Bosede Ojo aus Ikere lebendigen Leibes verbrannt. Der Vater des Mädchens hatte für die NDPP gestimmt.« Ich las weiter: »In Ilesha wurde der Farmer Alek Aleke lebendigen Leibes verbrannt. Eine Gruppe unserer Aktivisten wandte bei ihm die Methode *spray and lit* an, Besprühen und Anzünden, eine Methode, die hier auch UPGA-Kerze genannt wird. Der Farmer ging auf sein Feld, als die Aktivisten ihn schnappten und ihm befahlen, sich nackt auszuziehen. Er zog sich aus, fiel auf die Knie und flehte um Gnade. In dieser Stellung wurde er mit Benzol übergossen und angesteckt.« Die Zeitung brachte noch mehr solcher Meldungen. Die UPGA kämpfte um die Macht, und die Flammen ihres Kampfes verschlangen immer mehr Menschen.

Der Kommandant kehrte ohne Auto zurück. Er befahl drei Polizisten, mich in meinem Wagen zu begleiten. Sie hatten offensichtlich Angst. Schließlich setzten sie sich doch in den Wagen, steckten ihre Karabiner aus den Fenstern, und so fuhren wir wie ein Panzerwagen los. Bei der ersten Barrikade war das Feuer noch nicht heruntergebrannt, doch es war niemand mehr zu sehen. Bei den beiden anderen Barrikaden war die Arbeit noch voll im Gang; als die Aktivisten jedoch die Polizisten erblickten, ließen sie uns passieren. Die Polizisten befahlen mir, unter keinen Umständen anzuhalten — sie wollten nicht in Konflikt mit den Aktivisten geraten. Ich verstand sie sehr gut — sie waren hier zu Hause. Heute waren sie mit Karabinern bewaffnet, doch für gewöhnlich trugen die Polizisten keine Waffen. In der Region waren zahlreiche Polizisten ums Leben gekommen.

Als wir nach Lagos kamen, brach die Dämmerung herein.

1966

Nigeria, Sommer 66

In diesem Sommer wird in Nigeria viel gebetet. Die Presse druckt Gebete für die Bewahrung des Landes vor weiterem Unheil ab und ermahnt die Gläubigen zu vermehrter Frömmigkeit, damit das Land nicht unwiderbringlich zugrunde gehe. Der *Nigerian Daily Sketch* schreibt, daß »der Prophet der Apostolischen Kirche Christi in Akure alle Gläubigen der Kirche zum dreitägigen Gebet und Fasten zur Rettung des Friedens und der Einheit der Republik Nigeria« aufgerufen hat. Der Prophet verkündete, er bete darum, daß »Gott das neue Regime in allen seinen Bestrebungen unterstützen möge«. Dieselbe Zeitung meldet, daß der »Hauptimam der Zentralen Moschee in Lagos — Alhadschi Liadi Ibrahim — die Gläubigen aller Moscheen in der Hauptstadt aufgerufen hat, in ihren Gebeten zu Allah um eine gute Regierung für das Land nicht innezuhalten. Der Hauptimam«, so schreibt die Zeitung weiter, »sprach ein spezielles Morgengebet für die Wiederherstellung des Friedens und der Einheit Nigerias und rief den göttlichen Schutz auf Oberst Yakubu Gowon herab, den Allah auf allen Wegen seines irdischen Daseins begleiten möge.«

Die *Morning Post* berichtet, daß »die Gläubigen der Kirche des Herrn unter der Führung von Apostel Adeleke Adejobi ein dreizehntägiges Gebet am Berge

Tabor (in der Nähe von Ogere) für die Wiederkehr des Friedens und der Einheit Nigerias« begannen. Dieselbe Zeitung bringt die Predigt des Pfarrers der Christus-Kathedrale in Lagos, Hochwürden F. O. Seguna, in der dieser feststellt, der Zerfall Nigerias sei so weit fortgeschritten, daß »Christus, wenn er heute nach Nigeria käme, nicht einmal ein Einreisevisum erhielte und dem Fernsehen kein Interview wert wäre«.

Die *Daily Times* schreibt, der Vorsitzende der Methodistenkirche der Region Ibadan, Hochwürden Nathaniel O. Saleko »hat die Nation Nigerias zur moralischen Wiedergeburt aufgefordert, die sie befähigen soll, einen gnadenlosen Krieg gegen den wütenden Dämon des Unfriedens zu führen, der heute die ganze Nation zu zerstören droht«.

Große Aufregung rief eine Meldung des *West African Pilot* (vom 11. 8. 1966) über das Traumgesicht hervor, das dem Propheten der Kirche Jesu in Lagos, Glover Ola Olorum Ogung-Bamila Pedro Ilaje, erschien. Er hatte die Erscheinung am 7. Juni und begab sich tags darauf zur Residenz des damaligen Regierungschefs, General Aguiyi-Ironsi, um diesen vor einer drohenden Gefahr zu warnen. »Leider«, so schreibt die Zeitung, »hat die Polizei den Propheten nicht vorgelassen, ja, sie hat ihn sogar eingesperrt.« Man braucht wohl nicht hinzuzufügen, daß der General zwei Wochen später entführt und ermordet wurde. Am 30. Juli, also nach diesen tragischen Ereignissen, wurde der Prophet abermals von wütenden Polizisten verhaftet, als er neuerlich vor einer bevorstehenden Katastrophe warnen wollte. Da er jedoch von übernatürlichen Kräften gelenkt wird, ließ er die Presse wissen: »Wenn ich in der Lage bin, neues Unheil für unser Land vorherzusagen, werde ich als Prophet, der im Namen Gottes handelt, meinem Volk auch künftig dienen.«

Die unfreundliche Einstellung der Polizei dem Propheten gegenüber erscheint dem Berichterstatter um so erstaunlicher, als schon der erste nigerianische Putsch am 15. Juni vom Propheten Oba Salam Amin J. T. Durojaiye aus Ekotedo in der Region Ibadan vorausgesagt worden war. Diese Weissagung bewahre ich zusammen mit dem Bild des Propheten als interessantes Pressekuriosum auf. Die Meldung erschien genau einen Tag vor dem Putsch — am 14. Januar — in der *Nigerian Tribune.* Neben die Weissagung stellte die Zeitung die Bilder von Premierminister Balewa und Chief Akintola, also jene Politiker, die einen Tag nach der Meldung unter den Händen der Putschisten ihr Leben aushauchen sollten.

Die Verkündung Salam Amins wurde auf der Titelseite abgedruckt. Der Prophet sagte: »Ich sah eine große Herde riesiger Kühe, die von den vier Hörnern des Himmels auf Nigeria herabfielen ... Das Volk Nigerias floh in den Dschungel und kletterte auf die Bäume. Die Menschen schwitzten vor Angst, sogar an den Beinen! In der Luft erhob sich ein mächtiger Ruf: Krieg! Krieg! Ich fragte den Herrn, was mein Gesicht zu bedeuten habe, und der Herr antwortete: In Nigeria wird bald Krieg herrschen. Ich fragte den Herrn: Was soll ich tun? Und er wies mich an, dem Ministerrat meine Vision zu enthüllen, und das Volk möge darum beten, daß Gott zur Erde herabsteige und in Nigeria die Macht übernehme ... Ich möchte daran erinnern«, sagt der Prophet abschließend, »daß wir schon im Jahre 1962 mit Seiner Hoheit dem König von Ibadan, dem seligen Olubadene Ibadan Oba Akinyele, Flugblätter verteilten, die meine damaligen Weissagungen verkündeten, doch die Regierung Nigerias schenkte ihnen keinen Glauben.«

Einen Tag nachdem die Prophezeiung Salam Amins in der *Nigeria Tribune* erschienen war, hatte diese Regierung aufgehört zu existieren.

Der neue Regierungschef Nigerias, Oberst Yakubu Gowon, ist dreißig Jahre alt, schlank, gutaussehend und sehr intelligent. So wie alle jungen Offiziere hierzulande ist er bescheiden und von einfacher Lebensart. In beiden Putschen zeichnete er sich durch ungewöhnlichen Mut und blitzschnelle Reflexe aus. Seither hat er sich nur einmal in der Öffentlichkeit gezeigt (während einer Pressekonferenz). Er residiert in einer Kaserne, verläßt sein Zimmer nur selten und wird schwer bewacht. Gestern sah ich ihn durch die Stadt fahren. Er saß in einem grünen Mercedes, dem ein paar Jeeps mit schweren Maschinengewehren und Soldaten vorausfuhren. Hinter seinem Wagen kamen wieder Jeeps. Die Kolonne wurde von einem Polizeiwagen mit schriller Sirene angeführt. Die Menschen liefen am Straßenrand zusammen und jubelten dem jungen Oberst zu.

Gowon muß auf Schritt und Tritt auf der Hut sein.

Die Armee ist gespalten, atomisiert, und man kann nicht sagen, welche Verbände loyal zur neuen Staatsmacht stehen und welche nicht. Die meisten Opfer hatten bislang die Militärs selber zu beklagen, die einander abschießen. Das Offizierskorps, das schon auf die Hälfte zusammengeschrumpft ist, setzt sich aus jungen, ehrgeizigen, untereinander zerstrittenen Männern zusammen, denen die Pistolen locker sitzen. Beim ersten Putsch vertrieben die Offiziere des Ibo-Stammes die Offiziere der Joruba und Haussa, beim zweiten Putsch brachten die Joruba- und Haussa-Offiziere die Offiziere der Ibo um.

Nur wenige blieben am Leben.

Der Stammeshaß — diese monströse, dämonische Obsession Afrikas — wurde mit Schnellfeuerwaffen ausgerüstet; jeder Offiziersgurgel droht die tödliche Sichel. Die Offiziere gehen mit der Angst zu Bett, am nächsten Morgen nicht mehr zu erwachen.

Um Afrika zu verstehen, muß man Shakespeare lesen.

In den politischen Dramen Shakespeares kommen alle Helden ums Leben, Ströme von Blut rinnen von den Thronsesseln, und das Volk beobachtet schweigend und voll Grauen das große Schauspiel des Todes.

Der nigerianische Rechtsgelehrte Dan Zaki schreibt in der Augustnummer des *African Statesman* (einer lesenswerten Vierteljahresschrift, die in Lagos erscheint) zum Thema der Militärputsche in Afrika:

»Militärputsche als Methode, eine Regierung abzusetzen, sind in Afrika in Mode gekommen, sie wurden zu einem unverzichtbaren Teil des politischen Lebens.

In den Jahren des afrikanischen Kolonialismus konzentrierten die Befreiungsbewegungen ihre Bemühungen darauf, die Unabhängigkeit zu erringen;

das war ihr wichtigstes Ziel. Die Grenzen der meisten afrikanischen Staaten sind das Ergebnis willkürlicher Entscheidungen der großen Kolonialmächte; daher umfassen diese Staaten zahlreiche Stämme und Kulturen, und diese Unterschiede lösen politische Spannungen aus.

Vor diesem Hintergrund wuchs die Unzufriedenheit, die durch folgende Ursachen genährt wurde: das Entstehen einer korrupten und skrupellosen heimischen Bourgeoisie, die ihre eigenen Wähler verachtet; eine wachsende Wirtschaftskrise, vertieft durch die zynische Gleichgültigkeit eines Teils der politischen Führung angesichts der Folgen dieser Krise für die Bevölkerung; eine Politik prestigeträchtiger Investitionen, verpackt in Phrasen über das Wohl der Allgemeinheit, die in Wahrheit nur dazu dienen, öffentliche Gelder auf die privaten Konten der Politiker zu schaufeln; die Liquidierung oder Knebelung demokratischer und gerichtlicher Institutionen; extravagante, teure und völlig sinnlose Auslandsreisen der Politiker und ihrer Familien, die vom Staat bezahlt werden; Wahlfälschungen; Anwachsen und Entfremdung der deklassierten Intelligenz; Sinken der Einkommen und des Lebensstandards der Arbeiter; Planlosigkeit der Wirtschaft; korrumpierte, desillusionierte Abgeordnete; eine feige und desorientierte Presse, die sich mit Sophismen begnügt, statt ehrliche Kommentare zu drucken; und schließlich wachsende Arbeitslosigkeit. Das sind die Bakterien, die die unabhängigen afrikanischen Staaten krank werden lassen. Das Volk weiß über sich eine brutale, skrupellose und gleichzeitig inkompetente Regierung, die für die Beschwerden der Gesellschaft taub und zu Reformen unfähig ist und die ein System schuf, das jede legale Änderung der Staatsführung unmöglich macht: daher bleibt dem Volk gar nichts anderes übrig als zur einzigen Waffe zu greifen, mit der es sich diese eingebildete Bande vom Hals schaffen kann, — nämlich zum Staatsstreich.«

»Genau zur Mittagsstunde«, schreibt die *Nigerian Tribune,* »verschwand die Dunkelheit, und der Himmel wurde von leuchtender Morgenröte erhellt.« Diese Erscheinung fand am 3. August 1966 statt, als Chief Obafemi Awolowo in Calabar das Gefängnis verließ.

In derselben Zeitung schreibt Bola Oragbaiye, daß er sich seit vielen Jahren folgende Frage stelle: »Worauf beruht das Geheimnis der Größe Chief Awolowos?« Seit Jahren gehe Bola diese bange Frage im Kopf herum und lasse ihm keine Ruhe. »Mit einem solchen quälenden Geheimnis könnte ich gar nicht leben«, schreibt Bola, »wenn ich nicht die Hoffnung verspürte, eines Tages die Antwort zu finden.«

Einstweilen tröstet sich Bola mit dem Gedanken, daß das menschliche Denken nicht ausreicht, die Größe Chief Awolowos zu erfassen. »Wer den Versuch macht, alle Vorzüge Awolowos als Führer aufzuzählen«, schreibt Bola, »wird bald erkennen, daß es ihm an Zahlen fehlt, denn seine Vorzüge sind zahllos.« Dennoch sollten alle fest an die Größe Chief Awolowos glauben, sagt Bola, da jede Skepsis ein

Zeichen von Geisteskrankheit ist (»Jeder, der auch nur im geringsten daran zweifelt, daß Chief Awolowo groß ist, sollte sich sofort in psychiatrische Behandlung begeben.«)

Diese Ansicht teilt Omo Ekun, der schreibt: »Chief Awolowo ist die verkörperte Größe. Die Unfähigkeit, diese Größe anzuerkennen, der geringste Zweifel an der Tatsache, daß Chief Awolowo über allem steht, sind Symptome geistiger Verwirrung« (*Nigerian Tribune*, 20. 8. 1966).

Man braucht nur die vor einigen Tagen in Lagos erschienene Broschüre über Chief Awolowo zu lesen, um voll und ganz mit den Argumenten von Bola Oragbaiye und Omo Ekun übereinzustimmen. Diese Broschüre mit dem Titel *Awo — der Mensch, Awo — der Führer, Awo — der Prophet, Awo — der Erlöser* wurde von G. B. A. Akinyede verfaßt und wird in den Straßen für einen Shilling verkauft.

»Die Freilassung Chief Awolowos durch das Regime von Oberst Gowon«, schreibt der Autor der Broschüre, »löste in ganz Afrika, in allen Ländern des Britischen Commonwealth und auf der ganzen Welt einen Wirbelsturm der Freude aus.« In dem Akt der Befreiung wurde der Finger der Vorsehung sichtbar: »Die Vorsehung empfahl seine Freilassung, um die Dunkelheit, in der wir ratlos herumirrten, zu vertreiben.«

»Die Vorsehung«, fährt G. B. A. Akinyede fort, »schenkte Chief Awolowo ihr Vertrauen. Er prophezeite Dunkelheit, als er in seinen Hades hinabstieg und hinter den Gefängnismauern verschwand, Wolken verdunkelten den Himmel, und zur Mittagsstunde brach die Nacht herein — es herrschte totale Finsternis; es folgten Erdbeben, Plagen, Epidemien, Treulosigkeit und großes Leid. Doch als er das Gefängnis verließ, hörten wir, wie er sagte: Es werde Licht — und der Tag brach an; es werde Friede — und es wurde Friede, und dann hörten das Erdbeben auf, die Plagen, die Treulosigkeit und das große Leid! je! je!«

»Es gibt Leute«, so lesen wir, »die Chief Awolowo als Führer betrachten — er ist als Führer unübertroffen. Andere nennen ihn einen Propheten — er ist ein großer Prophet. Doch Tausende kluge Menschen sehen in ihm den Erlöser. Ja, er ist heute tatsächlich der Größte unter allen Großen. Er ist, so kann man sagen, wahrhaft groß.«

»Wie die großen Propheten des Alten Testaments hat auch Chief Awolowo einsam sein Kreuz auf der Schulter getragen. Einige seiner Anhänger erwiesen sich als Judasse, andere wieder als Petrusse. Doch viele blieben ihm treu. Und so wie Jesus kann er heute zu den Judassen und Petrussen sagen: Warum habt ihr mich verlassen? Warum habt ihr euch von mir abgewandt? Und zu uns allen kann Chief Awolowo heute sagen: Fürchtet euch nicht — ich bin es. Das ist das Werk des Herrn, der vor euren Augen ein Wunder vollbringt. Und der größte Sohn Nigerias kann sagen: Herr vergib ihnen, selbst wenn sie wußten, was sie tun.«

Die Größe Chief Awolowos preisen auch andere Schreiber. »Die Befreiung Chief Awolowos«, stellt Elleh Kcorr in der *Nigerian Tribune* fest, »ist der Geburtsakt des von uns herbeigesehnten Messias, denn nur der Messias kann unser Nigeria vor der Zerstörung retten, vor allem die westliche Region.« Und er fügte hinzu:

»Wenn mir einer sagt, Chief Awolowo sei nicht der moderne Messias, dann weiß ich nicht, wer er sonst sein soll.«

Was Elleh Kcorr am meisten zu schaffen macht, ist ein Paradoxon, das die Größe Chief Awolowos birgt: »Am verblüffendsten ist der Gedanke, daß Chief Awolowo Seele und Körper eines normalen Menschen besitzt, daß er wie ein ganz gewöhnlicher Mensch aussieht.«

Die Freilassung Chief Awolowos inspirierte einen Dichter namens Jola West zu einem Gedicht mit dem Titel *Geschichte der Tüchtigkeit Awolowos:*

Mein Held, Euer Held, Unser Held;
Der Erste unter den Allerersten;
Der Größte unter den Großen;
Majestätisch steht er da, Recht in der Stimme,
das Schicksal in Händen;
Weise, tief weise, reif und gut.
Awolowo — der Prophet.
Er strebte zur Größe und erreichte sie.
Er ließ sich nicht verhöhnen,
Sie wollten sein Blut, er blickte sie nur an, das genügte.
Seine Weissagungen werden in Erfüllung gehen;
Er sagt: Ich bin vom Pferd abgesessen,
als König steht mir der Thron zu.
Ein großer Mensch muß Größe erlangen —
sprach Awolowo.

Awo kam, mit ihm kam das Licht.
Der Himmel öffnete seine Tore,
und darin standen Scharen von Engeln und menschlichen Seelen,
um den Ruhm Chief Awolowos zu singen:
Awo, komm her zu uns, komm zu mir her,
mein köstlicher Balsam.
Awo blickte sie an, und es verschwanden
die Engel und die Seelen;
sie schwebten von dannen, sich zu erfreuen und zu frohlocken.
Seine Größe, die höchste Zierde.
Osten und Westen, Norden und Süden.
Sarah und Daniel —
alle fallen vor ihm auf die Knie und verneigen sich.

(*Nigerian Tribune,* 20. 8. 1966)

Doch worin besteht tatsächlich die Größe Chief Awolowos? Oder präziser — was sind die Wurzeln seines *Kultes?*

Awolowo gehört der älteren Generation der afrikanischen Politker an, der Generation von Burgiba, Banda und Houphouët-Boigny. Er kam 1909 zur Welt, in einer bäuerlichen Familie, nicht weit von Lagos. Sein Heimatdorf heißt Ikenne (»Und dann machte ich eine Wallfahrt nach Ikenne, jenes Nazareth von Nigeria« usw. — schreibt jetzt Olawumi Falodun) und liegt im Lande der Joruba.

Awolowo ist ein Joruba.

Nach Beendigung der Schule wurde er der Reihe nach Lehrer, Beamter, Journalist und Transportunternehmer. Im Jahre 1944 fuhr er nach London, um Jura zu studieren. Ein Jahr später begründete er dort eine Vereinigung der Joruba, die sich Egbe Omo Oduduwa nannte (nach dem Glauben der Joruba stammen sie alle von einem gemeinsamen Vorfahren namens Oduduwa ab). Damit beginnt die Karriere Awolowos. Er war damals sechsunddreißig. Egbe Omo ist so etwas wie ein Freimaurerorden auf Stammesbasis. Die Organisation ist anfangs legal, nimmt jedoch zunehmend die Form einer geheimen Sekte an, einer Mafia — einer Joruba-Mafia. Man weiß, daß Egbe Omo existiert, doch keiner bekennt sich öffentlich dazu. Bei geheimen Versammlungen werden wichtige Entscheidungen über das Schicksal der Joruba gefällt. Awolowo, der Egbe Omo plante und gründete, verfaßt auch das Programm. Demzufolge sind die Ziele von Egbe Omo folgende:

Den Nationalismus der Joruba zu verwurzeln und zu entwickeln.

Die monarchistischen Institutionen der Joruba zu festigen.

Einen Joruba-Staat zu gründen.

Die Joruba bewohnen die westliche Region Nigerias. Nach Auskunft Awolowos zählen sie dreizehn Millionen, andere Quellen sprechen von sechs Millionen. Die Wahrheit liegt vielleicht zwischen diesen beiden extremen Schätzungen. Die Joruba nehmen unter den afrikanischen Völkern eine bevorzugte Stellung ein, weil sie seit Jahrhunderten in Städten wohnen — die Städte der Joruba sind ein historisches Phänomen Afrikas, das sonst ein bäuerlicher, ländlicher Kontinent ist. Die Staatsorganisation der Joruba erinnert an die antiken griechischen Stadtstaaten. Jede Stadt der Joruba hat ihren eigenen König, der Oba heißt. Die Oba besitzen eine Hierarchie mit einundfünfzig Stufen. Diesen ganzen Feudalismus haben sich die Joruba bis heute bewahrt, und sie sind stolz darauf, daß kein Volk auf der Welt so viele Könige hat wie sie. Die große Zahl der Könige erklärt sich aus der Tatsache, daß die Joruba eine dezentralisierte Monarchie besitzen. Es gibt wichtige und weniger wichtige Könige, doch keinen zentralen König, keinen Monopolisten der Königsmacht. Obwohl der Feudalismus der Joruba starr und formalisiert ist, besitzt er doch mildernde demokratische Züge.

Es ist der Traum eines jeden Joruba, Feudalherr oder Businessman zu werden. Doch es gibt viele Joruba, denen das nicht gelingt. Die Joruba exportieren Kakao und sind auf diesem Gebiet die wichtigsten Konkurrenten der Aschanti aus Ghana. Die Ibo sagen von den Joruba, die sie nicht ausstehen können, diese seien arrogant, streitsüchtig und wollten jeden übers Ohr hauen. Wenn man durch Ibadan geht und ein lautes Kreischen vernimmt, braucht man sich nicht zu beunruhigen: das sind zwei Joruba, die miteinander plaudern. Die Joruba haben eine ungemein schwierige Sprache mit einer tonalen Struktur, die vom Klang her am ehesten an das Chinesische erinnert.

Die Joruba kleiden sich reich, elegant und aristokratisch. In den Kleidern der Frauen herrscht Blau vor. Das ist die Farbe der Liebe. Die Kultur der Joruba ist von einer intensiven Sinnlichkeit geprägt. Dieses Element übertrugen die Joruba auf einige lateinamerikanische Kulturen, vor allem die brasilianische und die kubanische. In der Epoche der Sklaverei führten die Joruba untereinander verbissene Kleinkriege und verkauften sich gegenseitig als Sklaven nach Amerika. Dort haben die Nachkommen der Joruba zahlreiche Elemente der Kultur ihrer Vorfahren bis heute bewahrt: die Tänze der Joruba kann man bei Volksfesten in Habana, Rio de Janeiro und in den kleinen Städten Haitis beobachten.

Bei der Gründung von Egbe Omo dachte Awolowo an diesen universalistischen Aspekt der Joruba-Kultur und nahm in die erste Führung der Organisation den Brasilianer Adeyomo Alakija auf — einen Nachkommen der Joruba.

Awolowo ist der Schöpfer und Ideologe des Panjorubismus. Er impfte den Joruba einen Nationalismus ein, und zwar ihren eigenen Nationalismus, keinen panafrikanischen oder pannigerianischen, sondern einen partikulären und konservativen Joruba-Nationalismus. Awolowo konsolidierte die Joruba, beschleunigte den Prozeß ihrer Selbstbestimmung, betonte ihre Andersartigkeit, ihre Einheit.

Im Jahre 1947 kehrt Awolowo als Advokat nach Nigeria zurück und eröffnet eine private Kanzlei. Auch die Tätigkeit von Egbe Omo verlagert er hierher. Er ist bekannt; der Beruf des Advokaten genießt in Afrika höchstes Ansehen. Die Afrikaner prozessieren gern. Das Gericht ist ihre große Leidenschaft. In den Zeitungen wimmelt es von Prozeßberichten. Der Advokat besitzt großes Wissen — er weiß, was man tun darf und was nicht. Die Menschen schauen voll Bewunderung zu ihm auf: Er ist imstande, durch die Welt zu gehen und die Fallen zu meiden.

Während der Kolonialzeit garantiert der Anwaltsberuf in Nigeria auch eine Spitzenposition in der Politik. Die Frage der Unabhängigkeit wird hier nicht an der Kriegsfront oder im Feuer der Revolution entschieden. Alles geht den sogenannten Gang des *constitutional progress,* den Weg von Diskussion und Verhandlung, im Rahmen der kolonialen Rechtmäßigkeit, denn wenn die Befreiungsparteien gegen das Gesetz verstoßen, werden sie von den Engländern einfach verboten. In einer solchen Situation ist ein Anwalt unentbehrlich. Bei den Engländern trägt die Politik immer den Schein der Rechtmäßigkeit, daher erleichtert dem Advokaten seine Kenntnis des Rechts die politische Karriere. Kurz vor der Unabhängigkeit waren die Anwälte im nigerianischen Parlament nach den Geschäftsleuten die zweitstärkste Berufsgruppe. In der Führung jeder politischen Partei in Nigeria gibt es eine Gruppe sogenannter *legal advisers,* Rechtsberater, deren Einfluß auf Taktik und Strategie der Partei für gewöhnlich groß ist.

Zwei Jahre nach seiner Rückkehr nach Nigeria gründet Awolowo die Tageszeitung *Nigerian Tribune,* bis heute das wichtigste Organ der Sache der Joruba. Im Jahre 1951 ruft Awolowo eine Partei ins Leben, die Action Group Party. Diese Partei ist der politische Flügel oder das politische Instrument von Egbe Omo Oduduwa. Im Jahre 1954 ist die Föderation Nigeria noch eine Kolonie, doch die drei Regionen, aus denen sie sich zusammensetzt, erhalten eine innere Autonomie. Die Action Group Party übernimmt die Regierung in Westnigeria. Premierminister wird der Führer der Action Group Party – Obafemi Awolowo.

Seit damals blieb die Politik Awolowos stets gefangen in dem unüberwindlichen Widerspruch, der Nigeria seit Jahren spaltet und ständig neue zerstörerische Krisen heraufbeschwört. Die Partei, die Awolowo anführt, ist eine Partei der Joruba. Die Regierung, der Awolowo als Premier vorsteht, ist eine Regierung der Joruba-Region. Gleichzeitig aber sind die Joruba, die Action Group Party und die Westregion ein Teil Nigerias, und es ist das Ziel Awolowos, ganz Nigeria zu beherrschen. Um diese Macht wird zwischen den Joruba im Westen, den Haussa im Norden und den Ibo im Osten heftig gekämpft. Von einer dauerhaften Interessengemeinschaft kann keine Rede sein. Alle Koalitionen sind temporär und schwankend. Jedes Volk kämpft darum, die beiden anderen Völker zu unterjochen. Jedes Volk ist für Nigeria, aber für ein Nigeria unter seiner eigenen Herrschaft. Doch jedes Volk ist sich auch der eigenen Schwäche bewußt: seine Macht endet an der Grenze seiner Region. Außerhalb dieser Grenzen wird das Volk unterdrückt und diskriminiert. Der Köder wurde von den Engländern so hoch gehängt, daß sein Duft verführerisch in die Nase dringt, daß man ihn jedoch nicht erreichen kann.

Nigeria bekommt seine Verfassung von den Engländern. Die Verfassung gesteht dem feudalen Norden das Recht der dauernden Herrschaft über den urbaneren und wirtschaftlich höher entwickelten Süden zu.

Awolowo versucht gegen diese Ordnung anzukämpfen. Er baut eine starke Partei auf. Die Action Group Party ist die am straffsten organisierte, dynamischste Partei Nigerias. Für dieses Ziel gibt Awolowo große Summen aus, denn die Kraft einer Partei basiert in Nigeria weniger auf der Ideologie als auf den Geldmitteln, über die die Partei verfügt.

Im Jahre 1959, kurz vor der Unabhängigkeit, werden in Nigeria Wahlen abgehalten. Awolowo verzichtet auf das Amt des Premiers der Westregion und stellt sich in der Hoffnung, Premier von Nigeria zu werden, zur Wahl. (»Die Hoffnung, daß ich Premier von Nigeria werden könnte«, sagt er ein paar Jahre später, »habe ich nie aufgegeben. Ich hoffe immer noch, einmal dieses Ziel zu erreichen.«) Die Action Group Party stellt Kandidaten in allen Regionen des Landes auf. Doch landesweit verliert sie die Wahlen. In Nigeria wird ein Ibo nie für einen Haussa oder Joruba stimmen, ein Haussa nie für einen Ibo oder Joruba, ein Joruba nie für einen Ibo oder Haussa. Ausschlaggebend ist daher die zahlenmäßige Zusammensetzung. Die Joruba machen aber nicht mehr als 20 Prozent der gesamten Einwohnerschaft Nigerias aus.

Nach diesen Wahlen kann Awolowo nicht mehr auf den Posten des Premiers der Westregion zurückkehren, denn dort ist schon ein neuer gewählt worden (Chief Akintola); er wird aber auch nicht Premierminister von Nigeria (das wird Balewa). In dieser Situation übernimmt er die Führung der parlamentarischen Opposition. Diese Aufgabe erfüllt er bis 1962. In diesem Jahr kommt es in Nigeria zur sogenannten »Westkrise«. Der korrupte Akintola führt in der Action Group Party eine Spaltung herbei, die Joruba zerfallen in zwei Lager, die einander heftige politische Kämpfe liefern. Die Regierung Balewa läßt Awolowo einsperren. Awolowo wird vor Gericht gestellt und der Verschwörung gegen den Staat angeklagt. Die Ermittlungen besagen, daß er einen Staatsstreich vorbereitet hat. Es kommt zu einem politischen Prozeß, einem Prozeß um die Macht; die Regierung der feudalen Haussa möchte ihre Vorherrschaft gegen die Machtbestrebungen der bürgerlichen Joruba absichern. Awolowo wird zu fünfzehn Jahren Gefängnis verurteilt. Das Urteil wird später auf zehn Jahre heruntergesetzt. Er wird in Calabar eingesperrt, im Osten Nigerias, nahe der Grenze zu Kamerun. Seine Karriere ist damit einstweilen beendet. Doch seinem Mythos wachsen erst jetzt so richtig die Flügel.

Die Verhaftung Awolowos ist ein Kennzeichen der tiefen Krise, die die Joruba durchmachen. Fraktionskämpfe haben ihren solidarischen Nationalismus gespalten, dessen Künder Awolowo war. Die Spalterpartei von Chief Akintola übernimmt im Jorubaland die Macht und drängt die Action Group Party in die Opposition. Von dem Plan, die Macht in ganz Nigeria zu übernehmen, ist nichts geblieben. Diese Periode der Schwäche und inneren Zerrissenheit, die die Joruba durchmachen, schwächt auch ihre Position nach außen. Ihnen stehen die geeinten und disziplinierten Haussa und die solidarisch zusammenarbeitenden Ibo gegenüber. Diese beiden dynamischen

Nationalismen warten auf den endgültigen Untergang der Joruba. Die innerlich zerstrittenen Joruba sind nicht imstande, ihnen eine gleichwertige Kraft entgegenzusetzen. Sie verlieren an Bedeutung, ihre Perspektiven schwinden.

Die patriotisch gestimmten Joruba sehen die Ursache für die Zersetzung und den Untergang in der Abwesenheit Chief Awolowos. Die Verhaftung Awolowos ist für sie eine Verschwörung gegen ihn, der erste Schlag in einer Offensive der Unterdrücker. Er, Awolowo, hat die Joruba zu ihren urtümlichen Wurzeln zurückgeführt, zu den Gebeinen Oduduwas, aus denen sie hervorgingen. Dann hat er sie an die Macht gebracht. Und dann wurde ihm dieser Stoß versetzt.

Hinter den Mauern von Calabar hat Awolowo ein kleines Häuschen und einen Garten, in dem er spazierengeht. (»Wenn ich daran denke, welche furchtbaren Foltern und Leiden er durchmachen mußte, dann glaube ich, daß es mir das Herz zerreißt«, schreibt Aintunde Lalude.) Zu dieser Zeit sind die Gedanken der Joruba bei Chief Awolowo. In ihrer Vorstellung macht der Chief eine Metamorphose durch. Er nimmt göttliche Züge an. Er wird groß. Der Größte.

Zwischen der Zukunft der Joruba und dem Schicksal Chief Awolowos besteht ein enger Zusammenhang. Je größer der Chief wird, um so größer werden auch wir, denken die Joruba. Je göttlicher er wird, um so unsterblicher werden wir. Die Gottwerdung von Chief Awolowo ist nicht nur Teil einer ekstatischen Apotheose, sie enthält auch eine gute Portion nationalistischen Stolzes: Da er göttlich ist, sind die Joruba das auserwählte Volk. Und es steckt auch ein gewisser Selbstverteidigungstrieb dahinter: Da der Chief zu den Göttern emporstieg und selber Gott wurde, ist er von jeder Kritik ausgenommen, steht er über allen kleinlichen politischen Streitigkeiten, wird er — wie der Dichter (Jola West) sagt — »Der Erste unter den Allerersten.«

Bei der Entstehung dieses Mythos spielt das Gefängnis eine große Rolle. Die Position des Politikers in der Gesellschaft ist vor dem Gefängnis eine ganz andere als nach der Haft. Das Gefängnis festigt seine Position, es sichert ihm das Vertrauen und die Sympathie der Öffentlichkeit. Bei günstigen äußeren Umständen kann er viele Sprossen auf der Karriereleiter überspringen. Er geht in die Geschichte ein.

Je mehr sich die Krise in Nigeria vertieft, um so öfter ist vom *Fall* Awolowo die Rede. Sie sollten ihn freilassen, er würde schon einen Ausweg finden. Die Menschen glauben an seine Eingebung. Sie wissen, daß Awolowo sitzt, und wenn er sitzt, denkt er gewiß nach. Und da er lange sitzt, muß er viel nachdenken. Die Menschen warten auf das Wort des Chiefs. Sie wollen, daß er spricht. Sie warten auf ein Programm. Auf das Evangelium.

Chief Awolowo ist wieder unter uns.

Ich vergleiche sein Gesicht mit den Photographien, die ich kenne. Im Winter vorigen Jahres mußten die Menschen mit dem Bild Awolowos am Hemd durch Jorubaland fahren. Bewaffnete Kampfgruppen der Action Group Party kontrollierten unterwegs die Autofahrer:

»Hast du ein Bild von Awolowo?«

Nein? Dann bekommst du einen Tritt, einen Messerstich. Wenn du leben willst, Freundchen, ist es ratsam, die Größe von Chief Awolowo anzuerkennen.

Dasselbe Gesicht: freundlich, ein bißchen oberlehrerhaft, kurzsichtige Augen hinter dicken Brillengläsern in einem Drahtgestell.

»Er sagt: Ich bin vom Pferd abgesessen,
Als König steht mir der Thron zu.«

Doch insgesamt sagt er nicht viel.
Dafür soll er, heißt es, viel denken.

1966

Fortsetzung des Entwurfes für ein nie geschriebenes Buch, das an dieser Stelle (usw.)

31. *Ein Opfer Gottes, liege ich seit zwei Monaten in Lagos und kämpfe mit einer Krankheit. Es ist eine tropische Infektion, eine Blutvergiftung oder die Wirkung irgendwelcher geheimnisvoller Toxine. Jedenfalls bin ich aufgeschwollen, und mein Körper ist übersät von Pusteln, Eiterbeulen und Geschwüren. Ich habe keine Kraft mehr, gegen die Schmerzen anzukämpfen, und bitte Warschau um die Genehmigung zur Rückkehr. In Afrika werde ich oft krank, denn in den Tropen vermehrt sich alles übermäßig und maßlos, und dieses Gesetz der Vervielfältigung und des unnatürlichen Wucherns gilt auch für Bakterien und Seuchen. Es gibt keinen Ausweg: Wenn man in die dunkelsten, bedrohlichsten und unbekanntesten Ecken dieses Kontinents reisen will, muß man damit rechnen, daß man dies mit seiner Gesundheit, vielleicht sogar mit seinem Leben bezahlt. Aber so ist das mit allen gefahrvollen Leidenschaften — sie sind wie ein Moloch, der uns zu verschlingen droht. Manche entscheiden sich in einer solchen Situation für eine paradoxe Existenz, das heißt, sie tauchen nach der Ankunft in Afrika in Fünf-Sterne-Hotels unter, sie wagen sich keinen Schritt aus den Luxusvierteln der Weißen, mit einem Wort, obwohl sie sich topographisch in Afrika befinden, leben sie weiterhin in Europa, nur eben in einem verkleinerten Ersatz-Europa, in einer Kopie. Doch eine solche*

Existenz ist eines echten Reisenden unwürdig und für einen Reporter, der alles an der eigenen Haut erfahren muß, vollends unmöglich.

32. Schlimmere Zerstörungen als Malaria und Amöben, Fieber und Ansteckungen richtet jedoch in unserem Inneren die Einsamkeit an, der Tropenkoller. Um sich dagegen zu schützen, braucht man große Widerstandskraft und eisernen Willen. Doch selbst dann fällt es nicht leicht. (Hier beginnen, den Koller zu beschreiben. Die totale Erschöpfung nach einem leeren Tag schildern, der ins Nichts mündet.) Dann die schlaflose Nacht, die morgendliche Kraftlosigkeit, die langsame Verwandlung in schmierigen, klebrigen Schleim, in unangenehme, abstoßende Masse. Wie wir uns selber voll Ekel betrachten. Wie abstoßend weiß wir sind. Unerquicklich, unappetitlich weiß. Kreideweiße, wächserne Haut, sommersprossig, pickelig, gänsehäutig und schuppig — in diesem Klima, dieser Sonne! Eine Scheußlichkeit. Und noch dazu alles verschwitzt: Kopf, Rücken, Bauch, Hintern, als wären alle diese Teile unter einen schlecht zugedrehten Wasserhahn geraten, aus dem fortwährend (das Fortwährende betonen) ein warmer, farbloser, dünner, unnachsichtig scharf riechender Strahl rinnt. Schweiß. »Ach, ich sehe, daß Sie stark schwitzen.« — »Ja, gnädige Frau, ich schwitze stark, doch das ist gesund. Schweiß in den Tropen — das ist Gesundheit. Wer stark schwitzt, der erträgt das Klima besser, der muß nicht so sehr darunter leiden.« — »Wissen Sie, mein Herr, ich kann überhaupt nicht schwitzen. Ein kleines bißchen — das schon, aber richtigen Schweiß, den kenne ich eigentlich gar nicht. Ich weiß gar nicht, was das ist.« — »Man muß viel trinken. Trinken und nochmals trinken, alles, was Sie gerade bei der Hand haben, müssen Sie trinken. Fruchtsäfte, Erfrischungsgetränke, auch ein klein wenig Alkohol schadet nicht. Besser herausgeschwitzt als herausgepißt, da haben die Nieren weniger Arbeit.« — »Mein Gott, dauernd diese Gespräche über den Schweiß, bis einem die Ohren dröhnen.« — »Aber das ist doch eine ganz natürliche Sache, der man sich nicht zu schämen braucht.« — »Wissen Sie, mein Herr, das ist ja beinahe psychologisch, daß jemand, den man darauf hinweist, daß er schwitzt, gleich noch stärker zu schwitzen beginnt.« — »So ist es, gnädige Frau, ich schwimme in diesem Moment förmlich im Schweiß.« Wir danken der Dame und dem Herrn für dieses Gespräch und denken uns: arme weiße Menschen, von den Tropen zermalmt, in den Tropen nach Luft schnappend, wie auf den Sand geworfene Fische, zermatscht, erschlafft, zerquetscht, ausgewrungen und eben — verschwitzt (sie weniger, er um so mehr). Den charakteristischen Schweißkomplex schildern, der bloß eine Abart des Komplexes der Schwäche ist.

Der Weiße fühlt sich in den Tropen geschwächt, geradezu nichtig; daher seine vermehrte Neigung zu Ausbrüchen und Aggressionen. Menschen, die in Europa freundlich, bescheiden, fast demütig sind, lassen sich hier leicht zu Ausbrüchen hinreißen, sind zänkisch, rachsüchtig, suchen Händel, haben größenwahnsinnige Vorstellungen von ihrem eigenen Ansehen und ihrer Bedeutung und prahlen ohne jegliche Selbstkritik mit dem Einfluß, den sie zu Hause genießen. Aus dieser Position der eingebildeten Macht heraus schwören sie ihren Feinden Rache (und dieser Feind ist nicht der

Imperialist, sondern der biedere Kollege am Schreibtisch nebenan). Wenn man so einem Menschen sagt: »Mein lieber Herr, klopfen Sie sich doch an die Stirn« (was ich oft gern tun würde), ist er tödlich beleidigt. Die Menschen machen sich zum Narren und sind sich dessen gar nicht bewußt. Andererseits, wenn das nicht so wäre, gäbe es keine Literatur — die Schriftsteller hätten nichts zu beobachten. Alle diese Erscheinungen — die Schwächen und Aggressionen, der Ekel und die Manie — sind Produkte des Tropenkollers, den eine emotionelle Labilität auszeichnet. Da sitzen etwa zwei Freunde seit ein paar Stunden in einer Bar und trinken Bier. Durchs Fenster sind die Wellen des Atlantiks, Palmen, ein Strand voller Mädchen zu sehen. Doch das interessiert sie nicht, sie sind versunken in ihren Koller, die Augen sind tot, die Seelen wund und die Körper müde. Den ganzen Abend sitzen sie stumm und gleichgültig da. Plötzlich packt einer seinen Bierkrug und läßt ihn auf den Schädel seines Gegenübers niedersausen. Ein Schrei, Blut, das Poltern des fallenden Körpers. Was ist passiert? Eigentlich gar nichts oder nur folgendes: Der Koller quält uns, und wir versuchen, uns von ihm zu befreien. Doch die dafür nötige Kraft strömt uns nicht in einem Augenblick zu, es braucht Zeit, bis wir genügend Kraft gesammelt haben, um den Koller zu überwinden. Wir trinken unser Bier und warten auf den ersehnten Moment. Und dabei kommt es durch die Wirkung der Tropen zu einer pathologischen Verschiebung. Wenn nämlich der Augenblick naht, in dem wir unseren Koller in Ruhe und Würde überwinden könnten, gibt es in unserem Inneren mit einem Mal einen Kraftstau, dessen Ursprung wir nicht kennen, einen Stau, der uns zu zerreißen droht, der eine Blutwelle durch unser Gehirn jagt; und um diesen Kraftstau abzuleiten, müssen wir unserem Freund den Schädel einschlagen. Das ist der Moment, in dem der Koller ausbricht — eine Erscheinung, die alle Tropenreisenden kennen. Wenn wir Zeugen einer solchen Szene werden, brauchen wir nicht einzuschreiten, das ist nicht mehr nötig, mit diesem einen Schlag hat sich der Mann vom Kraftstau befreit und ist nun eine normale, vernünftige, vom Koller befreite Person. Anderes Benehmen unter dem Einfluß des Kollers schildern. Die physiologischen Veränderungen im Zustand der Langeweile: den Schlaf der grauen Zellen, die Fühllosigkeit der Fingerspitzen, den Verlust der Fähigkeit, Farben zu unterscheiden, die allgemeine Dämpfung der Sehkraft, den zeitweisen Verlust des Gehörs usw. Da gäbe es viel zu beschreiben.

33. Nur wenige Menschen wissen, worin die Arbeit des Korrespondenten einer Presseagentur besteht.

Er soll Zeuge aller wichtigeren Ereignisse auf einer Fläche von dreißig Millionen Quadratkilometern sein (der Fläche von Afrika); er soll wissen, was sich zur selben Zeit in fünfzig Ländern des Kontinents ereignet, was sich dort früher ereignet hat und was sich vielleicht in Zukunft ereignen wird; er sollte mindestens die Hälfte der zweitausend Stämme kennen, in die die Bevölkerung Afrikas zerfällt; er sollte Tausende von technischen Details beherrschen, etwa: Wie komme ich am schnellsten von Rabat nach Lilongwe, wie gelange ich am einfachsten von Tamarasset nach Mombasa, wo bekomme ich ein Visum für die Komoren, welches Land verlangt eine Choleraimpfung, wie lautet die Telexnummer von Yaounde, und außerdem — eigentlich nicht außerdem, sondern vor allem — soll er denken, denken, und nochmals denken. Er braucht auch geistige Widerstandsfähigkeit und körperliche Ausdauer. Denn was nützt es, daß unser Korrespondent denkt, wenn er für ein paar Monate in einen lähmenden Koller verfällt und in dieser Zeit keine Zeile zu Papier bringt, während ungemein wichtige Dinge passieren? Oder er wandert von Spital zu Spital statt von Front zu Front, statt von einem Land, in dem eben ein Putsch beendet wurde, ins nächste, wo gerade ein Putsch beginnt? Ungeeignet als Korrespondent ist auch, wer sich vor Tsetsefliegen fürchtet, vor der schwarzen Kobra, vor Elefanten, vor Menschenfressern, davor, Wasser aus Flüssen und Bächen zu trinken, Torten zu essen, die aus Ameisen gebacken wurden; wer schon beim Gedanken an Amöben und venerische Krankheiten wie Espenlaub zittert oder auch beim Gedanken, bestohlen und verprügelt zu werden; wer Dollars auf die hohe Kante legen will, um sich daheim ein Häuschen zu bauen; wer es verschmäht, in afrikanischen Lehmhütten zu schlafen; und wer die Menschen verachtet, über die er berichten soll.

34. Anfang der sechziger Jahre war Afrika tatsächlich eine faszinierende Welt. Ich schrieb ganze Bände darüber (ich habe noch gar nicht erwähnt, daß von einem Agenturkorrespondenten auch erwartet wird, daß er schreibt, schreibt und nochmals schreibt, ohne Pause und ohne Atem zu holen — ich will nicht sagen: ohne nachzudenken, obwohl es vorkommen kann, daß man von ihm verlangt, per Fernschreiber, per Depesche, per zufällig sich bietender Gelegenheit und per Briefpost einen unaufhörlichen Schwall von Informationen, Kom-

mentaren, Reportagen, Beurteilungen, Einschätzungen usw. zu senden; denn erst, wenn in der Zentrale die Mappen des betreffenden Korrespondenten aus allen Nähten platzen, wenn die Ablagekästen überquellen, darf er damit rechnen, daß man anerkennend sagt: Der ist nicht schlecht, der ist wirklich nicht schlecht). Obwohl ich selber nie gut war und als negatives Beispiel genannt wurde, habe auch ich ein paar Ordner mit Informationen und Kommentaren gefüllt, von denen keine Spur geblieben ist. Doch unsere Arbeit erinnert an jene des Bäckers: Seine Semmeln schmecken, solange sie frisch sind, nach zwei Tagen sind sie alt, nach einer Woche beginnen sie zu schimmeln und können nur noch weggeworfen werden.

35. Nachdem ich die Reportage Brennende Barrieren *nach Warschau geschickt hatte, erhielt ich einige Zeit später in Lagos ein Telegramm, das von meinem Chef Michał Hofman, dem damaligen Chefredakteur der Polnischen Nachrichtenagentur PAP, unterzeichnet war. »Ich ersuche Sie, ein für allemal Unternehmen zu unterlassen«, las ich in dem Telegramm, »die tragisch enden könnten.« Dieses »ein für allemal« war eine Anspielung auf einige meiner früheren Abenteuer, die mich in Situationen brachten, die mich tatsächlich das Leben hätten kosten können. Mein Chef bewies mir gegenüber viel Geduld und Verständnis. Er tolerierte meine Eskapaden und meine krankhafte Disziplinlosigkeit. Als den Gipfel der Verantwortungslosigkeit empfand er es, daß ich oft plötzlich die Verbindung nach Warschau abreißen ließ, und daß ich, statt anzukündigen, was ich vorhatte, einfach spurlos verschwand: ich tauchte irgendwo im Dschungel unter, fuhr mit einem Boot über den Niger oder wanderte mit Nomaden durch die Sahara. Die Zentrale wußte nicht, was vorgefallen war, wo ich mich befand und wo man mich suchen sollte. Für alle Fälle schickte sie Telegramme an unsere sämtlichen Botschaften. Einmal kam ich nach Bamako, wo mich die Mitarbeiter unserer Botschaft mit den Worten empfingen: »Sie suchen dich, sie suchen dich schon seit längerer Zeit.« Und sie zeigten mir eine Depesche, in der es hieß: »Wenn zufällig in dem Land, in dem Sie stationiert sind, Red. Kapuściński auftaucht, bitten wir PAP über das Außenministerium zu verständigen.«*

36. In Lagos las ich während meiner Krankheit Traurige Tropen. *Claude Lévi-Strauss hielt sich lange Zeit im brasilianischen Dschungel auf, wo er unter Indianerstämmen ethnographische Studien durchführte. Er stieß dort auf allerlei Schwierigkeiten, auf den Widerstand der Indianer; er war entmutigt und erschöpft. »Vor allem aber stellt man sich Fragen: Wozu ist man hierher gekommen? Mit welcher Hoffnung? Zu welchem Zweck? Was genau bedeutet eine ethnographische Forschung? Gleicht sie der normalen Ausübung eines beliebigen Berufs, lediglich mit dem Unterschied, daß Büro oder Laboratorium einige Tausend Kilometer vom Wohnort entfernt liegen? Oder ist sie die Folge einer radikaleren Entscheidung, die eine Infragestellung des Systems voraussetzt, in dem man geboren wurde und aufgewachsen ist? Es war nun bald fünf Jahre her, daß ich Frankreich verlassen und dort meine Universitätslaufbahn abgebrochen hatte; während dieser Zeit standen meine klügeren Kollegen im Begriff, deren Stufenleitern zu erklimmen; diejeni-*

gen, die sich, wie einst auch ich, für Politik interessiert hatten, waren heute wohl Abgeordnete und bald Minister. Und ich trieb mich in der Wüste herum, um Überresten der Menschheit nachzujagen. Wer oder was hatte mich denn veranlaßt, die normale Bahn meines Lebens zu sprengen? War es eine List, ein geschickter Abstecher, die es mir erlauben sollten, meine Karriere mit zusätzlichen Vorteilen, die mir wohl gutgeschrieben würden, wieder aufzunehmen? Oder war meine Entscheidung Ausdruck einer tiefgehenden Unvereinbarkeit zwischen mir und meiner sozialen Gruppe, von der ich mich, was auch geschehen mochte, immer weiter entfernen sollte? Doch statt mir eine neue Welt zu eröffnen, gab mir mein abenteuerliches Leben — ein seltsames Paradox — eher die alte zurück, während mir jene andere, der ich nachgestrebt hatte, zwischen den Fingern zerrann. In dem Maße, in dem die Menschen und Landschaften, die zu erobern ich ausgezogen war, die erhoffte Bedeutung verloren, sobald ich sie vor mir sah, traten an die Stelle dieser enttäuschenden, wie auch immer präsenten Bilder andere, die meine Vergangenheit vorrätig hielt und denen ich keinerlei Wert beigemessen hatte, solange sie noch zu der Realität gehörten, die mich umgab. Während ich durch Gegenden streifte, die nur wenige Blicke je betrachtet haben, und die Existenz von Völkern teilte, deren Elend der Preis dafür war — ein Preis, den sie als erste zahlten —, daß ich die Jahrtausende zurückverfolgten konnte, nahm ich weder das Land noch die Leute mehr wahr, vielmehr tauchten flüchtige Bilder der französischen Landschaft vor mir auf, denen ich mich früher verweigert hatte, oder Bruchstücke von Musik und Poesie, konventio-

nellster Ausdruck einer Zivilisation, gegen die mich entschieden zu haben ich keinen Zweifel hegen durfte, wollte ich nicht den Sinn in Abrede stellen, den ich meinem Leben gegeben hatte. Auf dieser Hochebene des westlichen Mato Grosso fesselte mich nicht so sehr das, was mich umgab und was ich wohl nie wiedersehen würde, vielmehr verfolgte mich wochenlang eine abgedroschene Melodie, die meine Erinnerung noch ärmer machte, nämlich die Etüde Nr. 3, op. 10 von Chopin, die — wie um mir Hohn zu sprechen, dessen Bitterkeit ich ebenfalls empfand — alles zu enthalten schien, was ich hinter mir gelassen hatte.« (Claude Lévi-Strauss: Traurige Tropen — *Aus dem Französischen von Eva Moldenhauer.)*

37. Die Genehmigung für meine Rückkehr in die Heimat kam, und ich landete, direkt aus Lagos kommend, in einem Klinikbett in der Ulica Płocka. In einem kleinen Saal lagen, unerträglich gedrängt, ungefähr fünfzehn Patienten, von denen zwei während meines Aufenthaltes starben, während die übrigen schnarchten, stöhnten, sich zankten oder Kriegserinnerungen austauschten. Durchs Fenster war ein leerer Hof zu sehen, dahinter die Mauer der Totenkammer, ein grauleinener, sonnenloser Himmel und ein nackter Baum, der an den Besen erinnerte, den der Hausmeister mit dem Stiel voran in eine Schneewächte rammte, ehe er sich auf der Suche nach Wodka davonmachte.

38. Ich kehrte in meine Redaktion zurück (das war Anfang 1967) und wußte überhaupt nicht, was ich dort anfangen sollte. Ich fühlte mich innerlich zerschlagen und zerrieben, wollte mich nirgends anschließen, suchte keinen Kontakt, war irgendwie abwesend.

Meinen Aufenthalt in Afrika betrachtete ich nicht einfach als Erfüllung meines Vertrags. Ich war dorthin nach Jahren gereist, in denen ich als bloßes Rädchen in einem starren Mechanismus von Instruktionen und Anweisungen, Thesen und Richtlinien funktioniert hatte. Afrika bedeutete meine private Befreiung. Irgendwo zwischen 37° 20' N und 34° 52' S geographischer Breite und 17° 33' W und 51° 23' O geographischer Länge, zwischen dem nördlichen Kap Ras Ben Sekka und dem südlichen Nadelkap, zwischen dem westlichen Kap Almadi und dem östlichen Kap Hafun war ein Teil von mir zurückgeblieben. Vor meinen Augen lief immer noch der afrikanische Film ab, ohne anzuhalten, nonstop, Vorstellung um Vorstellung, doch niemand interessierte sich für das, was in meinem Kino vorging. Die Leute redeten darüber, wer wen in Koszalin abgelöst hatte, sie zankten sich über eine Fernsehaufführung, in der die Ćwiklińska hervorragend gespielt hatte, während andere das bestritten, oder sie versorgten einander mit wohlgemeinten Ratschlägen, wie man eine Urlaubsreise nach Bulgarien macht, bei der man nicht nur nicht draufzahlt, sondern sogar noch ordentlich verdienen kann. Ich war dem Menschen nie begegnet, der nach Koszalin ging, hatte das Fernsehprogramm nicht gesehen und war nie in Bulgarien gewesen. Am schlimmsten jedoch war, daß mich alle Bekannten, die ich auf der Straße traf, mit den Worten begrüßten »Was machst denn du hier?« oder »Was, du bist noch nicht abgereist?«. Ich begriff, daß sie mich schon nicht mehr als einen der Ihren ansahen. Das Leben ging weiter, und sie schwammen mit. Sie beredeten etwas, erledigten etwas, heckten etwas aus, doch ich wußte nicht, was, mir sagte keiner etwas, mich weihten sie nicht ein, mich wollten sie nicht dabeihaben — sie hatten mich abgeschrieben.

39. In der Redaktion sahen sie, daß ich sinn- und ziellos durch die Gänge lief. Es ist zwar normal, daß ein Korrespondent, der aus dem Ausland zurückkehrt, eine Zeitlang keine rechte Arbeit hat und das fünfte Rad am Wagen unseres aufopfernden und strebsamen Kollektivs ist. Doch mein Benehmen als Outsider und meine fortdauernde Untätigkeit überschritten das Maß des Zulässigen, weshalb sich Hofman entschloß, etwas zu tun. Er unternahm noch einmal — es war nicht das erste Mal in meinem Leben — den Versuch, mich an einen Schreibtisch zu setzen. Mein Chef führte mich in ein Zimmer, in dem ein Schreibtisch stand und eine Sekretärin saß, und sagte mir, hier solle ich arbeiten. Ich sondierte die Lage: Die Sekretärin war in Ordnung, der Schreibtisch ein Graus. Es war einer dieser kleinen Schreibtische, dieser Mausefallen, wie sie zu Tausenden in unseren vollgestopften, vollgerümpelten Ämtern herumstehen. Ein Mensch hinter so einem Schreibtisch erinnert eher an einen Invaliden im orthopädischen Korsett als an einen verantwortungsvollen Mitarbeiter, der einer ernsthaften Beschäftigung nachgeht. Er ist nicht imstande, sich normal zu erheben und uns die Hand zu reichen, sondern muß erst vorsichtig seinen Stuhl zurückschieben und sich langsam aufrichten, wobei er mehr auf den Schreibtisch zu achten hat als auf uns, weil dieses rachitische Gebilde auf seinen vier spindeldürren Beinchen bei der geringsten heftigen Bewegung zusammenzustürzen droht. Der Ernst des ganzen Amtes verzerrt sich zur Lächerlichkeit, wenn wir statt eines Beamten, der hinter der Majestät eines monumentalen geschnitzten Schreibtisches hervortritt, ein gekrümmtes Wesen erblicken, das in einer kleinen standardisierten Falle klemmt. Ich hasse Schreibtische! Ich habe nie einen Schreibtisch besessen und nie an Versammlungen teilgenommen, bei denen Schreibtische verteilt werden, wobei die Leute einander die Augen auskratzen und an die Gurgel fahren. Möbel interessieren mich nicht. Ideal erscheint mir ein japanisches Haus, in dem es nichts gibt außer Wänden, Fußböden, Decken und Ikebana. Möbel sind wie Zäune zwischen den Menschen, die Menschen verschanzen sich hinter Möbeln wie hinter Barrikaden, sie verschwinden darin wie Vögel in ihren Baumhöhlen. Wenn mir jemand ein antikes Möbelstück zeigt und ehrfürchtig erklärt, welches Jahrhundert das ist und welcher Stil, empfinde ich gar nichts. Den Gebrauchswert von Möbeln kann ich schon begreifen, ihre Notwendigkeit, ihre plumpe, doch nützliche Mission im Dienste der menschlichen Bequemlichkeit. Meine Toleranz gilt allen Möbeln mit Ausnahme von Schreibtischen, die ich insgeheim bekämpfe. Der Schreibtisch ist nämlich ein spezifisches Möbel mit besonderen Eigenschaften. Während die Möbel als Gattung, als Art, Instrumente im Dienste des Menschen darstellen und seine Sklaven sind, ist beim Schreibtisch die Situation umgekehrt — der Mensch wird zum Instrument und Sklaven des Schreibtisches. Viele Denker äußern die Sorge, daß der Welt eine Bürokratisierung droht, daß die Gesellschaft von der Bürokratie terrorisiert werden könnte. Sie vergessen dabei, daß die Bürokraten selber terrorisiert werden, und zwar von ihren Schreibtischen. Wenn der Mensch einmal hinter dem Schreibtisch sitzt, vermag er sich nicht mehr von ihm loszureißen. Der Verlust des Schreibtisches wird für ihn zur existentiellen Katastrophe, zur Niederlage, zum Sturz in den Abgrund. Bedenken wir nur, wie viele Menschen am Schreibtisch Selbstmord verüben, wie viele direkt vom Schreibtisch weg in die psychiatrische Klinik eingeliefert werden, wie viele Herzinfarkte an Schreibtischen vorkommen. Wer hinter einem Schreibtisch Platz nimmt, denkt gleich ganz anders; seine Sicht der Welt, seine Wertskala verändern sich. Von nun an wird er die Menschen einteilen in solche, die einen Schreibtisch besitzen, und andere, die keinen haben; er wird sie ferner einteilen in Besitzer von wichtigeren und weniger wichtigen Schreibtischen. Sein Leben wird ihm von nun an als emsige Wanderung von einem kleineren zu einem größeren, einem niedrigeren zu einem höheren, einem schmäleren zu einem breiteren Schreibitsch erscheinen. An einen Schreibtisch gesetzt, beginnt er anders zu sprechen, besitzt er mit einem Mal Kenntnisse, obwohl er gestern, noch ohne Schreibtisch unwissend war. Wegen eines Schreibtisches habe ich viele Freunde verloren. Es waren tatsächlich liebe Freunde, doch ich weiß nicht, was für ein Dämon im Menschen schlummert, daß er, kaum hinterm Schreibtisch, gleich anders redet, so daß unsere harmonische, brüderliche Verbindung zerfällt, daß sich eine peinliche Disharmonie einstellt, eine Einteilung in Höher und Niedriger, ein Klima der Hierarchien, das wir als unbehaglich empfinden und dennoch nicht ändern können. In einem solchen Fall wußte ich gleich, daß diesen Freund der Schreibtisch in den Klauen hat, daß ihn der Schreibtisch fest im Doppelnelson hielt. Nach ein paar solchen Erlebnissen gab ich auf, rief die Freunde nicht mehr an, traf sie nicht mehr. Ich glaube, daß beide Seiten diese Lösung mit Erleichterung begrüßten. Seit damals weiß ich, daß ein Freund, der einen imponierenden Schreibtisch erobert, für mich verloren ist. Ich mache einen Bogen um ihn, um mir den Mißton zu ersparen, den jeder Übergang von der Symmetrie zur Asymmetrie in menschlichen Beziehungen mit sich bringt. Manchmal steht ein Mensch hinter seinem Schreibtisch auf und geht mit uns in eine andere Ecke seines Büros, zu einer Sitzecke, zu einem runden Tisch, um sich dort mit uns zu unterhalten. Dieser Mensch hat begriffen, was ein Schreibtisch bedeutet, und er weiß, daß eine Plauderei über einen Schreibtisch hinweg ungefähr so gemütlich ist wie das Gespräch eines Sergeanten, der im Turm eines Kampfpanzers sitzt, mit einem angstschlotternden jungen Rekruten, der vor dem todbringenden Geschütz Haltung annehmen muß.

40. Wenn mich mein Chef damals auch hinter einen Schreibtisch aus Ebenholz, eingelegt mit Perlmutter, gesetzt hätte, wäre ich dennoch geflohen. Wenn ich am Schreibtisch sitze, fühle ich mein Ende nahen. Der Schreibtisch besitzt nämlich noch eine gefährliche Eigenschaft — er kann als Instrument der Selbstrechtfertigung dienen. Das spüre ich in Zeiten der Krise, wenn ich nichts schreiben kann. Dann erscheint mir der Gedanke verlockend, mich hinter einem Schreibtisch zu verstecken. Ich schreibe nichts, weil ich den Kopf voll mit wichtigen Dingen habe, was geht mich das Schreiben an, das Schreiben ist nicht wichtig. Wir sind von der Schuld losgesprochen, der Schreibtisch ersetzt das Schreiben, wird zum Ersatzwert. Nachdem sich mein Chef überzeugt hatte, daß seine Bemühungen nichts fruchteten und es kein Mittel gibt, mir das Amtieren beizubringen, beschloß er zu handlen. Am besten wäre es, wenn ich abreiste.

Höchste Zeit, das nächste nie geschriebene Buch zu beginnen,

oder besser den Entwurf dazu oder auch nur das Fragment eines Entwurfs, denn wenn es ein ganzes und abgeschlossenes Werk wäre, könnte ich es nie in einem bereits existierenden Buch unterbringen, dem ich bereits ein anderes nicht existierendes Buch beigefügt habe.

1. Im Herbst 1967 fuhr ich für fünf Jahre nach Lateinamerika. Meine erste Stadt war Santiago de Chile, ein seltsames architektonisches Gebilde, das aus einer Miniaturausgabe Manhattans besteht, umbrandet von kleinen Mietshäusern im Stil der falschen und kapriziösen spanischen Sezession, aus bequemen und exklusiven Vierteln wie etwa Los Leones, Apoquindo und Vitacury sowie aus nicht enden wollenden hölzernen, provisorisch zusammengezimmerten Vorstädten, die hier Callampas genannt und vom Proletariat, den Armen und allem möglichen Lumpenpack bewohnt werden. Ich hatte die Chilenen stets für ruhige, sanfte, fast weibische Menschen gehalten (in der Stadt gibt es zahlreiche Kosmetiksalons für Herren, in denen Damen die Männer pediküren und ihnen die Nägel bemalen), bis sich einen Tag nach dem Tode Salvador Allendes mit einem Mal herausstellte, daß viele dieser feinen Nägel in Wirklichkeit Wolfskrallen waren. Nach der Ankunft in Santiago besuchte ich ein Wohnungsbüro, in dem ich einen Stadtplan und eine Liste mit Adressen bekam. Ich machte mich nun auf die Suche nach den bezeichneten Häusern, um die angebotenen Wohnungen zu besichtigen. Auf diese Weise entdeckte ich eine ganz unbekannte Welt. Die Besitzerinnen dieser Wohnungen waren greise Damen, Witwen, Geschiedene, alte Jungfern in Häubchen, Stolen und Pantöffelchen. Nach der Begrüßung führten sie mich in hoffnungslos überfüllte Zimmer, nannten phantastische Summen, die ich als Miete bezahlen sollte, und legten mir Verträge vor, die neben den Mietklauseln ein Verzeichnis der Dinge enthielten, die sich in der Wohnung befanden. Es handelte sich um umfangreiche Bücher, um dicke Wälzer, die, freilich schon in paranoidem Sinne, einen faszinierenden psychologischen Beleg darstellten, zu welcher Verrücktheit sich der Mensch durch seine Habgier und den Wunsch, völlig unnötige Dinge sein eigen zu nennen, treiben läßt. Seite um Seite waren da Hunderte, nein Tausende von Sächelchen, Kätzchen, Figürchen, Untersätzchen, Wandbehängen, Bildern, Krügelchen, Rahmen, Vöglein aus Glas, aus Plüsch, aus Messing, aus Filz, aus Plastik, aus Marmor, aus Viskose, aus Rinde, Stearin, Satin, Lack, Papier, aus Nüssen, aus Ruten geflochten, aus Muscheln, aus Fischbein, aus dem und jenem, aus Bomben, Rhomben, Hekatomben peinlich genau aufgelistet. Jede Wohnung war ein bis an die Decke vollgestopftes Trödellager, ein zusammengetragener, übereinandergeworfener Haufen von Kram, Plunder, Ramsch, wobei selbst noch die winzigste Lächerlichkeit nach Auskunft der Damen ungeheuer wertvoll, berückend und beglückend war. Später konnte ich beobachten, daß es in den bürgerlichen Wohnvierteln einen ständigen Kreislauf von Dingen gab, die keiner brauchte, daß die Leute zu jedem Anlaß völlig nutzlose Dinge geschenkt bekamen und sich, den Regeln des Anstands gehorchend, unverzüglich mit dem Geschenk eines ebenso nutzlosen Gegenstandes revanchierten, der dann neben andere nutzlose Gegenstände gestellt (gelegt, gehängt) wurde, wodurch die Wohnung nach jahrelangem Sammeln (Kaufen, Tauschen) einem Magazin nutzlosen Krams glich. Später entdeckte ich auch, daß die Hälfte der Läden in diesen Wohnvierteln sich ausschließlich auf den Verkauf der verschiedensten Nippes und Knokes spezialisierten und damit gute Geschäfte machten. Nach Jahren unter Afrikanern, für die oft (wie ich selber beobachten konnte) eine hölzerne Haue den einzigen Besitz darstellt, so wie die vom Baum gepflückte Frucht oft die einzige Nahrung ist, war diese absurde Lawine von Requisiten, die mich begrub, wenn ich eine Tür öffnete, bedrückend und abschreckend. Ich tröstete mich mit dem Gedanken, dies sei nur der falsche Zugang zu einer Welt, die — so erklärte ich mir das — ganz anders aussehen müsse.

2. In Wirklichkeit waren die Wohnungen dieser Alten jedoch nur eine krankhaft und kitschig verzerrte Manifestation dessen, was den Schlüssel zu Lateinamerika darstellt — des hier überall anzutreffenden Barocks. Barock nicht nur als Bau- und Denkstil, sondern als allgemeine Überfülle und Eklektizismus. Von allem gibt es hier im Übermaß, alles nimmt unmäßige Formen an, will sich uns aufdrängen, uns schockieren, uns erdrücken. Als hätten wir schwache Augen, ein schwaches Gehör, einen schwachen Geruchssinn, als würde alles, was mäßig und bescheiden auftritt, übersehen. Wenn schon Dschungel — dann ein unermeßlicher (Amazonien), wenn Berge — dann gigantische (die Anden), wenn eine Ebene — dann eine grenzenlose (die Pam-

pas), wenn ein Fluß — dann der größte der Welt (der Amazonas). Menschen aller nur erdenklichen Rassen und Hautfarben — Weiße, Rote, Schwarze, Gelbe, Mestizen, Mulatten. Alle Kulturen — indianische, angelsächsische, spanische, lusitanische, französische, indische, italienische und afrikanische. Alle möglichen Orientierungen und politischen Parteien. Maßloser Reichtum und unermeßliche Armut. Pathetische Gesten und blumige Sprache (mit einer Fülle von Eigenschaftswörtern). Märkte, Basare, Marktbuden, Schaufenster — alle überqellend von Früchten, Gemüse, Blumen, Kleidungsstücken, Töpfen, Geräten, und das alles vermehrt sich unablässig und sprießt aus der Erde und unter den Steinen hervor, vermehrt sich auf den Ladentischen und unter den Händen, in hundert Farben, grell, kontrastreich, aufeinanderprallend, explosiv. Durch diese Welt kann man nicht mit kühlem Kopf und gleichgültigem Herzen gehen. Wir müssen uns mühsam durchdrängen, kraftlos und mit einem Gefühl der Verlorenheit, mit dem wir auch die Fresken Diego Riveras betrachten und die Prosa Lezama Limas lesen. Die Wirklichkeit vermischt sich mit der Phantasie, die Wahrheit mit dem Mythos, der Realismus mit der Rhetorik.

3. Ich kämpfte mich lange Zeit durch dieses Dickicht, diese Üppigkeit, diese Fassaden und Repetitionen, diese Ornamente und diese Demagogie, ehe ich zu den Menschen vorstieß, ehe ich mich unter diesen Leuten einrichten, ihre Dramen, ihre Niederlagen, Stimmungen, romantischen Gefühle, ihre Ehre und Schmach, ihre Einsamkeit begriff.

4. Den alten Indianer in der Wüste von Mexiko beschreiben. Ich fuhr mit dem Auto und sah in der

Ferne etwas, was wie ein im Sand liegender Indianerhut ausschaute. Ich blieb stehen und ging näher. Unter dem Hut saß ein Indianer in einer flachen Grube, die er zum Schutz gegen den Wind in den Sand gebuddelt hatte. Vor ihm stand ein hölzernes Grammophon mit verbeultem Trichter. Der Alte drehte unablässig die Kurbel (offenbar hatte das Grammophon keine Feder mehr) und spielte eine stark zerkratzte Platte — er besaß nur diese eine —, auf der kaum mehr Rillen zu erkennen waren. Aus dem Trichter tönten heiser krächzend und scharrend Fetzen eines lateinamerikanischen Schlagers: Rio Manzanares dejeme pasar *(Laß mich rüber, Manzanaresfluß). Ich grüßte den Alten und stand lange über ihn gebeugt, doch er schenkte mir keine Beachtung. »Vater«, sagte ich schließlich, »hier gibt es nirgends einen Fluß.« Der Alte schwieg. »Mein Sohn«, antwortete er nach einer Weile, »ich bin der Fluß und komme nicht rüber.« Mehr sagte er nicht, drehte nur an der Kurbel und hörte der Platte zu.*

5. Die Geschichte des Sergeanten der bolivianischen Armee, Mario Terana, erzählen, der den verwundeten Ché Guevara erschossen hat. Schon am zweiten Tag nach diesem Ereignis wurde er von Furcht gepackt. Er reagierte auf keine Befehle und beantwortete keine Fragen mehr. Daraufhin wurde er aus dem Militärdienst entlassen. Um sein Aussehen zu verändern, setzte er dunkle Brillen auf. Dann machten ihm die dunklen Brillen Angst, weil er meinte, daß gerade sie die Rächer Ché Guevaras auf ihn aufmerksam machen könnten. Er sperrte sich zu Hause ein und ging lange nicht mehr auf die Straße. Doch dann bekam er auch in der Wohnung Angst, denn sie erschien ihm wie eine Falle, in der er leicht seinen Verfolgern, den Guerilleros, in die Hände fallen konnte. Er trank nichts mehr, weil er meinte, jede Flüssigkeit könnte vergiftet sein. Zwei Tage lang irrte er durch die Gegend. Am Abend des zweiten Tages erschoß er sich in der Nähe des kleinen und ärmlichen Weilers Madre del Díos.

6. Beschreiben, was mit meinem Freund Pedro Morote, einem Peruaner, geschah. Als junger Bursche erklärte Pedro der Aristokratie den Krieg und schloß sich einer Guerillaeinheit an, die sein Freund, der Dichter Javier Heraud, anführte. Im Mai 1963 gerieten sie in Puerto Maldonado in einen Hinterhalt, und Heraud, der damals 21 war, wurde auf der Flucht von der Polizei erschossen, während Pedro durchkam und sich versteckte. Als die Militärs an die Macht kamen und andere Zeiten anbrachen, nahm Pedro den Kampf gegen die Aristokratie wieder auf und setzte sich für die Landreform ein. Wir fuhren in die entlegensten Indianerdörfer, in denen Pedro an arme, verschreckte Bauern Land verteilte. Als Pedro eines Tages von einer Fahrt zurückkehrte, erfuhr er vom unerwarteten Tod eines Freundes, der ihm viel Geld hinterlassen hatte. Mit einem Schlag sah alles ganz anders aus. Der Guerillakämpfer und Aktivist der Landreform eröffnete in Lima eines der teuersten und besten Restaurants der Stadt, in dem er vor allem die Aristokratie bewirtete. Wer es besucht — das Restaurant heißt La Palisada *—, kann einen gedrungenen, dicken Herrn im Frack, mit braunem Haarschopf und zufriedener, doch gleichzeitig beflissener Miene (das Geschäft läuft ausgezeichnet) von Saal zu Saal schreiten sehen. Das ist Pedro. Er hat sichtbar zugenommen, doch er ist immer noch flink und* *kräftig. Er geht durch den Saal und singt leise ein Lied vor sich hin. Es ist nicht anzunehmen, daß einer der erlesenen Gäste weiß, daß Pedro die Verse seines Freundes und Führers Javier Heraud singt, der vor langer Zeit in einem Hinterhalt ums Leben kam.*

7. Den Markt im Städtchen Quetzalteped (in Mexiko, nördlich von Oaxaca) beschreiben. Am Morgen versammeln sich hier Indianer des Mexes-Stammes aus der ganzen Umgebung. Sie schleppen ihre Waren in Bündeln und Körben auf dem Rücken zum Markt. Dort legen sie alles am Boden aus, im Schatten der weiten Akazien. Ein Kilo Mais kostet 1,25 Peso, Bohnen — 1,75 Peso, 100 Tomaten — 2 Pesos, 100 Avocados — 3 Pesos. Es ist ein schweigsamer Markt, keiner preist seine Ware an, bei den Transaktionen wird kein Wort gewechselt, Käufer und Verkäufer beweisen einander völlige Gleichgültigkeit. Gegen Mittag wird die Hitze unerträglich, der Markt wird eingestellt, der Handel versiegt, und alle strömen in die umliegenden obskuren indianischen Kneipen (Puestos de Mezcal). *Ein Liter Mezcal kostet 4 Pesos. Der Markttag endet mit dem sinnlosen Besäufnis aller Beteiligten. Dann kehren die Betrunkenen — Männer, Frauen, Kinder — torkelnd, in den Sand und gegen die Felsen taumelnd, in ihre Dörfer zurück, ohne einen Groschen in der Tasche, benebelt und elend.*

8. Den Fußballkrieg beschreiben.

Der Fußballkrieg

Luis Suárez sagte, es werde Krieg geben, und was Luis sagte, glaubte ich. Wir wohnten in Mexiko zusammen, und Luis gab mir Nachhilfestunden in Lateinamerikakunde. Wie es ist und wie es sich begreifen läßt. Er war imstande, viele Ereignisse vorherzusagen. Er hatte seinerzeit den Fall Goularts in Brasilien, den Sturz von Bosch in der Dominikanischen Republik und von Jiménez in Venezuela vorhergesagt. Lange bevor Perón zurückkehrte, meinte er, daß der alte Caudillo nochmals Präsident von Argentinien werden würde, und er sagte auch den plötzlichen Tod von François Duvalier, dem Diktator von Haiti, voraus, dem alle ein langes Leben gaben. Louis bewegte sich leichtfüßig über den lockeren Sand der hiesigen Politik, in dem Amateure wie ich, die auf Schritt und Tritt Fehler begehen, hoffnungslos den Halt verlieren.

Diesmal prophezeite Luis den bevorstehenden Krieg, als er die Zeitung weglegte, in der er einen Bericht über ein Fußballmatch zwischen den Mannschaften von Honduras und Salvador gelesen hatte. Beide Mannschaften kämpften um die Teilnahme an der Weltmeisterschaft, die 1970 in Mexiko stattfinden sollte.

Das erste Spiel wurde Sonntag, den 8. Juni 1969 in der Hauptstadt Honduras, Tegucigalpa, ausgetragen.

Die übrige Welt schenkte diesem Ereignis keine Beachtung.

Die Mannschaft von Salvador traf am Samstag in Tegucigalpa ein und verbrachte eine schlaflose Nacht im Hotel. Die Mannschaft konnte kein Auge zutun, weil sie das Opfer der psychologischen Kriegsführung der honduranischen Fans wurde. Das Hotel wurde von Menschenmassen umzingelt, die die Scheiben mit Steinen einwarfen und mit Stöcken auf Wellblech und leere Fässer trommelten. Immer wieder krachten Böllerschüsse, immer wieder begannen die Wagen, die vor dem Hotel standen, ein lärmendes Hupkonzert. Die Fußballfans pfiffen, heulten und stießen Kriegsrufe aus. So ging es die ganze Nacht. Und alles nur, damit die Gästemannschaft, unausgeschlafen, entnervt und übermüdet, das Spiel verlor. In Lateinamerika sind solche Methoden gang und gäbe, und niemand ist darüber erstaunt.

Am nächsten Tag besiegte Honduras die schlaftrunkene Mannschaft Salvadors 1 : 0.

Als der honduranische Stürmer Roberto Cardona in der letzten Minute das Siegestor schoß, sprang in Salvador ein Mädchen namens Amelia Bolanios vom Fernseher auf, lief zum Schreibtisch seines Vaters, der dort eine Pistole verwahrte, und entleibte sich durch einen Schuß in die Brust. »Ein junges Mädchen, das es nicht verwinden konnte, daß sein Vaterland in die Knie gezwungen wurde«, schrieb tags darauf die salvadorianische Tageszeitung *El Nacional*. Am Begräbnis von Amelia Bolanios, das im Fernsehen übertragen wurde, nahm die ganze Hauptstadt teil. An der Spitze des Trauerzuges schritt eine Ehrengarde der Armee mit der Fahne. Hinter dem Sarg, der in die Nationalflagge gehüllt war, marschierten der Präsident und die Minister. Der Regierung folgte das Fußballteam von Salvador, das am selben Morgen mit einer Sondermaschine aus Tegucigalpa gekommen war, wo die Spieler ausgepfiffen, verhöhnt und bespuckt worden waren.

Eine Woche darauf fand in der Hauptstadt von Salvador, San Salvador, in einem Stadion mit dem klingenden Namen Flor Blanca das Rückspiel statt. Diesmal verbrachten die Spieler von Honduras eine schlaflose Nacht: Die heulende Menge der Fans schmiß alle Hotelfenster ein und bombardierte das Hotel mit Tonnen von faulen Eiern, toten Ratten und stinkenden Fetzen. Die Spieler wurden mit Panzerwagen der 1. Motorisierten Division von Salvador ins Stadion gebracht, um sie vor der rachsüchtigen Menge der Zuschauer zu schützen, die ihren Weg säumten und Bilder der Nationalheldin Amelia Bolanios hochhielten.

Das Stadion war vom Militär hermetisch abgeriegelt. Um das Spielfeld hatten Soldaten einer Sondertruppe der Guardia Nacional mit schußbereiten Maschinenpistolen einen Kordon gezogen. Als die Nationalhymne von Honduras gespielt wurde, johlte und pfiff das ganze Stadion. Dann zogen die Gastgeber statt der Nationalflagge von Honduras, die vor den Augen der begeisterten Fans verbrannt wurde, einen schmutzigen, löchrigen Fetzen am Fahnenmast hoch. Verständlich, daß die Spieler aus Tegucigalpa unter diesen Bedingungen nicht recht bei der Sache waren. Sie dachten nur daran, wie sie hier je wieder lebendig herauskommen würden. »Ein Glück, daß wir dieses Match verloren«, sagte der Trainer der Gäste, Mario Griffin, erleichtert.

Salvador siegte 3 : 0.

Die Mannschaft von Honduras wurde direkt vom Spielfeld weg mit denselben Panzerwagen zum Flughafen gebracht. Ihre Anhänger traf ein schlimmeres Schicksal. Unter einem Hagel von Schlägen und Tritten flohen sie in Richtung Grenze. Zwei Personen kamen ums Leben. Ein paar Dutzend wurden ins Krankenhaus eingeliefert. 150 Autos der Gäste wurden angezündet. Ein paar Stunden später wurde die Grenze zwischen den beiden Staaten gesperrt.

Nachdem Luis das alles in der Zeitung gelesen hatte, sagte er, daß es Krieg geben werde. Er war ein routinierter Reporter und wußte, was er sagte.

In Lateinamerika, so sagte er, ist die Grenze zwischen Fußballspiel und Politik hauchdünn. Die Liste der Regierungen, die zurücktreten mußten oder vom Militär gestürzt wurden, weil die Nationalmannschaft ein Match verlor, ist lang. Die Spieler der Mannschaften, die ein Match verloren, werden von den Zeitungen als Vaterlandsverräter beschimpft. Als Brasilien in Mexiko Weltmeister wurde, war mein brasilianischer Kollege, ein politischer Emigrant, verzweifelt: »Nun können die rechten Militärs mindestens weitere fünf Jahre in Ruhe regieren«, sagte er. Auf dem Weg zum Titel besiegte Brasilien England. Die in Rio de Janeiro erscheinende Sportzeitung *Jornal dos Sportes* offerierte folgende Erklärung für den Sieg: »Jedesmal, wenn der Ball in Richtung unseres Tores geflogen kam und ein Goal unvermeidlich schien, streckte Jesus sein Bein aus den Wolken und beförderte den Ball ins Out.« Den Artikel begleitete eine Zeichnung, auf der diese übernatürliche Erscheinung dargestellt war.

Wer ins Stadion geht, kann dort leicht sein Leben lassen. Denken wir an das Match, das Mexiko gegen Peru 1:2 verlor. Ein enttäuschter mexikanischer Fan rief höhnisch: »Viva México!« Ein paar Sekunden darauf war er tot, von der Menge massakriert. Manchmal finden die aufgeheizten Emotionen auch andere Ventile. Nach dem Spiel, in dem Mexiko Belgien 1:0 besiegte, stürmte ein siegestrunkener Augusto Mariaga, Direktor des Gefängnisses für Schwerverbrecher in Chilpancingo (Mexiko, Staat Guerrero), wild die Pistole schwingend und in die Luft schießend, durch die Gänge seiner Haftanstalt, schloß unter Viva-México-Rufen alle Zellen auf und ließ 142 gefährliche Schwerverbrecher entkommen. Das Gericht sprach Mariaga frei, »weil er«, wie es in der Urteilsbegründung heißt, »in patriotischer Erregung handelte«.

»Glaubst du, daß es sich lohnt, nach Honduras zu fahren?« fragte ich Luis, der zu jener Zeit die seriöse Wochenzeitung *Siempre* herausgab.

»Ich meine schon«, antwortete er. »Es wird sicher etwas passieren.«

Am nächsten Morgen war ich in Tegucigalpa.

Im Morgengrauen tauchte ein Flugzeug über der Stadt auf und warf eine Bombe ab. Wir alle hörten die Explosion. Die umliegenden Hügel warfen dröhnend das Echo zersplitternden Metalls zurück, weshalb später einige behaupteten, es sei eine ganze

Bombenserie niedergehagelt. Die Stadt wurde von Panik erfaßt. Die Menschen flüchteten in Haustore, die Kaufleute schlossen ihre Läden. Verlassene Autos blockierten die Fahrbahnen. Eine Frau lief den Gehsteig entlang und rief: »Mein Kind, mein Kind!« Dann verstummte sie, es wurde still. Es wurde so totenstill, daß man meinen konnte, die Stadt hätte aufgehört zu leben. Schließlich erloschen alle Lichter, und Tegucigalpa versank in Finsternis.

Ich lief zurück zu meinem Hotel, jagte ins Zimmer, spannte einen Bogen Papier in die Maschine ein und versuchte, eine Depesche für Warschau zu schreiben. Ich mußte rasch handeln, denn ich wußte, daß ich in diesem Augenblick der einzige ausländische Korrespondent in der Stadt war und vielleicht der erste sein konnte, der die Welt vom Kriegsausbruch in Mittelamerika informierte.

Doch im Zimmer war es dunkel, und ich konnte nichts sehen. Ich tastete mich nach unten, zur Rezeption, wo sie mir eine Kerze gaben. Ich ging wieder hinauf, entzündete die Kerze und drehte das Transistorradio an. Der Sprecher verlas ein Kommuniqué der honduranischen Regierung über den Ausbruch des Krieges mit Salvador. Dann verlas er die Nachricht, daß die Truppen von Salvador Honduras auf allen Linien der Front angriffen.

Ich begann zu schreiben:

TEGUCIGALPA (HONDURAS) PAP 14. JULI VIA TROPICAL RADIO RCA HEUTE SECHS UHR ABENDS BEGANN KRIEG SALVADOR HONDURAS LUFTWAFFE SALVADORS BOMBARDIERTE VIER STÄDTE HONDURAS STOP ZUR SELBEN

ZEIT DURCHBRACHEN TRUPPEN SALVADORS GRENZE HONDURAS VERSUCHEN INS LANDESINNERE VORZUDRINGEN STOP ALS ANTWORT AUF ANGRIFF DES AGGRESSORS BOMBARDIERTE LUFTWAFFE HONDURAS WICHTIGE INDUSTRIELLE UND STRATEGISCHE ZIELE SALVADORS UND LANDSTREITKRÄFTE BEREITEN VERTEIDIGUNG VOR.

In diesem Moment begann auf der Straße jemand zu rufen: »Apaga la luz!« (Licht ausmachen!), einige Male, immer lauter und drängender, bis ich die Kerze löschte. Ich schrieb blind weiter und beleuchtete nur von Zeit zu Zeit mit der Flamme meines Feuerzeugs die Tastatur.

RADIO MELDETE KÄMPFE AUF GANZER BREITE DER FRONT STOP TRUPPEN HONDURAS FÜGEN DER ARMEE VON SALVADOR SCHWERE VERLUSTE ZU STOP REGIERUNG RUFT GANZE NATION ZUR VERTEIDIGUNG DES GEFÄHRDETEN VATERLANDS AUF UND APPELLIERT AN UNO ANGRIFF ZU VERURTEILEN.

Ich ging mit der Depesche hinunter, wo ich den Hotelbesitzer fand und ihn um einen Begleiter zum Postamt bat. Ich war erst einen Tag im Lande und kannte Tegucigalpa nicht. Die Stadt ist nicht groß — eine Viertelmillion Einwohner —, doch auf Hügeln gelegen, und die Straßen laufen wirr durcheinander. Der Besitzer wollte gern behilflich sein, hatte jedoch niemanden zur Hand, und höchste Eile war geboten. Er rief daher die Polizei an. Doch auch die Polizisten hatten keine Zeit. Schließlich rief er die Feuerwehr.

Wenig später kamen drei Feuerwehrmänner in voller Montur, mit Helmen und umgeschnallten Äxten. Wir begrüßten einander im Dunkeln, die Gesichter waren nicht zu erkennen. Ich sagte, daß ich sie flehentlich bitte, mich zur Post zu führen. »Ich kenne Honduras gut«, log ich, »und ich bin sicher, daß die Gastfreundschaft der Bevölkerung grenzenlos ist. Ich rechne fest damit, daß Sie meine Bitte erfüllen. Es ist wichtig, daß die Welt die Wahrheit erfährt, wer den Krieg begonnen hat, wer den ersten Schuß abfeuerte und so weiter, und ich darf Ihnen versichern, daß ich die lauterste Wahrheit schreibe. Die Zeit drängt, wir müssen uns beeilen.«

Wir verließen das Hotel. Die Nacht war stockfinster, von der Straße waren nur Umrisse zu sehen. Ich weiß nicht, warum wir uns nur flüsternd unterhielten. Ich versuchte mir den Weg einzuprägen und zählte die Schritte. Ich war fast bei tausend angelangt, als die Feuerwehrmänner stehenblieben und einer an eine Tür pochte. Eine Stimme im Inneren fragte, wer draußen sei. Dann wurde die Tür geöffnet, jedoch nur für einen kurzen Moment, um nicht zu viel Licht auf die Straße dringen zu lassen. Ich war im Postamt. Die Beamten wiesen mich an, zu warten. In ganz Honduras gibt es nur einen einzigen Telexapparat, und dieser wurde vom Präsidenten der Republik blockiert. Der Präsident diskutierte über Telex mit dem honduranischen Botschafter in Washington, der ihm den Rat erteilte, sich an die Vereinigten Staaten um bewaffnete Hilfe zu wenden. Das nahm viel Zeit in Anspruch, weil der Präsident und der Botschafter sich einer ungemein blumigen Sprache bedienten; außerdem wurde die Verbindung alle Augenblicke unterbrochen.

Erst um Mitternacht gelang es, eine Verbindung mit Warschau herzustellen. Die Maschine druckte die Nummer TL 813480 PAP VARSOVIA aus. Ich machte vor Freude einen Luftsprung. Der Operator fragte:

»Was ist Varsovia für ein Land?«

»Das ist kein Land. Das ist eine Stadt. Das Land heißt *Polonia.*«

»Polonia, Polonia«, wiederholte er. Ich konnte erkennen, daß er mit dem Namen nichts anzufangen wußte.

Er fragte Warschau:

HOW RECEIVED MSG BIBI **: ?

Und Warschau antwortete:

RECEIVED OK OK GREE FOR RYSIEK TKS TKS ***!

Ich umarmte den Operator, wünschte ihm, den Krieg heil und gesund zu überstehen, und machte mich auf den Rückweg zum Hotel. Kaum war ich auf der Straße und ein paar Schritte gegangen, wußte ich schon, daß ich den Weg verloren hatte. Um mich herum war alles finster — eine dichte, bedrückende, undurchdringliche Finsternis, die mich nichts sehen ließ, buchstäblich nichts, nicht einmal die Hand vor den Augen, als wären meine Augen mit schwarzer, dicker Schmiere verklebt. Der Himmel mußte wolkenverhangen sein, denn die Sterne waren verschwunden, nirgends blinkte ein Licht.

Ich war allein in einer fremden, unbekannten Stadt, die ich nicht sehen konnte, als habe sie der

Erdboden verschluckt. Es herrschte gespannte Stille, die Stadt schwieg wie verwunschen, keine Stimme war zu hören, kein Laut. Ich ging weiter, ein Blinder, die Mauern, Dachrinnen und Gitter an den Schaufenstern abtastend. Mir wurde bewußt, daß meine Schritte dumpf hallten, und ich begann, auf den Zehenspitzen zu schleichen. Plötzlich fühlte ich, daß die Mauer zu Ende war, daß ich an eine Querstraße gekommen sein mußte. Oder vielleicht beginnt ein Platz? Oder ich stehe vor einem tiefen Abgrund? Ich begann, mit den Füßen das Terrain zu sondieren. Asphalt! Das hieß, daß ich mich auf einer Fahrbahn befand. Ich überquerte die Straße und stieß wieder an eine Mauer. Ich wußte nicht, wo Post und Hotel waren, ich hatte mich hoffnungslos verirrt, blieb jedoch nicht stehen. Plötzlich gab es einen schrecklichen Lärm, ich verlor das Gleichgewicht und stürzte auf den Gehsteig.

Ich war gegen eine blecherne Mülltonne gerannt und hatte sie umgeworfen.

Die Straße mußte hier abschüssig verlaufen, denn der Kübel polterte mit entsetzlichem Scheppern die Straße hinab. Auf beiden Seiten der Straße flogen Fenster auf. Ein aufgeregtes, erschrockenes Flüstern war zu hören — »Silencio! Silencio!« Die Stadt wünschte sich, in dieser Nacht von aller Welt vergessen zu werden, in Schweigen und Finsternis zu versinken, und wehrte sich nun gegen die Demaskierung. Je weiter die leere Mülltonne kollerte, desto weiter entfernt flogen Fenster auf, und es wurde geflüstert: »Silencio! Silencio!« Doch es war unmöglich das Blechungetüm zu stoppen, das wie verrückt die ausgestorbene Straße hinunterdonnerte, scheppernd gegen Steine krachte dröhnend gegen Laternen schlug. Ich preßte mich eng an den Gehsteig und blieb angsterfüllt und schweißgebadet liegen. Ich befürchtete, daß die Leute auf mich schießen könnten. Ich hatte die Stadt verraten. Der Feind konnte den Lärm des Kübels ausmachen und die Position von Tegucigalpa orten, die er sonst in der Stille und Finsternis nie fände. Mir schoß durch den Kopf, daß der einzige Ausweg in der Flucht lag, darin, so weit wie möglich davonzurennen. Ich sprang auf und hetzte davon. Mein Kopf, den ich beim Sturz angeschlagen hatte, schmerzte. Ich jagte dahin, bis ich neuerlich stolperte und kopfüber zu Boden stürzte. Ich spürte Blut im Mund. Ich richtete mich auf und stützte mich gegen eine Mauer. Der Ring der Mauern um mich her zog sich dichter zusammen, ich stand gebückt in der Mitte, gefangen von einer unsichtbaren Stadt. Ich hielt nach dem Schein von Lampen Ausschau, weil ich befürchtete, verfolgt zu werden. Die Leute würden mich als Eindringling fassen, der das oberste Gesetz des Krieges gebrochen hat, das es verbietet, sich auf der Straße herumzutreiben. Doch es war nichts zu sehen, es herrschte Totenstille und tiefe Finsternis. Ich schleppte mich weiter, die Arme vorgestreckt, gefangen in einem Labyrinth von Mauern, zerschlagen und blutend, das Hemd zerrissen. Mir schienen Jahrhunderte vergangen, ich war wohl bereits am Ende der Welt angelangt. Plötzlich setzte ein mächtiger tropischer Wolkenbruch ein. Ein Blitz erleuchtete für einen Augenblick die Geisterstadt. Ich befand mich in einem Gewirr unbekannter

Straßen, sah alte, heruntergekommene Mietshäuser, eine hölzerne Hütte, eine Laterne, Katzenkopfpflaster. Im Bruchteil einer Sekunde war alles wieder verschwunden. Nur das Rauschen des Platzregens war noch da und von Zeit zu Zeit das Heulen des Sturms. Ich fror, war durchnäßt, zitterte. Ich ertastete eine Mauernische, in der ich Schutz vor dem Regen suchte. Ich schmiegte mich in die Ecke zwischen Tor und Mauer und versuchte einzuschlafen. Vergeblich.

Im Morgengrauen fand mich eine Militärpatrouille.

»Dummer Kerl«, sagte ein schlaftrunkener Sergeant. »Wo treibst du dich in der Kriegsnacht herum?»

Sie betrachteten mich voll Mißtrauen und wollten mich zum Stadtkommandanten bringen. Zum Glück hatte ich einen Ausweis dabei und konnte erklären, was geschehen war. Sie brachten mich zum Hotel zurück. Unterwegs erzählte der Sergeant, daß die Kämpfe an der Front die ganze Nacht angedauert hatten, die Front sei jedoch weit entfernt und in Tegucigalpa könne man das Schießen nicht hören.

Seit dem Morgen hoben die Menschen Gräben aus und errichteten Barrikaden. Die Hausfrauen hamsterten Vorräte und klebten Papierstreifen über die Fensterscheiben. Die Menschen liefen kopflos durch die Straßen, keiner wußte, wohin, es herrschte allgemeine Panik. Studentenbrigaden pinselten auf Mauern und Zäune riesige Losungen. Über Tegucigalpa ergoß sich ein Füllhorn der Poesie, in wenigen Stunden waren die Mauern mit Tausenden von Inschriften bedeckt:

Honduras unser tapferes Land
leistet mutig Widerstand

Brüder schneidet ab die Ohren
den memmenhaften Aggressoren

Rache für das 3:0

Schande über Porfirio Ramos
der mit einer Salvadorianerin lebt

wer Raimundo Granadosa sieht
soll die Polizei benachrichtigen —
er ist ein salvadorianischer Spion!

Die Lateinamerikaner, die stets besessen sind von der Vorstellung, daß es überall von Spionen, Agenten, Konspirationen und Verschwörungen wimmelt, erblickten, unter den Bedingungen des Krieges, in jedem eine Vorhut der fünften Kolonne. Auch meine Situation war alles andere als beneidenswert. Auf beiden Seiten der Front hatte die offizielle Propaganda eine wüste Kampagne entfesselt, in der die Kommunisten für alles Übel verantwortlich gemacht wurden — und ich war der einzige Korrespondent eines sozialistischen Landes. Sie konnten mich ausweisen, ich aber wollte den Krieg bis zum Ende erleben.

Ich ging zum Postamt und lud den Telex-Operator zu einem Bier ein. Auch er hatte Angst, denn sein Vater war zwar Honduraner, die Mutter jedoch aus Salvador gebürtig. Als Mischling gehörte er zum Kreis der Verdächtigen. Er wußte nicht, was ihn erwartete. Die Polizei trieb seit dem Morgen alle Bürger Salvadors in provisorischen Lagern zusammen, die sich meist in Fußballstadien befanden. In ganz Lateinamerika erfüllen die Stadien eine doppelte Rolle: In Friedenszeiten werden dort Spiele ausgetragen, in Krisenzeiten verwandeln sie sich in Konzentrationslager.

Der Operator hieß José Málaga. Wir tranken unser Bier in einer Bar neben der Post. Die unsichere Lage machte uns zu Brüdern, wir saßen im selben Boot. José rief immer wieder seine Mutter an, die sich zu Hause eingeschlossen hatte, und sagte: »Mama, mit mir ist alles in Ordnung, sie haben mich nicht abgeholt, ich arbeite noch.«

Gegen Mittag tauchten vierzig Korrespondenten auf, Kollegen aus Mexiko. Sie waren mit dem Flugzeug nach Guatemala geflogen und hatten dort einen Autobus gemietet, weil der Flughafen in Tegucigalpa geschlossen war. Alle wollten an die Front. Wir gingen daher zum Präsidentenpalast, einem häßlichen, grellblau bemalten Gebäude im Sezessionsstil, mitten im Stadtzentrum. Um den Palast herum waren hinter Sandsäcken Maschinengewehrnester aufgebaut. Im Hof standen Fliegerabwehrkanonen. Überall wimmelte es von Soldaten. Im Palast selber schliefen Soldaten in den Gängen. Überall lagen Waffen herum. Es herrschte ein großes Durcheinander.

Ein Hauptmann tauchte auf und sagte, er sei der Pressesprecher der Armee. Als wir ihn über die Situation befragten, sagte er, daß die Truppen an allen Frontabschnitten vorrückten und der Feind schwere Verluste erlitt.

»In Ordnung«, räumte Green von der AP ein, »aber wir möchten das selber sehen.«

Wir schoben stets die Amerikaner vor, weil das hier ihr Einflußgebiet war, weil man auf sie hörte und weil sie allerlei erreichen konnten. Der Hauptmann versprach, daß wir am nächtsen Tag an die Front fahren könnten, jeder müsse nur zwei Photographien mitbringen.

Wir fuhren auf der Landstraße bis zu einer Stelle, wo unter Bäumen zwei Geschütze standen, die feuerten. Um sie herum lagen Stapel von Granaten. Vor uns erstreckte sich die Straße, die nach Salvador führte. Auf beiden Seiten der Straße war Sumpf, und hinter dem Sumpf begann dichter, grüner Busch. Wir waren acht Kilometer von der Grenze zu Salvador entfernt.

Ein verschwitzter, stoppelbärtiger Major, der die Verteidigung der Straße leitete, sagte, weiter könnten wir nicht gehen. Hier beginne Terrain, das von den Geschützen beider Seiten bestrichen werde, ohne daß man wisse, wer sich wo befinde und welcher Abschnitt wem gehöre. Im dichten Busch kann man nichts sehen. Oft bemerken zwei feindliche Abteilungen einander erst im letzten Moment, wenn sie sich im Dickicht bereits von Angesicht zu Angesicht gegenüberstehen. Außerdem tragen beide Armeen ähnliche Uniformen, besitzen dieselbe Ausrüstung und sprechen dieselbe Sprache, Spanisch, so daß eine Abteilung, die auf eine andere stößt, oft nicht weiß, ob sie Freund oder Feind vor sich hat.

Der Major gab uns den Rat, nach Tegucigalpa zurückzukehren, denn bei einem Weitermarsch könnten wir ums Leben kommen, ohne zu wissen, durch wessen Hand (als ob das einen Unterschied machte, dachte ich). Doch die Kameraleute der Fernsehanstalten sagten, sie müßten weiter vorstoßen, bis zur vordersten Linie, um Soldaten in Aktion aufzunehmen, wie sie schießen und ums Leben kommen. Gregor Straub von NBC sagte, er brauche unbedingt die Nahaufnahme eines schweißgebadeten Soldatengesichts. Rodolfo Carrillo von CBS sagte, er müsse einen verzweifelten Kommandanten filmen, der unter einem Busch sitzt und weint, weil seine ganze Abteilung aufgerieben wurde. Ein französischer Fernsehmann wollte eine Totale, und dann sollten von der einen Seite honduranische Soldaten gegen eine salvadorianische Abteilung vorstürmen oder umgekehrt. Ein anderer wiederum wollte einen Soldaten aufnehmen, der einen gefallenen Kameraden wegschleppt. Nach den Kameraleuten äußerten die Radioreporter ihre Wünsche. Enrique Amado von Radio Mundo wollte das Stöhnen eines verwundeten Soldaten aufs Band bekommen, der nach Hilfe ruft, immer schwächer und schwächer, bis er seinen letzten Atemzug tut. Charles Meadows von Radio Canada wollte die Stimme eines Soldaten haben, der mitten im Kugelhagel den Krieg verflucht. Naotake Mochida von einer japanischen Rundfunkstation benötigte das heisere Rufen eines Offiziers, der das Donnern der Kanonen überschreit und über ein japanisches Radiotelefon mit dem Stab spricht.

Auch andere wollten weiter vorrücken. Dabei spielte die Konkurrenz eine wichtige Rolle. Da das amerikanische Fernsehen weiterdrängte, mußten die amerikanischen Nachrichtenagenturen sich anschließen. Da die amerikanischen Agenturen nicht zurückbleiben wollten, mußten auch Reuter und AFP sich anschließen. Da der Reporter von NBC marschierte, blieb auch dem Reporter von BBS nichts anderes übrig. Als einziger Pole in dieser Gruppe wurde ich von patriotischem Stolz erfaßt und wollte mich denen anschließen, die sich todesmutig zum Weitermarsch entschlossen. Unter einem Baum blieben diejenigen zurück, die behaupteten, sie hätten ein schwaches Herz oder wollten nur einen allgemeinen Kommentar schreiben und hätten daher keine Verwendung für Details.

Wir waren ungefähr zwanzig, die auf der leeren, von der Sonne grell beschienenen Asphaltchaussee loszogen. Der Marsch war riskant oder sogar verrückt, denn die Straße war hoch aufgeschüttet und beide Armeen, die im dichten Busch versteckt lagen, konnten uns ausgezeichnet sehen. Es genügte eine ordentliche Salve aus einem schweren Maschinengewehr in unsere Richtung.

Anfangs ging alles gut. Wir hörten heftiges Schießen und die Einschläge von Artilleriegranaten, doch das war noch weit weg, in rund zwei Kilometer Entfernung. Um uns selber Mut zu machen, redeten wir pausenlos (nervöses und sinnloses Zeug). Einer erzählte Witze. Es ging darum, den Eindruck zu erwecken, daß die Gruppe sich normal verhielt, daß wir einfach dahinspazierten, als sei nichts weiter dabei. Doch nach etwa einem Kilometer machte sich Angst breit. Es ist tatsächlich sehr unangenehm, in dem Bewußtsein dahinzumarschieren, daß man sich jeden Augenblick eine Kugel einfangen kann. Die Beine werden schwer wie Blei, Schweiß tritt auf die

Stirn. Doch keiner wollte seine Angst offen zeigen. Es begann damit, daß einer eine Rastpause vorschlug. Also setzten wir uns und verschnauften ein wenig. Als wir weitermarschierten, blieben zwei zurück, als hätten sie das so verabredet. Wenig später entdeckte ein anderer eine bemerkenswerte Baumgruppe, die er längere Zeit betrachten wollte. Dann sagten zwei andere, sie müßten zurück, sie hätten die Filter für ihre Kameras vergessen. Immer wieder legten wir Pausen ein, und diese dehnten sich immer länger. Nun waren wir nur mehr zu zehnt.

Um uns herum geschah gar nichts. Wir wanderten auf einer leeren Chaussee in Richtung Salvador, die Luft war herrlich, die Sonne neigte sich zum Horizont. Und es war die Sonne, die uns aus dieser Situation befreite. Denn plötzlich holten die TV-Kameraleute ihre Lichtmesser hervor und meinten, für Aufnahmen sei es bereits zu dunkel. Sie könnten nichts mehr machen, weder Totale noch Nahaufnahmen, weder Bewegung noch Reglosigkeit. Und bis zur vordersten Linie war es noch weit. Ehe wir ankämen, wäre die Nacht hereingebrochen.

Die ganze Gruppe machte kehrt. Unter dem Baum, neben den feuernden Geschützen, erwarteten uns alle diejenigen, die ein krankes Herz hatten oder nur allgemeine Kommentare schreiben wollten, die vorher umgekehrt waren, sich verplaudert oder die Filter vergessen hatten.

Der verschwitzte, stoppelbärtige Major (er hieß Policarpio Paz) organisierte einen Armeelastwagen, der uns zum Übernachten hinter die Front brachte, in das Städtchen Nacaome. Dort berieten wir und kamen zum Schluß, daß die Amerikaner den Präsidenten anrufen und ihn bitten sollten, uns an die vorderste Front bringen zu lassen, in die Hölle des Kampfes, auf Schlachtfelder, die von Blut getränkt waren.

Am Morgen kam ein Flugzeug, das uns ans andere Ende der Front bringen sollte, wo heftige Kämpfe stattfanden. Ein nächtlicher Regen hatte die Rollbahn des Feldflughafens Nacaome in rötlichbraunen Morast verwandelt. Eine alte, klapprige DC 3, schwarz von Benzinrückständen, stand wie ein Hydroplan im Wasser. Die Maschine war am Vortag von salvadorianischen Jägern beschossen, die Löcher im Bug waren mit ungehobelten Brettern geflickt worden. Der Anblick gewöhnlicher ungehobelter Bretter erschreckte diejenigen, die von sich sagten, sie hätten ein schwaches Herz. Sie kamen nicht mit und kehrten später nach Tegucigalpa zurück.

Wir aber flogen ans andere Ende der Front, nach Santa Rosa de Copán. Das Flugzeug stieß beim Abflug Feuer und Rauch aus wie eine Rakete, die zum Mond startet. In der Luft bebte und zitterte die Maschine und wurde hin und her gebeutelt wie ein Betrunkener, der sich dem Herbstwind entgegenstemmt. Einmal sackte sie gefährlich nach unten, dann schoß sie ruckartig nach oben. Nie flog sie normal, nie geradeaus. Im Inneren des Transportflugzeuges gab es weder Bänke noch Sitze. Wir klammerten uns krampfhaft an die metallenen Spanten, um nicht von einer Seite auf die andere geschleudert zu werden. Der Wind fegte durch breite Ritzen und riß einem beinahe den Kopf ab. Nur die beiden

Piloten, sorglose junge Kerle, lachten uns im Rückspiegel zu, als hätten sie sich eine großartige Unterhaltung für uns ausgedacht.

»Hauptsache«, brüllte mir Antonio Rodriguez von EFE über das Dröhnen der Motoren und das Heulen des Windes ins Ohr, »daß die Triebwerke laufen. Wenn die nur nicht ausfallen, hol's der Teufel!«

In Santa Rosa de Copán (einem kleinen verschlafenen Ort, in dem es nun von Soldaten wimmelte) brachte uns ein Lastwagen durch morastige Gassen zur Kaserne. Die Kaserne war in einem alten spanischen Fort untergebracht, das von einer grauen, vor Feuchtigkeit rissigen Mauer umgeben war. Als wir die Kaserne betraten, sahen wir im Hof drei verwundete Gefangene, die verhört wurden.

»Redet!« brüllte der Untersuchungsoffizier sie an. »Ihr müßt auspacken!«

Die Gefangenen konnten, geschwächt vom Blutverlust, nur stammeln. Sie waren bis zum Gürtel nackt, der eine hatte eine Bauchwunde, der andere eine Verletzung am Arm, dem dritten hatte ein Splitter den Arm abgerissen. Der mit der Bauchwunde hielt nicht lange durch, er stöhnte auf, machte eine Drehung wie ein Tänzer und fiel um. Die beiden anderen sagten nichts und starrten ihren Kameraden mit stumpfen, toten Blicken an.

Ein Offizier brachte uns zum Garnisonskommandanten. Bleich und erschöpft, wußte der Kommandant nicht, was er mit uns machen sollte. Er ließ uns Militärhemden zuteilen. Dann ließ er die Ordonnanz Kaffee bringen. Der Kommandant befürchtete, daß jeden Moment salvadorianische Einheiten auftauchen könnten. Santa Rosa lag in der Hauptrichtung des feindlichen Vorstoßes, das heißt an der Straße, die den Atlantik mit dem Pazifik verbindet. Salvador liegt am Pazifik und hatte sich zum Ziel gesetzt, Honduras, das am Atlantik liegt, zu erobern. Auf diese Weise würde aus dem kleinen Salvador plötzlich eine Großmacht zweier Weltmeere. Der kürzeste Weg von Salvador zum Atlantik führte genau über die Linie, auf der wir uns befanden — von Ocotepeque über Santa Rosa de Copán und San Pedro Sula nach Puerto Cortés. Die Spitzen der salvadorianischen Panzerverbände waren bereits tief nach Honduras eingedrungen. Sie hatten Befehl, bis zum Atlantik vorzustoßen, bis nach Europa, in die Welt hinein!

Ihr Radio wiederholte:

EIN BISSCHEN LÄRM, EIN WENIG GESCHREI
UND MIT HONDURAS IST'S VORBEI

Das schwache, ärmere Honduras setzte sich verbissen zur Wehr. Durch das geöffnete Fenster der Kaserne sahen wir, wie höhere Offiziere Verbände an die Front führten. Die Soldaten waren schmächtige, braune Burschen, durchweg Indianer, mit ernsten, erschrokkenen, aber auch wütenden Mienen. Die Offiziere kommandierten und deuteten auf den fernen Horizont. Dann kam ein Priester und besprengte die in den Tod marschierenden Trupps mit seinem Weihwasserwedel.

Am Nachmittag fuhren wir mit einem verdeckten Lastwagen an die Front. Vierzig Kilometer ging es ruhig dahin. Der Wagen kletterte immer höher die grünen, mit dichtem tropischem Buschwerk bewachsenen Berghänge hinauf. Auf den Hängen waren verlassene Lehmhütten zu sehen, ein paar waren niedergebrannt. Während der Fahrt überholten wir eine ganze Dorfgemeinschaft, die mit Bündeln am Rücken neben der Straße herstapfte. An einer anderen Stelle stand eine Schar Bauern in weißen Hemden und Sombreros, die uns mit Macheten und Flinten zuwinkten. Später hörten wir aus der Ferne das Grollen der Geschütze.

Plötzlich gab es Bewegung auf der Straße. Wir kamen zu einem Ort, wo auf einer dreiecksförmig in den Wald gehauenen Lichtung Verwundete lagerten. Einige waren auf Tragbahren gebettet, andere lagen im Gras. Dazwischen stapften eine Handvoll Soldaten und zwei Sanitäter herum; ein Arzt war nicht zu sehen. Am Rand der Lichtung hoben vier Soldaten eine Grube aus. Die Verwundeten lagen ruhig und ergeben da. Das Erstaunlichste war ihre Geduld, diese unbegreifliche, übermenschliche Fähigkeit, Schmerzen zu ertragen, die so charakteristisch ist für die Indianer. Keiner schrie, keiner rief um Hilfe. Die Soldaten verteilten Wasser, und die einfachen Sanitäter legten, so gut sie es verstanden, Verbände an. Was wir sahen, überstieg alle Vorstellungskraft. Einer der Sanitäter ging mit einem Skalpell von einem Verwundeten zum nächsten und holte die Kugeln heraus, so wie man die Kerne aus einem Apfel pult. Der zweite schüttete Jod auf die Wunden, und legte Verbandskissen darüber.

Dann brachten Soldaten auf einem Lastwagen einen verwundeten Bauern mit. Einen Salvadorianer.

Die Kugel hatte das Knie getroffen. Sie befahlen ihm, sich ins Gras zu legen. Der Bauer war barfuß, bleich, blutüberströmt. Der Sanitäter wühlte mit dem Skalpell im Knie herum, er suchte die Kugel. Der Bauer ächzte.

»Ruhe, du Ärmster«, sagte der Sanitäter, »du störst mich.«

Er behalf sich mit dem Finger und holte die Kugel heraus. Dann schüttete er Jod auf die Wunde und verband sie notdürftig.

»Aufstehen und hinüber zum Lastwagen!« kommandierte der Soldat der Eskorte.

Der Bauer taumelte hoch und humpelte zum Wagen. Er sagte kein Wort und stöhnte nicht einmal.

»Hinauf!« befahl der Soldat.

Wir sprangen hin, um dem Bauern zu helfen, doch der Soldat stieß uns mit seinem Karabiner weg. Er war eben von der Front gekommen, wütend und nervös. Der Bauer packte die hohe Ladewand und zog sich hinauf. Sein Körper plumpste auf die Ladefläche. Ich dachte, er sei tot. Doch nach einer Weile tauchte sein graues, verzerrtes, naives Gesicht auf, demütig die nächste Prüfung der Vorsehung erwartend.

»Gebt mir was zu rauchen!« wandte er sich mit leiser, heiserer Stimme an uns.

Wir warfen alle Zigaretten, die wir hatten, auf den Lastwagen. Der Wagen fuhr an, und er lachte vor Freude über die Unmenge von Zigaretten, mit denen er sein ganzes Dorf beschenken konnte.

Nun gaben die Sanitäter einem Soldaten, der im Sterben lag, eine Infusion. Das zog eine Menge Gaffer an. Die einen hockten neben der Bahre, auf der der Todgeweihte lag, andere standen, auf ihre Karabiner gestützt, hinter ihnen. Der Verwundete war etwa zwanzig Jahre alt. Er war von elf Kugeln getroffen worden. Hätten diese elf Kugeln einen alten und schwachen Menschen erwischt, wäre er gleich tot gewesen. Doch die Kugeln hatten einen jungen, kräftigen, muskulösen Körper durchbohrt, der dem Tod heftigen Widerstand leistete. Der Verwundete war bewußtlos, er stand bereits an der Schwelle zum Jenseits, doch sein Körper führte einen letzten, verzweifelten Kampf. Der Soldat war bis zum Gürtel nackt, und wir sahen, wie sich seine Muskeln verkrampften und Schweiß über die dunkle Haut lief. An den gespannten Muskeln und den Schweißströmen war zu erkennen, wie schwer der Kampf sein mußte, den das Leben gegen den Tod führte. Alle waren neugierig, wie der Kampf enden würde, sie wollten sehen, wie stark das Leben war und wie stark der Tod. Jeder wollte wissen, ob ein junges Leben, das noch nicht aufgeben will, den Tod bezwingen kann.

»Wird er überleben?« fragte einer der Soldaten.

»Ausgeschlossen«, stellte der Sanitäter fest, der die Glukoseflasche hoch über den Verwundeten hielt.

Dumpfes Schweigen machte sich breit. Der Verwundete atmete heftig, wie nach einem langen und schweren Lauf.

»Kennt ihn denn keiner?« fragte nach einer Weile der Soldat.

Das Herz des Verwundeten schlug kräftig, man konnte es pochen hören.

»Keiner«, antwortete ein anderer Soldat.

Auf der Straße kamen mit heulenden Motoren Lastwagen heraufgekrochen. Am Waldrand hoben vier Soldaten eine Grube aus.

»Ist er einer von uns oder von den anderen?« fragte ein Soldat, der neben der Bahre hockte.

»Keine Ahnung«, antwortete nach kurzem Schweigen der Sanitäter.

»Er ist der Sohn seiner Mutter«, sagte ein Soldat, der neben ihm stand.

»Nun gehört er nur mehr Gott«, sagte ein anderer. Er nahm die Mütze ab und hängte sie über den Lauf seines Karabiners.

Der Verwundete zitterte, unter der glänzenden, braunen Haut pulsierten die Muskeln.

»Wieviel Kraft das Leben besitzt«, bemerkte erstaunt ein Soldat, der auf seinen Karabiner gestützt stand. »Es ist immer noch da. Immer noch da.«

Die anderen betrachteten den Verwundeten aufmerksam und schweigend. Sein Atem ging immer langsamer, der Kopf sank nach hinten. Die Soldaten drängten sich gebückt um ihn herum, wie um ein Feuer, das herunterbrennt und langsam kalt wird. Als es zu Ende war, doch bis dahin dauerte es noch lange, sagte einer:

»Aus und vorbei mit dem Menschen. Alles hat ihn verlassen.«

Sie standen noch eine Weile um den Toten herum und betrachteten ihn angstvoll. Als sie erkannten, daß nichts weiter passieren würde, zerstreuten sie sich.

Wir nahmen unsere Fahrt wieder auf. Die Straße stieg über den bewaldeten Bergrücken und führte durch den leeren Weiler San Francisco, hinter dem Serpentinen begannen. Nach einer Kehre gerieten wir plötzlich in den Wirrwarr des Krieges. Soldaten rannten wild feuernd durch die Gegend, Granaten schwirrten über die Hänge, schwere Maschinengewehre hämmerten auf beiden Seiten der Straße lange Feuerserien. Der Chauffeur brachte den Wagen mit einem Ruck zum Stehen, und im selben Augenblick schlug auf der Straße vor uns eine Granate ein. Eine Sekunde später heulte etwas durch die Luft, wieder ein Einschlag, und noch einer. Heiliger Jesus, dachte ich, das ist das Ende. Wir wurden wie von einem Taifun vom Lastwagen geschleudert. Alle stürzten durcheinander, um möglichst rasch in einem Graben Deckung zu finden, sich unsichtbar zu machen. Im Laufen sah ich aus dem Augenwinkel den dicklichen Kameramann eines französischen Teams, der geschockt auf der Straße herumirrte und seine Kamera suchte. Einer rief ihm zu: »Deckung!«, und erst diese Stimme, nicht die Explosion der Granaten, nicht das Hämmern der Maschinengewehre, wirkte; er ließ sich wie tot auf die Straße fallen.

Ich rannte geradeaus, in die Richtung, wo es mir am ruhigsten schien, brach durch die Büsche hangabwärts, nur weg von der Kehre, wo uns das Unheil überfallen hatte, rutschte die glatte Lehmböschung hinunter und rannte in den Busch, dort, wo er am dichtesten schien, doch weit kam ich nicht, denn plötzlich brach in meiner Nähe, direkt vor mir, ein Schußwechsel los, pfiffen Kugeln durch die Gegend, klatschten gegen Zweige, hämmerten Maschinengewehre. Ich ließ mich fallen und preßte mich gegen den Boden.

Als ich mich gesammelt hatte und die Augen öffnete, sah ich ein Stück Boden vor mir, über das Ameisen krochen.

Sie folgten ihren Pfaden, die in verschiedene Richtungen liefen, eine hinter der anderen. Es schien nicht der geeignete Moment, sie zu beobachten, doch allein der Anblick der friedlich dahinkriechenden Ameisen, der Anblick einer anderen Welt, einer anderen Wirklichkeit, ließ mich wieder zu Bewußtsein kommen. Wenn es mir gelänge, dachte ich, meine Angst zu beherrschen, mir für eine Weile die Ohren zuzuhalten und nur die dahinwandernden Insekten zu beobachten, wäre ich wieder imstande, einen vernünftigen Gedanken zu fassen. Ich lag im dichten Gebüsch, hielt mir mit beiden Händen die Ohren zu und beobachtete, die Nase dicht an den Boden gepreßt, die Ameisen.

Wie lange das dauerte, weiß ich nicht, doch als ich den Kopf hob, sah ich das Gesicht eines Soldaten vor mir.

Ich erstarrte. Ich hatte panische Angst davor, den Truppen Salvadors in die Hände zu fallen, weil das unwiderruflich mein Ende bedeuten würde. Sie waren blindwütige, grausame Soldaten, die in der Furie des Krieges jeden erschossen, den sie zwischen die Finger bekamen. Das glaubte ich jedenfalls, das hatte die honduranische Propaganda behauptet. Einen Amerikaner oder Engländer würden sie vielleicht verschonen, obwohl auch das nicht sicher war. Am Vortag hatten wir in Nacaoma die Leiche eines amerikanischen Missionars gesehen, der von Salvadorianern massakriert worden war.

Der Soldat war nicht weniger erschrocken als ich. Er war durch den Busch gekrochen und hatte mich erst im letzten Moment gesehen. Er rückte seinen mit Gras und Blättern aufgeputzten Helm zurecht. Sein Gesicht war schmutzig, dunkel und hager. Seine Hand hielt einen alten Mauserkarabiner umklammert.

»Was bist denn du für einer?« fragte er.

»Und von welcher Armee bist du?«

»Honduras«, antwortete er, denn er sah mir an, daß ich fremd sein mußte, weder einer der Ihren noch einer der Gegenseite.

»Honduras! Lieber Bruder!« Froh zog ich ein Stück Papier aus der Tasche. Es war ein Schreiben des honduranischen Armeechefs, Oberst Ramirez Ortega, an alle Fronttruppen, mit der Genehmigung, mich in den umkämpften Gebieten aufzuhalten. Ein solches Schreiben hatte jeder von uns in Tegucigalpa vor der Abfahrt an die Front bekommen.

Ich sagte dem Soldaten, daß ich nach Santa Rosa und dann weiter nach Tegucigalpa müsse, um eine Depesche nach Warschau zu schicken. Der Soldat war erfreut, denn er rechnete sich, ganz richtig, aus, daß er sich mit Hilfe dieses Befehls des obersten Heerführers (das Schreiben befahl allen Untergebenen, mir Hilfe zu leisten) gemeinsam mit mir von der Front absetzen konnte.

»Gehen wir zusammen, Señor«, sagte der Soldat. »Der Señor sagt, er hat mir befohlen, ihn zu begleiten.«

Er war ein Rekrut, ein armer Teufel von einem Bauern, der vor einer Woche zu den Waffen gerufen worden war, die Armee nicht kannte, den Krieg nicht verstand und nur daran dachte, wie er überleben könnte.

Um uns herum schlugen Granaten ein, in weiter Entfernung waren Rufe zu hören und dröhnendes Geschützfeuer, ein Geruch von Pulver und Rauch lag in der Luft. Vor uns und hinter uns hämmerten Maschinengewehre.

Die Kompanie meines Soldaten robbte durch die Büsche vorwärts, den Hang hinauf, wo wir hinter der Kehre in die Kriegswirren geraten waren und wo noch immer unser Lastwagen stand. Von dem Platz aus, wo wir an den Boden gepreßt lagen, waren die dicken Gummiprofilsohlen der kriechenden Kompanie zu sehen, Sohlen, die ruhig im Gras lagen und dann weiterrobbten, eins-zwei, eins-zwei, ein paar Meter vor und dann wieder halt. Der Soldat stieß mich an:

»Señor, mire cuántos zapatos!« (Schauen Sie nur, wie viele Schuhe!)

Er schaute auf die Schuhe der dahinrobbenden Kompanie und kniff die Augen zusammen, als denke er über etwas nach, dann sagte er mit Verzweiflung in der Stimme:

»Toda mi familia anda descalzada.« (Meine ganze Familie geht barfuß.)

Wir begannen durch den Wald zu kriechen.

Das Schießen setzte für eine Weile aus, und der Soldat blieb erschöpft liegen. Er sagte mit matter Stimme, ich möge warten, er wolle zu der Stelle zurückkriechen, wo seine Kompanie ins Feuer geriet. Die Überlebenden seien gewiß weiter vorgerückt, sagte er, denn sie hätten Befehl, den Feind bis an die

Grenze zu verfolgen; auf dem Schlachtfeld seien nur die Gefallenen zurückgeblieben, und die brauchten keine Schuhe mehr. Er wolle ein paar Gefallenen die Schuhe ausziehen, das Schuhwerk in den Büschen verstecken und die Stelle kennzeichnen. Wenn der Krieg zu Ende sei und er nach Hause entlassen werde, wolle er hierher zurückkehren und seine Familie mit Schuhen versorgen. Er hatte bereits ausgerechnet, daß man ein Paar Militärstiefel gegen drei Paar Kinderschuhe tauschen konnte, und er hatte in seiner Hütte neun Kinder.

Ich dachte zunächst, er sei übergeschnappt, und sagte, er unterstehe meiner Befehlsgewalt und wir müßten weiterkriechen. Doch der Soldat wollte nicht hören. Er war wie besessen von dem Gedanken an die Schuhe, es trieb ihn zurück in die vorderste Schlachtlinie, um sich die Beute zu sichern, das im Gras verstreute Vermögen, das es zu bergen galt, ehe es begraben wurde. Nun hatte der Krieg für ihn mit einem Mal einen Sinn bekommen, einen Inhalt, ein Ziel. Nun wußte er, was er wollte und was es zu tun galt. Ich war sicher, daß wir einander für immer verlieren würden, wenn er zurückging. Ich wollte aber um nichts in der Welt allein in diesem Wald bleiben, denn ich wußte nicht, in wessen Händen er sich befand, wo welche Armee ihre Stellung bezogen hatte und in welche Richtung ich mich wenden sollte. Es gibt nichts Schlimmeres, als sich allein in einem fremden Land, in einem fremden Krieg zu finden. Ich robbte daher hinter dem Soldaten zurück zur Front. Wir kamen an die Stelle, wo der Wald lichter wurde und durch Stämme und Büsche das frische

Schlachtfeld zu sehen war. Die Kämpfe hatten sich nun auf die Flanken verlagert. Hinter dem Berg, der links aufragte, explodierten Granaten, und rechts im Dickicht hämmerte Maschinengewehrfeuer, das klang, als werde unter der Erde geschossen. Vor uns stand ein verlassener Mörser, und auf der Wiese lagen tote Soldaten.

Ich sagte meinem Begleiter, daß ich nicht weitergehen würde. Er solle tun, was er wolle, nur solle er nicht verlorengehen und rasch zurückkommen. Er übergab mir seinen Karabiner und setzte in Sprüngen davon. Ich schaute ihm nicht nach und dachte ständig daran, daß uns jemand entdecken, plötzlich jemand aus Büschen springen oder eine Granate werfen könnte. Mir war übel, ich lag auf dem Bauch und preßte den Kopf gegen die feuchte Erde, die nach Moder und Rauch roch. Das wichtigste ist, daß wir nicht umzingelt werden, dachte ich, daß wir uns näher an die friedliche Welt heranrobben. Mein Soldat, dachte ich, ist jetzt zufrieden. Über seinem Kopf öffneten sich die Wolken, und Manna fiel herab. Er hat seinen Krieg schon gewonnen, er kehrt in sein Dorf zurück, leert den Sack mit Schuhen auf den Fußboden, und die Kinder beginnen vor Freude zu tanzen.

Der Soldat schleppte seine Beute herbei und versteckte sie im Gebüsch. Dann wischte er sich über das schweißnasse Gesicht und blickte sich aufmerksam um; er wollte sich den Ort einprägen. Wir drangen tiefer in den Wald ein. Es nieselte, und Nebel lag über den kleinen Lichtungen. Wir schlugen keine bestimmte Richtung ein, sondern wollten nur möglichst rasch dem Kriegslärm entkommen. Nicht weit von hier mußte Guatemala beginnen. Dann kommt Mexiko. Und dann — die Vereinigten Staaten. Doch für uns lagen in diesem Augenblick diese Länder auf einem fernen Planeten. Die Bewohner dieses Planeten lebten ihr eigenes Leben und dachten an andere Dinge. Vielleicht wußten sie nicht einmal, daß es hier Krieg gab. Kein Krieg läßt sich über größere Entfernungen vermitteln. Der Mensch sitzt zu Hause beim Mittagessen und sieht fern: Auf dem Bildschirm spritzen Erdfontänen hoch — Schnitt —, Panzerketten kriechen näher — Schnitt —, Soldaten fallen und winden sich in Schmerzen, und der Mensch ärgert sich und flucht, weil er sich ablenken ließ und die Suppe versalzte. Aus der Ferne gesehen, am Schneidetisch fachmännisch zubereitet, ist der Krieg ein Schauspiel. In Wirklichkeit sieht der Soldat nicht über seine Nasenspitze hinaus, sind seine Augen von Sand und Schweiß verklebt, schießt er blindlings und klammert sich an die Erde wie ein Maulwurf. Vor allem empfindet er Angst. Der Frontsoldat ist wortkarg. Wenn man ihn etwas fragt, gibt er oft keine Antwort, ein Achselzucken kann die ganze Antwort sein. Für gewöhnlich ist er hungrig und unausgeschlafen und weiß nicht, wie der nächste Befehl lauten wird und was in einer Stunde passiert. Der Krieg läßt ihn ständig die Nähe des Todes spüren. Diese Erfahrung gräbt sich tief ins Bewußtsein ein. Später, im Alter, erinnert sich der Mensch immer öfter an die Kriegserlebnisse, als seien im Verlauf der Jahre Erinnerungen an die Front dazugekommen, als hätte er sein ganzes Leben im Schützengraben verbracht.

Während wir durch den Wald pirschten, fragte ich den Soldaten, weshalb sie gegen Salvador kämpften. Er sagte, er wisse es nicht, das sei Sache der Regierung. Ich fragte ihn, wie er kämpfen könne, ohne zu wissen, wofür er sein Blut vergieße. Er sagte, wenn man im Dorf lebe, sei es besser, keine Fragen zu stellen, denn wer fragt, weckt das Mißtrauen des Bürgermeisters. Der Bürgermeister teilt ihn dann für öffentliche Arbeiten ein. Wegen dieser Arbeit muß er seine Wirtschaft und die Familie vernachlässigen, und dann droht noch schlimmerer Hunger. Dabei genügt schon das gewöhnliche Elend, das es auch so gibt. Der Mensch muß trachten, so zu leben, daß sein Name den Behörden nicht zu Ohren kommt. Wenn die Behörden einen Namen hören, notieren sie ihn unverzüglich, und ein so gekennzeichneter Mensch muß dann mit großen Schwierigkeiten rechnen. Die Regierungsangelegenheiten sind nichts für den Verstand des Bauern, denn die Regierungsleute besitzen politisches Bewußtsein, doch der Bauer bekommt das von keinem vermittelt.

Wir gingen durch den Wald weiter, immer aufrechter, weil es um uns herum ruhiger wurde, bis wir in der Dämmerung zu einem kleinen Dorf aus strohgedeckten Lehmhütten kamen — Santa Teresa. Hier hatte ein Bataillon Infanterie, das während der Kämpfe, die den ganzen Tag gedauert hatten, zersprengt worden war, Quartier bezogen. Die Soldaten taumelten zwischen den Hütten herum, erschöpft und verwirrt von den Erlebnissen an der Front. Es regnete immer noch, und alle waren schmutzig und lehmverkrustet.

Die Soldaten des Postens, auf den wir am Dorfeingang stießen, brachten uns zum Bataillonskommandanten. Ich zeigt ihm das Schreiben des Armeeführers und bat ihn, mich nach Tegucigalpa zu bringen. Der gute Mann versprach mir einen Wagen, wies mich jedoch an, bis zum Morgen zu warten. Die Wege seien naß und steil und voll Kurven, die an Abgründen entlangführten, weshalb es unmöglich sei, nachts ohne Scheinwerfer zu fahren. Der Kommandant saß in einer verlassenen Hütte und hörte Radio. Der Sprecher verlas Frontberichte. Dann hörten wir die Nachrichten, daß Staaten auf beiden Halbkugeln der Erde sich als Vermittler anböten, um den Krieg zwischen Honduras und Salvador zu beenden. In dieser Frage hätten sich bereits die Länder Lateinamerikas und eine Reihe europäischer und asiatischer Staaten zu Wort gemeldet. Man erwarte auch ein Kommuniqué über die Position Australiens und Ozeaniens. Auffallend sei das Schweigen Chinas und — auf der anderen Seite — Kanadas. Das Schweigen Kanadas wurde damit erklärt, daß der kanadische Korrespondent Charles Meadows sich an der Front befand und Ottawa nicht mit einer Erklärung seine Lage komplizieren und ihm die Ausübung des gefährlichen Berufes erschweren wollte.

Dann verlas der Sprecher die Nachricht, daß von Cape Kennedy eine Rakete des Typs Apollo 11 abgeschossen wurde. Drei Astronauten, Armstrong, Aldrin und Collins, fliegen zum Mond. Der Mensch nähert sich den Sternen, er erobert neue Welten, rast durch die grenzenlosen Weiten der Galaxien. Aus allen Ecken der Welt träfen Glückwünsche in

Houston ein, berichtete der Sprecher; die ganze Menschheit juble über diesen Triumph rationalen und präzisen Denkens.

Mein Soldat döste, erschöpft von den Strapazen des Tages, in einer Ecke der Kammer vor sich hin. Im Morgengrauen weckte ich ihn und sagte, daß wir losfahren wollten. Der Bataillonskommandant, halb besinnungslos vor Müdigkeit und Erschöpfung, brachte uns mit dem Jeep nach Tegucigalpa. Um keine Zeit zu verlieren, fuhren wir gleich zum Postamt. Dort schrieb ich auf einer geborgten Maschine die Depesche, die später in unseren Zeitungen abgedruckt wurde. José Málaga übermittelte die Depesche außer der Reihe und ohne Militärzensur (im übrigen war sie ohnehin polnisch).

Auch meine Kollegen kamen von der Front zurück. Jeder für sich, denn alle hatten einander bei jener Kehre, wo wir ins Artilleriefeuer geraten waren, aus den Augen verloren. Enrique Amado von Radio Mundo war einer Patrouille aus Salvador, drei Männern der Guardia Rural, in die Hände gelaufen. Das ist eine private Gendarmerietruppe, die von den großen Latifundienbesitzern Salvadors ausgehalten wird und sich aus verbrecherischen Elementen rekrutiert. Brandgefährliche Typen. Sie befahlen ihm, sich zum Erschießen aufzustellen. Enrique wollte Zeit gewinnen und betete lange, dann bat er um Erlaubnis, noch einmal ein menschliches Bedürfnis zu erledigen. Die drei weideten sich offensichtlich am Anblick eines Menschen, dem die Angst im Nacken sitzt. Schließlich befahlen sie ihm nochmals, sich zum Erschießen hinzustellen, doch im selben

Moment hagelten Schüsse aus dem Dickicht. Einer der Männer wurde getötet, die beiden anderen wurden gefangengenommen.

Der Fußballkrieg dauerte hundert Stunden. Die Opfer: sechstausend Gefallene und etwa fünfzehntausend Verwundete. Ungefähr fünfzigtausend Menschen verloren ihr Dach über dem Kopf und ihre Felder. Zahlreiche Dörfer wurden zerstört.

Dank der Intervention der lateinamerikanischen Staaten stellten die beiden Länder die Kampfhandlungen ein, doch bis heute brechen an der Grenze zwischen Honduras und Salvador immer wieder bewaffnete Scharmützel aus, kommen Menschen ums Leben, werden Dörfer niedergebrannt.

Die wahre Ursache des Krieges war folgende: Salvador ist das kleinste Land Mittelamerikas, hat jedoch die größte Siedlungsdichte in Mittelamerika (über 160 Menschen pro Quadratkilometer). Es herrscht verzweifeltes Gedränge, um so mehr, als der Großteil des Bodens sich in Händen von vierzehn großen Grundbesitzerclans befindet. Man sagt sogar, »Salvador gehört vierzehn Familien«. Tausend Latifundienbesitzer besitzen genau zehnmal mehr Land als hunderttausend Bauern. Zwei Drittel der Landbevölkerung besitzen überhaupt kein Land. Ein Teil der landlosen Armen emigriert seit Jahren nach Honduras, wo es viel herrenloses Land gibt. Honduras (112000 km^2) ist ungefähr sechsmal so groß wie Salvador, hat jedoch nur halb soviel Einwohner (ungefähr 2,5 Millionen). Es war eine stille, illegale Immigration, die jedoch von Honduras jahrelang toleriert wurde.

Viele Bauern aus Salvador ließen sich in Honduras nieder, gründeten ganze Dörfer und führten ein Leben, das etwas besser war als jenes zu Hause. Es gab 300000 solcher Bauern.

In den sechziger Jahren wurden die Bauern von Honduras unruhig und forderten Land. Die Regierung beschloß eine Landreform. Da es sich um eine oligarchische Regierung handelte, die von den Vereinigten Staaten abhängig war, war in diesem Dekret weder eine Aufsplitterung der Latifundien vorgesehen noch eine Aufteilung des Bodens der amerikanischen United Fruit Company, die in Honduras riesige Bananenplantagen besitzt. Die Regierung wollte den honduranischen Bauern das Land geben, auf dem die Bauern aus Salvador wirtschafteten. Das bedeutete, daß 300000 Emigranten aus Salvador in ihre Heimat zurückkehren müßten, wo sie nichts besaßen. Die oligarchische Regierung von Salvador lehnte es ab, diese Leute aufzunehmen, weil sie eine Bauernrevolte befürchtete.

Die Regierung von Honduras drängte, die Regierung von Salvador weigerte sich. Die Beziehungen zwischen den beiden Ländern verschlechterten sich. Auf beiden Seiten der Grenze entfesselten die Zeitungen eine Haß-, Verleumdungs- und Beleidigungskampagne. Sie beschimpften einander als Hitleristen, Gartenzwerge, Säufer, Sadisten, Kasper, Aggressoren, Diebe usw. Es gab Progrome, und Läden wurden in Brand gesteckt.

In dieser Atmosphäre kam es zur Begegnung der Fußballmannschaften von Honduras und Salvador. Das entscheidende Spiel fand auf neutralem Boden statt, in Mexiko (Salvador gewann 3 : 2). Die Anhänger Salvadors bekamen ihre Plätze in der einen Hälfte des Stadions zugewiesen, die Anhänger von Honduras in der anderen, und dazwischen saßen fünftausend mit dicken Knüppeln bewaffnete mexikanische Polizisten.

Der Fußball trug noch dazu bei, die chauvinistischen Emotionen und die hurrapatriotische Hysterie anzuheizen, deren es bedurfte, um einen Krieg auszulösen und die oligarchische Herrschaft in beiden Ländern zu festigen.

Salvador, das über die stärkere Armee verfügte und daher mit einem leichten Sieg rechnete, griff an.

Der Krieg endete unentschieden. Die Grenze blieb unverändert. Eine Grenze, die über den Daumen hinweg durch Busch und gebirgiges Gelände gezogen worden war, auf das beide Seiten Anspruch erhoben.

Ein Teil der Emigranten kehrte nach Salvador zurück, ein Teil lebt nach wie vor in Honduras.

Beide Regierungen waren mit dem Krieg zufrieden, weil Honduras und Salvador ein paar Tage lang in der Weltpresse Schlagzeilen gemacht und sich im Mittelpunkt des Interesses der Weltöffentlichkeit befunden hatten. Es ist traurig, aber wahr: kleine Länder der dritten, vierten und vielleicht fünften Welt haben nur dann eine Chance, größeres Interesse zu wecken, wenn sie sich entschließen, Blut zu vergießen.

1969

Fortsetzung der Höchsten Zeit oder des Entwurfs eines zweiten nie geschriebenen Buches, das (usw.)

9. *Ich dachte daran, in dieses Buch ein Verzeichnis dieser und jener Ausdrücke aufzunehmen, die je nach geographischer Breite verschiedene Bedeutungen annehmen und Dinge bezeichnen, die ähnlich heißen, aber doch etwas anderes bedeuten. Dieses Wörterbuch würde etwa folgendermaßen aussehen:*

STILLE — *Die Geschichtsschreiber schenken den sogenannten lauten Momenten zu viel Aufmerksamkeit, während sie Perioden der Stille vernachlässigen. Es fehlt ihnen an jener Intuition, die untrüglich jede Mutter aufmerken läßt, wenn sie hört, daß es im Zimmer ihres Kindes plötzlich ruhig geworden ist. Die Mutter weiß, daß diese Stille nichts Gutes bedeuten kann. Daß sich hinter dieser Stille etwas verbirgt. Und sie eilt hin, um einzuschreiten, denn sie spürt, daß Böses in der Luft liegt. Dieselbe Funktion erfüllt die Stille in der Geschichte und in der Politik. Die Stille ist ein Vorbote des Unheils, oft sogar des Verbrechens. Sie ist ebenso ein politisches Instrument wie das Klirren der Waffen oder die Rhetorik auf einer Versammlung. Tyrannen und Okkupanten, die darauf bedacht sind, daß Schweigen ihr Werk umhüllt, brauchen diese Stille. Bedenken wir nur, wie jeder Kolonialismus die Stille pflegte. Mit welcher Diskretion die Heilige Inquisition arbeitete. Wie sorgfältig Leonidas Trujillo jede Reklame vermied.*

Welche Stille alle Länder mit überfüllten Gefängnissen atmen! Es ist still um den Staat Somozas, still um den Staat Duvaliers. Welche Anstrengungen unternimmt jeder dieser Diktatoren, um den Idealzustand der Stille zu erhalten, den immer wieder jemand zu stören versucht! Wie viele Opfer und welche Summen das verschlingt! Die Stille hat ihre eigenen Rechte und Bedürfnisse. Es ist ein Gebot der Stille, Konzentrationslager in menschenleeren Gegenden zu errichten. Die Stille verlangt einen großen Polizeiapparat. Sie verlangt ein Heer von Spitzeln. Die Stille fordert, daß Feinde der Stille plötzlich und spurlos verschwinden. Sie hätte es gern, daß ihre Ruhe durch keine Stimme — der Klage, des Protests, der Empörung — gestört wird. Wo eine solche Stimme erklingt, schlägt die Stille erbarmungslos zu und stellt die ursprüngliche Ordnung wieder her — das heißt den Zustand der Stille.

Die Stille besitzt die Fähigkeit, sich auszudehnen, und daher verwenden wir Ausdrücke wie »rundherum herrschte Stille« oder »Stille machte sich breit«. Die Stille besitzt auch die Fähigkeit, Gewicht zuzulegen, und daher sprechen wir vom »Gewicht der Stille«, so wie wir vom Gewicht fester und flüssiger Körper sprechen.

Das Wort Stille *ist am häufigsten verbunden mit Worten, wie* Friedhof *(Friedhofsstille),* Schlachtfeld *(Stille auf dem Schlachtfeld),* Verlies *(im Verlies herrschte Stille). Dieses Zusammentreffen ist nicht zufällig.*

Heute wird viel vom Kampf gegen den Lärm gesprochen, obwohl der Kampf gegen die Stille wichtiger wäre. Beim Kampf gegen den Lärm geht es um die Ruhe der

Nerven, beim Kampf gegen die Stille um Menschenleben. Wer viel Lärm erzeugt, den rechtfertigt und verteidigt keiner, doch wer dafür sorgt, daß in seinem Land Stille herrscht, kann sich auf den Schutz des Repressionsapparates verlassen. Daher ist der Kampf gegen die Stille so schwierig.

Es wäre interessant zu untersuchen, wieweit die weltumspannenden Systeme der Massenmedien im Dienst der Information stehen und wieweit im Dienst der Stille und des Schweigens. Wovon gibt es mehr: von dem, was gesagt wird, oder von dem, was nicht gesagt wird? Man kann sich ausrechnen, wie viele Menschen auf dem Gebiet der Reklame tätig sind. Und wenn man nun die Menschen zählte, die damit beschäftigt sind, Stille zu bewahren? Welche Zählung ergäbe mehr?

SCHWARZ — *In Stanleyville, im Kongo, steht in einem Seitengäßchen eine Baracke, die ein wenig an das Feuerwehrdepot einer Kleinstadt erinnert. Jeden Sonntag findet hier der Gottesdienst der Kimbangu-Anhänger statt. Wenn wir das kühle Innere betreten, könnten wir meinen, wir befänden uns im Kiewer Höhlenkloster. Denn in alten Kirchen, auf den alten Ikonen sind die göttlichen Antlitze dunkel, man sagt sogar — negroid. Im Kirchlein der Kimbangu-Anhänger sind die Gesichter der Heiligen ebenfalls dunkel, negroid. Die Kimbangu-Anhänger glauben, Jesus sei als Neger auf die Welt gekommen. Das lehrte sie ihr Prophet Simon Kimbangu. Kimbangu wurde Ende des vorigen Jahrhunderts im Stamm der Bakonga geboren. Am 18. März 1921 wurde er von Gott heimgesucht. Er begann durch den Kongo zu wandern und seine Lehre zu verbreiten. Er sagte, er sei von Gott gesandt, um die Toten wiederzuerwecken, die Nahrung zu mehren und die Welt zu erlösen. Diese Welt des Dschungels und der Savanne. Und Gott ist nicht weiß, sondern schwarz. Die Weißen haben Gott gestohlen, und dafür erwartet sie die ewige Verdammnis und unendliches Leiden. Eine solche Lehre war revolutionär. Kimbangu sagte: »Hört nicht auf die Behörden — hört auf Gott.« Kimbangu redete in der Sprache der Bibel, denn er kannte nur diese, und die ganze Politik wird bei ihm in einer Sauce pathetischer messianischer Phraseologie serviert. Ende 1921 verhafteten die Belgier den Propheten und verurteilten ihn zum Tode; später änderten sie die Strafe in lebenslängliche Haft ab. Es begann die Verfolgung der Anhänger Kimbangus. Doch je härter die Repression zuschlug, um so stärker wurde die Bewegung. Simon der Prophet hatte sein Kirchlein im Dschungel. Zur Eröffnung brachte er einen Topf Farbe mit. Die Farbe war schwarz. Im Kirchlein hingen Heiligenbilder. Und Simon der Prophet ging von Bild zu Bild und schwärzte die starren Gesichter der Heiligen. Er änderte die Farbe der hellen Stirnen und rosigen Wangen, malte die Lippen dicker und kräuselte ihr Haar. Bis die Heiligen so schwarz waren wie Simon und seine Anhänger. Das war die erste revolutionäre Geste im Kongo: Bilder mit einem Pinsel zu beschmieren.*

GEISTER — *In Afrika betrachten viele Menschen die Wirkung von Feuerwaffen mit Skepsis. Alle Berichte, daß jemand von einer Kugel getötet wurde, nehmen sie ungläubig auf. Erstens hat noch kein Mensch je eine Kugel fliegen gesehen. Wie kann man daher beweisen, daß einer ums Leben kam, weil ein anderer einen Karabiner abfeuerte? Zweitens gibt es immer Mittel und Wege, den Flug einer Kugel abzulenken. Dazu bedient man sich verschiedener* ju-ju, *die mehr Sicherheit bieten als alle stählernen Panzer. Der ehemalige Premier Westnigerias, Chief Akintola, wurde nicht vor einer Wand erschossen, wie das in den meisten Fällen geschieht, sondern mitten auf einer Veranda, denn die Putschisten wußten, daß der* ju-ju, *den Akintola besitzt, ihn kugelsicher macht, sobald er eine Wand berührt. Die europäische öffentliche Meinung war oft schockiert, wenn aus dem Kongo über Zerstückelung der Leiber Gefallener berichtet wurde. Das ist nicht ein Ausdruck von Sadismus, wie so oft zu hören ist. Die Zerstörung der Körper geschieht aus metaphysischen Gründen, aus der Überzeugung heraus, daß der Mensch nicht nur aus seinem Körper besteht, sondern auch aus Geistern, die in diesem Körper hausen. Viele Weiße glauben, daß der Mensch aus dem Körper und der Seele besteht. Doch der Glaube an die Existenz der Seele ist eine primitive Vereinfachung. Das menschliche Dasein ist komplizierter und geheimnisvoller. In Wirklichkeit stecken nämlich zahlreiche Geister im menschlichen Körper, die sich in den verschiedenen Teilen seines Organismus eingerichtet haben. Die Kraft dieser Geister ist übermächtig; wenn man sie am Leben läßt, sind sie imstande, den Leib wieder zum Leben zu erwecken. Es wäre naiv zu glauben, daß sich diese ganze komplizierte Welt der Geister, die in den verschiedenen Winkeln des menschlichen Körpers zu Hause sind, mit einer einzigen Kugel zerstören läßt. Die Tötung des Körpers ist nur ein Element des menschlichen Sterbens. Der endgültige Tod tritt erst nach der*

Vernichtung der Geister oder deren Flucht ein. Diese Geister muß man aus dem Körper treiben, wie man Luft aus einem Ballon entweichen läßt: indem man hineinsticht. Daher ist es nötig, den Körper zu zerstückeln, vor allem wenn der Tote ein Feind war, dessen Geister sich später rächen könnten. Das hat nichts mit Grausamkeit zu tun — es ist eine Form der Selbstverteidigung des Menschen, der gezwungen ist, gegen die bedrohliche und allgegenwärtige Welt der Geister anzukämpfen, die zwar unsichtbar sind, doch den Lebenden ständig auf die Fersen treten.

HIERARCHIE — *In den Ministerien in Accra entspricht die Hierarchie der Positionen der Höhe der Stockwerke. Je höher eine Person steht, um so höher auch das Stockwerk. Denn oben weht ein frischer Luftzug, während unten die Luft steinern und stickig steht. Daher drängen sich im Parterre die kleinen Beamten zusammen, die Abteilungsdirektoren über ihnen genießen bereits eine leichte Brise, und ganz oben fächelt der ersehnte Luftzug den Ministern Kühlung zu.*

EINGESPERRT — *Weshalb entführen die Guerilleros Diplomaten?*

Wer die Situation politischer Häftlinge in Lateinamerika kennt, kann das verstehen.

Die ist nämlich folgende:

Wer über das Regime schimpft oder dagegen kämpft, wird ins Gefängnis geworfen.

Dieser Mensch wird nicht angeklagt.

Da er nicht angeklagt wird, kann es auch keinen Prozeß geben. Da es keinen Prozeß gibt, wird auch kein Urteil gesprochen. Daher gibt es auch keine Strafe im eigentlichen Sinn. Es gibt keinen Staatsanwalt, keinen Verteidiger, keine Berufung und keine Amnestie. Es gibt keine Zeugenaussagen, keine Anklageschrift, nichts. Der Zeuge kann schuldig sein, der Schuldige unschuldig oder auch nicht, denn kein Gericht bringt gegen irgend jemanden eine Beschuldigung vor. Die Situation des Häftlings läßt sich auf eine ganz einfache Formel reduzieren: Warum sitzt er? Weil er eingesperrt wurde.

Er kann nach einem Jahr herauskommen oder nach zehn, er kann auch nie mehr freigelassen werden. Viele Häftlinge werden entlassen, wenn der Präsident abtritt, der sie einsperren ließ. Jeder Präsident hat seine eigenen Gefangenen, deren Schicksal mit seinem verknüpft ist. Kaum nimmt eine neue Gestalt im Präsidentensessel Platz, wandern neue Gefangene in die Zellen. Wenn daher ein neuer Präsident an die Macht kommt, emigriert sofort eine ganze Gruppe von Menschen — das sind seine persönlichen Feinde, die genau wissen, daß sie hinter Gitter wandern würden. Doch derartig liberale Verhältnisse herrschen nur in jenen Ländern Lateinamerikas, wo es Ansätze von Demokratie gibt; in den Ländern hingegen, wo Diktatoren an der Macht sind, hat ein Häftling kaum Aussicht, die Freiheit wiederzuerlangen oder auch nur zu überleben.

Das ist etwa in Guatemala der Fall. Wer dort gefaßt wird, wird zur Folter geschleppt. Wenn er diese überlebt, wandert er hinter Gitter. Neuerliche Folter, und der Epilog: in einem Straßengraben wird eine Leiche gefunden.

Es gibt keinen legalen Weg, einen Häftling zu verteidigen oder zu retten. Das Recht hat keinen Zugang zu ihm. Eine Befreiung des Gefangenen durch eine bewaffnete Aktion ist fast ausgeschlossen: die politischen Häftlinge in Guatemala werden in Kasernen gefangengesetzt, jeder einzelne wird von einem Dutzend oder mehr schwerbewaffneter Soldaten, von Panzern und Artillerie bewacht.

Es bleibt nur ein Ausweg: einen Gegner zu entführen und gegen den Gefangenen auszutauschen. Die Entführungsaktion ist keine zufällige Handlung; man entführt nicht den ersten besten, der einem über den Weg läuft. Das Ziel wird nach langen Diskussionen, ganz bewußt, ausgewählt.

FESTUNG — *Es handelt sich um ein imponierendes Gebäude, das in Accra für 20 Millionen Dollar errichtet wurde (zu einer Zeit, als man dort kaum Brot zu kaufen bekam), nur damit die politischen Führer Afrikas hier vier Tage lang (1966) ihre Beratungen abhalten konnten. Nach Beendigung der Beratung wurde das Gebäude zugesperrt, und seitdem steht es leer und verfällt. In den Tropen wird ein Gebäude, das nicht benützt wird, im Verlauf weniger Jahre zur Ruine.*

Die Idee, dieses Gebäude, das State House genannt wurde, zu errichten, wurde von Nkrumah geboren. Die Pläne machten Architekten. Ziel war es, ein Bauwerk zu schaffen, das in sich den Gipfel der Monumentalität, den Glanz des Neuen und ein Maximum an Sicherheit vereinigt. Und genau das wurde erreicht.

Das State House ist ein gigantisches Bauwerk. Es ist zwölf Stockwerke hoch. In gesonderten Anbauten befinden sich ein riesiger Sitzungssaal und eine riesige Empfangshalle. Im Hauptgebäude gibt es sechzig Appartements. Jeder Staatschef und jeder Außenminister hatte sein eigenes Appartement. Jedes Apparte-

ment besteht aus zehn Zimmern, zwei Badezimmern, einem Vorzimmer usw. Die Appartements sind mit dem erlesensten Luxus eingerichtet. Als ich das Appartement des Präsidenten von Liberia, Tubman, betrat, blieb mir beinahe das Herz stehen, obwohl ich schon so manches auf dieser Welt gesehen habe.

Mehr noch als diese ungeheuere Verschwendung zieht das Sicherheitssystem *die Aufmerksamkeit auf sich. Das Objekt ist so gebaut, daß man immer vor einer Mauer steht: wenn man die Eingangsschwelle überschreitet, wenn man sich nach links oder rechts wendet, wenn man stehenbleibt. Das Gebäude ist konstruiert wie eine russische Matrjoschka. In der großen Matrjoschka steckt eine kleine, in der kleinen eine noch kleinere usw. Hier ist das ähnlich. Hinter der einen Mauer steht eine zweite, hinter der zweiten eine dritte, und in der Mitte liegt das Appartement.*

Auf diese Weise sollten die Staatschefs vor Angriffen von außen geschützt werden. Das Militär trug bloß Handfeuerwaffen, und damit hätte es nicht viel ausrichten können. Eine Karabinerkugel vermag die Mauer nicht zu durchschlagen. Die Festigkeit des Mauerwerks war sogar für Artillerie leichten und mittleren Kalibers und für Mörser bis zu einem Kaliber von 160 Millimetern berechnet. Erst schwere Schiffsgeschütze oder ein massierter Bombenangriff hätten der Festung State House größeren Schaden zufügen können. Doch auch an eine solche Eventualität war gedacht. Im Kellergeschoß des State House waren massive Schutzräume eingerichtet, die durch entsprechende Eingänge mit dem restlichen Gebäude verbunden waren. Diese Schutzräume verfügten über elektrisches Licht, fließendes

Wasser, Ventilation usw. Hier wären die Staatschefs sogar vor einem Bombenangriff sicher gewesen.

Da hätte es schon eine Atombombe gebraucht.

Da eine Belagerung längere Zeit dauern kann, war auch für genügende Lebensmittelvorräte gesorgt, damit die Führer nicht Hunger leiden müßten. Im rechten Flügel des State House befindet sich ein riesiger Kühlraum, in dem Lebensmittel für ein paar Monate aufbewahrt werden können. Es gab auch Vorräte an Arzneimitteln, Wasser und Getränken.

Darüber hinaus verfügte das State House über zwei voneinander unabhängige Energiequellen (die eine wird vom Kraftwerk gespeist, die zweite vom hauseigenen Generator) sowie über unabhängige Telefonverbindungen mit den wichtigsten Hauptstädten der Welt.

Natürlich besitzt das State House auch ein eigenes Schwimmbad, eigene Cafés, Bars und Restaurants, eine eigene Druckerei, eine zentrale Klimaanlage, ein eigenes Postamt, Fernsehen usw.

Es war auch an ein Verteidigungssystem für den Fall gedacht, daß der Angriff von innen her erfolgen sollte, daß die Führer von einer fünften Kolonne angegriffen würden. Aus diesem Grund verlaufen die Gänge nicht geradlinig und überschaubar, sondern gewunden, gebrochen, elliptisch, abfallend, in Serpentinen, Halbkreisen und Kurven. So kann ein Angreifer nie das ganze Stockwerk im Visier haben. Es genügt ein Sprung um die Ecke, und der Angegriffene ist aus der Schußlinie.

Aus Sicherheitsgründen war es nicht gestattet, State House zu photographieren — weder aus der Nähe noch aus der Ferne. Für dieses Vergehen wurde man von der Polizei eingesperrt. Es war auch nicht erlaubt, vor dem State House stehenzubleiben und es längere Zeit zu betrachten. Wer länger verweilte, mußte sich ausweisen und wurde dann verjagt.

AUFWARTUNG — *Im Jahre 1862, im Verlauf der Expedition zu den Quellen des Nils, gelangte Speke nach Uganda. Er machte hier dem König der Baganda, Mutesa, seine Aufwartung. »Speke wurde auf einen Sessel dem Thron gegenüber plaziert«, schreibt Moorehead, »auf dem Mutesa Platz genommen hatte. Dann wartete Speke, was weiter geschehen würde.*

Es geschah nichts.

Eine Stunde lang oder auch zwei saßen die beiden Männer einander gegenüber und blickten sich an. Es herrschte völlige Stille. Schließlich wandte sich ein Höfling an Speke und fragte ihn: ›Hast du dir den König angeschaut?‹ — ›Ich habe ihn eine ganze Stunde lang angeschaut‹, antwortete Speke. Der Höfling übersetzte dem König die Antwort. Darauf erhob sich der König und begab sich in die inneren Gemächer seines Palastes.

Die Audienz war beendet.«

LEBEN — *Die Diktatur General Abbudas im Sudan dauerte sechs Jahre. Sein Regime stürzte am 21. Oktober 1964. Es war ein hartes, doch oberflächliches Regime, ohne jeglichen Rückhalt bei den Massen. Über die Ereignisse vom 21. Oktober in Khartum berichtete mir ein Gesprächspartner: »Es war ein ungewöhnlicher Anblick. Innerhalb von drei Tagen sah Khartum genauso aus wie eine Woche vor dem Machtantritt Abbudas im Jahre 1958. Es tauchten sofort wieder alle alten politischen Parteien auf. Genau dieselben Par-*

teien mit denselben Namen, denselben Leuten. Es erschienen dieselben Zeitungen wie vorher, mit denselben Titeln, denselben Schriftbildern, denselben Programmen. Es fanden sich alte Amtsdiener ein, die auf eigene Faust die Parlamentsräumlichkeiten reinigten. Die Politiker setzten ihre Zänkereien fort, die sie vor sechs Jahren mitten im Satz abgebrochen hatten. Alles sah so aus, als hätte es die sechs Jahre Herrschaft Abbudas gar nicht gegeben. Diese sechs Jahre unterbrachen lediglich eine Kontinuität, die nun ihren Faden wiedergefunden hat und diesen weiterspinnt.«

10. Doch ich schrieb weder ein Wörterbuch noch ein Buch, denn sobald ich mich an die Arbeit machte, sobald ich Atem holte und mich wie vor einem Sprung in den Abgrund bekreuzigte, leuchtete auf der Landkarte ein rotes Lämpchen auf — das vereinbarte Signal, daß an diesem oder jenem Punkt unseres überfüllten, unruhigen, zerstrittenen Globus die Erde bebte und die Welt ins Taumeln geraten war. Denn ohne Einhalt wälzt sich ein Strom von Ereignissen dahin, dem man nur mit Mühe entsteigen kann, um ruhig am Ufer zu stehen.

11. Der Chefredakteur der Kultura, *Dominik Horodyński, ruft an und sagt, es sei Geld da, ich könne in den Nahen Osten fahren (das Jahr 1973 neigt sich dem Ende zu, der Krieg zwischen Arabern und Israel dauert noch an). Ein paar Monate später besetzen die Türken halb Zypern. Ein freundlicher Mensch schmuggelte mich in seinem Wagen von der griechischen auf die türkische Seite. Nach meiner Rückkehr aus Zypern sagt Janusz Roszkowski, der Chef der polnischen Nachrichtenagentur, PAP, nun biete sich die Gelegenheit zu einem letzten Versuch, nach Angola zu fahren. Ich möge mich beei-*

len, hinzugelangen, ehe Luanda zur geschlossenen Stadt erklärt würde. Es ist fünf vor zwölf, als die Portugiesen mich in einer Militärmaschine hinfliegen.

12. Koffer einpacken — auspacken, einpacken — auspacken, einpacken, Schreibmaschine (Hermes Baby) Reisepaß (SA 323273), Ticket, Flughafen, Treppen, Flugzeug, Sicherheitsgurte anlegen, öffnen, Flug, Rütteln, Sonne, Sterne, Sicherheitsgurte anlegen, die Hüften vorbeigehender Stewardessen, Schlaf, Wolken, sinkende Umdrehungszahlen der Motoren, Sicherheitsgurte anlegen, Anflug, Landung, Ausrollen, Boden, Sicherheitsgurte öffnen, Treppen, Flughafen, Impfausweis, Visum, Zoll, Taxi, Straßen, Häuser, Menschen, Hotel, Schlüssel, Zimmer, Stickluft, Durst, Andersartigkeit, Fremdheit, Einsamkeit, Warten, Müdigkeit, Leben.

Paradies wird es keines geben

Direkt am Flugzeug, ehe ich nach dem Flug aus Athen noch Atem schöpfen konnte, setzten sie mich in einen Wagen, der eine kurvenreiche Straße dahinjagte, ohne daß ich zunächst das Ziel kannte. Erst während der Fahrt teilte mir der neben mir sitzende Grieche mit, daß wir zu einer Versammlung in einem Flüchtlingslager fuhren und uns vielleicht verspäten würden. Er blickte auf die Uhr und trieb den Chauffeur zur Eile an. Ich war zum ersten Mal auf Zypern, und die Schönheit der Insel nahm mich gleich gefangen. Wir fuhren mit hoher Geschwindigkeit eine von Zypressen gesäumte Landstraße entlang, über sanfte Hügelkuppen, durch scheinbar endlose Weingärten und weiße Dörfer aus gekalktem Stein, dahinter das Meer, immerzu das Meer.

Nach einer Viertelstunde erreichten wir eine mit Zelten übersäte Ebene. An einer Stelle hatte sich eine große Menge versammelt. Ich sah, daß jemand auf einer Tribüne stand und mit den Händen gestikulierte, und durch die Lautsprecher hörte ich eine Rede dröhnen, von der ich kein Wort verstand. Die Leute, die mich hingebracht hatten (ich kannte ihre Namen nicht), drängten durch die Menge, ich hinterher; im Gedränge war es stickig, es roch nach Bauern, Milch, Wolle und noch etwas anderem; schweigende, ernste, steinerne Gesichter glitten an mir vorbei. Der Grieche, der mich an der Hand durch die Menge zerrte, sagte, diese Leute seien alle Flüchtlinge aus dem Norden, arme Teufel — so sagte er und bahnte sich mit den Ellbogen den Weg — ohne ein Dach über dem Kopf, ohne Habe. Doch die Umstände waren nicht danach, daß wir uns länger unterhielten, und ehe ich mich noch zurechtgefunden hatte, wurde ich auf die Tribüne bugsiert, wo mir ein junger Mensch ein Mikrophon reichte.

»Sprich«, sagte ein anderer, »ich werde übersetzen.«

Ich war sicher, daß es sich um einen Irrtum handeln mußte, daß sie mich für jemand anderen hielten, für eine wichtige Persönlichkeit, einen Minister, eine internationale Figur, die den auf dem Platz versammelten Menschen mitteilt, welches Schicksal sie erwartet und wer ihr Los lindern kann.

Die Sonne brannte, und ich war schweißüberströmt.

Ich wollte von der Tribüne heruntersteigen, die Organisatoren suchen und das Mißverständnis aufklären. Ich werde nicht sprechen, von einer Tribüne aus zu sprechen ist für mich die schlimmste Qual. Ich kenne Zypern nicht, ich bin erst seit einer halben Stunde im Land. Ich weiß nichts von den Menschen vor mir, ich habe ihnen nichts zu sagen, zumindest nichts, ohne das sie nicht leben könnten. Ob ich zu ihnen rede oder nicht, das ändert an ihrem Schicksal nicht das geringste, kann ihre Lage weder verbessern noch verschlimmern. Machen wir Schluß mit diesen Versammlungen, diesem Geschwätz, lassen wir diese Haarspaltereien!

Doch es ließ sich keiner der Organisatoren blicken, keiner, der meine Erklärungen angehört hätte. Die

Tribüne konnte ich nicht verlassen, weil auf allen Seiten Schwärme von Kindern klebten wie Fliegen am Honig. Die Menge wartete auf die Rede, rundum war es still. In dieser Stille stand ich vor diesen Tausenden von Menschen, einfältig, verloren, in einer Falle gefangen. Ich wischte mir mit dem Taschentuch über das Gesicht, um Zeit zu gewinnen und meine Gedanken zu sammeln. Der Mann, der mir das Mikrophon hinhielt, und der andere, der übersetzen wollte, sie wurden langsam ungeduldig. Die Kinder starrten mich erwartungsvoll an.

Schließlich faßte ich mich so weit, daß ich meine Umgebung näher ins Auge fassen konnte. Die Männer standen der Tribüne am nächsten. Kräftige, massige Bauern mit kantigen Schädeln und schwarzem, kurzgeschorenem Haar. Untätig, arbeitslos. Der Krieg hatte sie von ihrer Arbeit weggerissen, hatte ihnen Felder und Gärten weggenommen. Was war dieser Mann noch gestern gewesen? Im Frühjahr Sämann, im Herbst Schnitter, das ganze Jahr über Herr über die Felder. Und heute? Ein Vertriebener, der sich mit seiner Schüssel um einen Teller Suppe anstellen mußte. Welche Vergeudung menschlicher Energie, dachte ich, welche Erniedrigung seiner Würde. Untätige Menschen in den Vorstädten von Lima und Bogotá, untätige Bauern in Indien und Thailand, untätige Jugendliche in Nigeria und Kenia. Eine Milliarde arbeitsfähiger Menschen, die das ganze Leben lang nichts oder fast nichts arbeiten. Sie werden von keinem gebraucht, keiner will sie haben auf dieser Welt, auf der es so viel zu tun gibt. Wenn man ihnen eine ehrliche Beschäftigung gäbe, würde die ganze Menschheit einen Sprung vorwärts tun. Es käme zu einer Verdoppelung der Reichtümer der Welt. Selbst in den ärmsten Ländern würden sich die Waren himmelhoch stapeln. Die Speicher würden vor Getreide bersten. Noch in den fernsten Wüsten würde Wasser sprudeln.

Und hier, auf Zypern (wollte ich ihnen sagen), könntet ihr hier nicht Wunder vollbringen und eure Insel, die von der Natur zu einem Paradies gemacht wurde, in ein Paradies des Wohlstands und der Sattheit verwandeln? Doch der Krieg hat alles zerstört. Der Krieg hat die Bäume in euren Obstgärten abgeholzt und eure Felder verwüstet. Der Krieg hat die Dächer eurer Häuser eingerissen und eure Schafherden ruiniert. Und so hat das Schicksal euch dazu verurteilt, daß ihr untätig euer Unglück betrachtet.

In einiger Entfernung, hinter der dichten Masse der Bauern, standen die Frauen. Alle schwarz gekleidet dazu noch in schwarzen Kopftüchern, alle alt. Offenbar gebietet die Sitte hierzulande, daß die Frauen von einem gewissen Alter an Schwarz tragen. Sie sahen aus wie in dem Film von Cacoyannis über Zorbas den Griechen. In diesem Film steinigen die schwarzgekleideten Alten die schöne Witwe, die in ihren Augen ein liederliches Weibsstück ist, zu Tode und warten dann, bis Bubulina den letzten Atemzug tut, um ihre schäbigen Schätze an sich zu reißen. Cacoyannis wußte, welche Dämonen in einer Schar habgieriger Trauerweiber hausen. Doch nun steht diese Schar, die auf der Leinwand rabiat, geifernd und raffgierig war, stumm, elend und in Kummer versunken vor mir.

Mitten in dieser Menge, die die sonnenbeschienene Ebene füllt, steht Zorbas — ein hagerer, sehniger Bauer mit hocherhobenem Kopf. Er allein in der Menge lächelt. Er hält die Santuri unter dem Arm und wartet auf das Ende der Versammlung, um eine der schönen Melodien von Theodorakis zu spielen, die die ganze Welt singt. Zorbas — das ist das unzerstörbare Leben. Ich hätte ihn gern neben mir auf der Tribüne, möchte, daß er das Wort ergreift. Er sollte den Menschen sagen, wie man eine Niederlage einsteckt, wie man sich als Verlierer benimmt.

Am Rande der Ebene — Zelte über Zelte: das Flüchtlingslager. Die schrecklichsten Lager habe ich in Kalkutta gesehen. Sie wurden von Schatten bewohnt, von Flüchtlingen aus Ostpakistan. Ich sage Schatten, weil dieses Gewühl von Skeletten, die sich noch bewegen, nichts mehr mit der menschlichen Welt zu tun hat. Traurig sind die Lager der Palästinenser in Jordanien. Schwer zu beschreiben die Lager der hungernden Nomaden in Afrika. Sie haben Weiden und Herden verloren — die Grundlage ihrer Existenz. Verlassen und verwirrt warten sie, bis der Tod ihr nutzloses Leben abschneidet. Elende Massen bekommt man in den Lagern zu sehen, die vor vielen lateinamerikanischen Städten liegen. Die Menschen, die dort vor sich hin vegetieren, sind ebenfalls Flüchtlinge — sie sind aus ihren Dörfern vor dem Hunger, vor der tierischen Plackerei geflohen. Heute irren viele Menschen durch die Welt in der Hoffnung, daß sie es irgendwo besser haben, daß sie ihre Haut retten und ein Plätzchen unter der Sonne finden könnten.

»Liebe Freunde«, sagte ich, »ich habe in meinem Leben viel Unglück gesehen, und hier sehe ich noch ein weiteres Unglück. Die Welt, in der wir leben, ist nicht allen gewogen. Wir können eines beobachten: Wenn es einem irgendwo gutgeht, dann geht es sogleich einem anderen anderswo schlecht. Das Problem liegt darin, daß die Menschheit nicht imstande ist, diesen Widerspruch zu überwinden. Es hat keinen Sinn, sich über dieses Thema weiter auszulassen, es genügt, festzustellen, daß dunkle Wolken über den Himmel ziehen und keiner weiß, wo und wann aus diesen Wolken eine Sintflut niederrauscht. Diesmal seid ihr das Opfer der Sintflut. Die Sintflut in Zypern kam in Form einer bewaffneten Invasion, einer fremden Armee, die eure Dörfer besetzte. Ich verstehe eure Verzweiflung, denn ich komme aus einem Land, das zahlreiche Invasionen erlebt hat. Über die Straßen meines Landes sind Millionen Flüchtlinge gezogen, in jedem der großen Kriege hat mein Volk alles verloren. Ich wurde selber vertrieben und weiß, was es bedeutet, nichts zu besitzen, ins Ungewisse zu ziehen und zu warten, bis die Geschichte ein wärmendes Wort für uns findet. Ich weiß, daß euch momentan vor allem eine Frage bewegt: Wann bekommen wir unsere Häuser wieder, wann kehren wir zurück auf unseren Grund und Boden? Ich will euch ehrlich antworten — ich weiß es nicht. Eure Schicksale sind in ein großes politisches Spiel verstrickt, und wie dieses Spiel enden wird, das kann ich nicht sagen. Und daher stehe ich unnütz auf dieser Tribüne. Ich bin nicht gekommen, um euch etwas zu versprechen. Ich bin gekommen, um euch kennenzulernen, und würde mich freuen, wenn ihr mir erzählt, was geschehen ist. Ich schlage vor, diese Versammlung zu beenden. Vielleicht lädt mich jemand in sein Zelt ein. Danke!«

Ein Raunen ging durch die Menge, denn im Programm waren noch zahlreiche Redner vorgesehen. Ein Funktionär forderte die Versammelten auf zu bleiben und kündigte an, daß die Versammlung fortgesetzt werde. Ich ging zu den alten Frauen hin, die ganz in Schwarz gekleidet waren. Eine führte mich in ihr Zelt, einige andere folgten uns. Sie boten mir einen Stuhl an, blieben aber selber stehen. Ich fragte den Übersetzer, weshalb sie standen. »Sie setzen sich, wenn ein Mann sie dazu auffordert.« Sie brachten mir Kaffee und Wasser. Sie waren griechische Bäuerinnen aus den nördlichen Provinzen Zyperns. Abgearbeitete, durch Wirtschaft und Gebären ausgelaugte Frauen. Taktlos fragte ich sie nach ihrem Alter. Sie waren über vierzig, über fünfzig, sahen jedoch wie Greisinnen aus. Die Menschen auf Zypern sind langlebig, doch die Hälfte ihres Lebens bringen sie als Greise zu. Die Jugend, die die Menschen der europäischen Zivilisation möglichst unbegrenzt bewahren wollen, scheint es hier gar nicht zu geben. Zuerst sehen wir ein kleines Mädchen, das in die Schule eilt, dann haben wir unversehens eine gesetzte Mama vor uns, umringt von einer Schar Kinder, die uns mit dem Finger im Mund aus großen, schönen Augen anstarren, und gleich darauf die in Schwarz gekleidete Alte.

Ich fragte die Frauen nach ihrem Kummer. Sie verstummten und hüllten ihre Gesichter in die schwarzen Tücher.

Dann erzählten sie von ihrem Unglück.

Sie berichteten, daß die türkische Armee ganz plötzlich gekommen sei, die fremden Soldaten seien wie aus der Erde gewachsen. Flugzeuge warfen Bomben und Napalm, Panzer dröhnten über die Wege, Soldaten kamen gerannt und feuerten in alle Richtungen. In ihren Dörfern entstand große Panik, die Menschen versteckten sich in den Bergen und Wäldern, wo sie gerade Schlupfwinkel fanden. Da die türkischen Soldaten aus dem Norden kamen, flohen die Griechen nach Süden. Sie ließen alles zurück, jeder dachte nur daran, seine Haut zu retten. Unterwegs trafen sie zypriotische Türken, die aus dem Süden kamen. Die beiden Menschenströme flossen wortlos aneinander vorbei, beide von Angst und der Ungewißheit, was morgen sein würde, getrieben. Um sie her standen Häuser und Weingärten in Flammen, und sie irrten durch die Gegend, keiner wußte, wohin, wo die Seinen waren, welcher Weg zu ihnen führte.

Eine der Frauen hieß Maria Salatas. Ihren Mann hatten die Soldaten getötet, weil sie ihm entlocken wollten, wo er seine beiden Töchter versteckt hatte. Die Soldaten schändeten die Mädchen, wenn sie ihnen in die Hände fielen, das wußte ihr Mann. Örtliche Polizisten, zypriotische Türken, hatten den Töchtern geholfen, sich in den Feldern zu verstecken. Diese zypriotischen Türken nannte die Frau *dzikimas,* das hießt auf griechisch *Unsrige*. Dann wurde Maria drei Monate lang in einem türkischen Lager festgehalten. Dort gab es weder Wasser noch Essen. Dorfnachbarn, zypriotische Türken, brachten den Griechen heimlich

Essen. »Das Dorf heißt Kaputi, und die Töchter leben, sie sitzen hier neben Ihnen.«

Maria und die Frauen, die mit uns im Zelt sitzen, meinen, daß es vor der Invasion allen gutging. Natürlich gab es in den Dörfern Haß, doch daran waren Griechen und Türken gewöhnt. Sie hatten sich damit abgefunden. Der Haß war ein Teil ihres Lebens, war die innere Angelegenheit der Gruppe. In den Dörfern gab es ein Gleichgewicht des Hasses, die Menschen wußten, wann sie einander aus dem Weg gehen mußten, um eine Katastrophe zu vermeiden. Es kam nie vor, daß der griechische Teil des Dorfes den türkischen mit Stumpf und Stiel ausrottete oder umgekehrt. Manchmal fuhren die Bauern einander an die Gurgel, dann gab es Tote und Verletzte. Doch so ist es überall auf der Welt. Wer das Leben der Bauern kennt, der weiß, wie ereignishungrig die Dörfler sind, selbst wenn sie für die Geschehnisse mit dem eigenen Blut bezahlen müssen. Doch ist das Grund genug, daß die türkischen Soldaten mit ihren Panzern einfallen und die Griechen vertreiben? Die Bauern wollen, daß das Militär abzieht und daß alles wieder wird wie vorher. Sie haben jetzt schon die Hälfte ihres Besitzes verloren. Keiner hat die Orangen geerntet, die Weintrauben sind an den Stöcken verfault, die Rinder wurden gewiß geschlachtet, ihr Fleisch wurde gegessen.

Sie fragten mich, ob ich über das Schicksal der Verschwundenen Bescheid wüßte.

Ich wußte nichts.

Das war schade, denn das fragten die Frauen alle. Im Verlauf der Invasion sind ein paar tausend junge

Griechen verschwunden. Ob sie leben, wo sie sind — darauf gibt es keine Antwort. Es gibt keine Beweise, daß sie umgekommen sind, doch ebensowenig gibt es Spuren, daß sie noch leben. Die türkische Seite behauptet, nichts von ihnen zu wissen, doch auf der griechischen Seite sind diese Jungen nicht zu finden. Wo sind sie also geblieben? Zypern ist eine kleine Insel, auf der man zehn Leute verstecken kann, vielleicht auch hundert, aber nicht ein paar tausend. Sie wollten gar nicht daran denken, daß diese Burschen vielleicht schon unter der Erde lagen. Es hat ja keiner ihre Gräber gesehen. Manche sagen, sie seien aufs Meer hinausgebracht und ertränkt worden, doch das übersteigt jede Vorstellungskraft.

Sie zeigten mir noch ihre Zelte. Sie entschuldigten sich für die Armut. Wenn alles so wie früher wäre, könnte ich ihre Häuser besuchen. In ihren Häusern hatten sie alles gehabt — elektrisches Licht, Wasser und Möbel. Es gab immer einen Garten und stets Obst. Von diesen Häusern und ihren Dörfern sprechen sie wie von einem verlorenen Paradies. Ihr Leben ist geknickt worden, und sie wissen nicht, wen sie anrufen sollen. Sie fragen die Männer, doch diese schweigen und zucken die Achseln. Die Männer können in die Welt hinausfahren und wohnen, wo es ihnen gefällt, doch eine Frau kann nicht außerhalb ihres Hauses leben, das ist ganz und gar unvorstellbar.

Abend, Nacht und Morgen in Nikosia. Nikosia: eine bezaubernde Stadt, sonnig, hell, pastellfarben. Zahlreiche neu gebaute, architektonisch ansprechende Viertel, allein die Gebäude zu betrachten bereitet

Vergnügen. In den Läden Waren aus aller Welt, denn Zypern hat selber kaum Industrie und muß alles importieren. Hier und da Spuren der Invasion — von Kugeln durchlöcherte Mauern, leere Fensterrahmen, ausgebrannte Autos. Doch große Schäden hat die Stadt nicht erlitten. In den Tagen der Invasion gingen die Menschen zur Arbeit, die Läden waren geöffnet.

»Während des ganzen Krieges«, erzählte mir eine Polin über die Invasion im Juli-August 1974, »habe ich hier nur eine einzige Schlange gesehen: vor einem Pornokino.«

Vom Morgen an sitzen die Griechen auf ihren Sesseln vor den Kaffeehäusern, oft den ganzen Tag lang. Bis zum Mittag sitzen sie in der Sonne, zur Mittagszeit ziehen sie sich mit ihren Sesseln in den Schatten zurück, nachmittags suchen sie wieder die Sonne. Ausschließlich Männer, keine Frauen. Sie sitzen schweigend und reglos da, oft mit dem Rücken zueinander, doch es gibt eine unsichtbare Gemeinschaft zwischen ihnen, denn wenn sich zwei zanken, beginnen gleich auch alle anderen zu streiten.

In der Abenddämmerung kommen die schönen Mädchen zum Korso heraus. Ein Mädchen darf nicht allein spazierengehen, es wird von der Mutter oder Großmutter begleitet. Es darf sich nicht umschauen, das wäre nicht recht und könnte den Eindruck erwecken, als hielte es Ausschau nach Burschen. Aus den Blicken der Mama oder der Oma leuchten Stolz und Wachsamkeit zugleich. Von den Terrassen der Kaffeehäuser aus beobachten UNO-Soldaten, rotgebrannte Blondschöpfe, Schweden, Dänen und Finnen, die Mädchen. Ein UNO-Soldat ist eine gute Partie, jedoch nur, wenn er ernste Absichten hat. Doch keiner der Blondschöpfe erhebt sich vom Tischchen. Sie bleiben sitzen und trinken, gelangweilt, in offenen Hemden, ihr Bier. Ihre hellen, leblosen Augen folgen einem Mädchen, bis es hinter einer Ecke verschwindet.

Am Abend wird die Stadt leer, stirbt sie aus. Es wird kühl. Kein Mensch auf den Straßen, leere Gehsteige, verlassene Fahrbahnen, geschlossene Tore. An der Grenze zwischen dem griechischen und dem türkischen Sektor — Dunkelheit, Stille. Ein Scheinwerfer beleuchtet den Stacheldrahtverhau, ein zweiter beleuchtet die türkische Flagge, ein dritter die griechische Flagge. Unter der türkischen Flagge — ein Soldat. Unter der griechischen Flagge — ein Soldat. Sie schweigen, gekrümmt vor Kälte, Karabiner in den erstarrten Händen.

Am Morgen waren wir auf der türkischen Seite. In Nikosia gibt es einen Übergang zwischen dem griechischen und dem türkischen Stadtteil. Die Straße wird an einer Stelle von Sandsäcken geteilt, die Häuser in der Umgebung sind leer, ihre Scheiben eingeschlagen. Das türkische Viertel ist ärmlich, es gibt viele Lehmhütten, die Straßen sind weniger belebt. Das alles dient den Türken als Argument: Die Griechen haben uns Unrecht getan, sie haben uns an den Rand gedrängt.

Der Grieche ist ein gerissener Kaufmann mit scharfem, flinkem Verstand.

Der Türke braucht Zeit zum Überlegen, ist verschlossen, langsam, mit asiatischer Geduld ausgestattet.

Der Grieche übervorteilt den Türken beim Handel.

Der Türke schlägt den Griechen an der Front.

Von Nikosia fuhren wir nach Norden, durch Gebiete, die von türkischen Truppen besetzt waren. Eine märchenhaft schöne Landschaft. Zuerst führt die Straße bergauf, durch Felsen, durch Wald, dann taucht hinter einer Kehre plötzlich saphirblau das Meer auf. Tief unten ein Wunder mediterraner Architektur — der alte Hafen Kyrenia, weiße Häuser, rote Dächer, das grelle Grün der Orangenplantagen, keine Zwischentöne, die Farben hart, fast schockierend aufeinanderprallend.

Die Gassen in Kyrenia sind leer, viele Häuser zerstört, die Türen eingeschlagen. An jeder Ecke steht ein Gendarm, so gerade wie ein Bolzen. Weißer Helm, weiße Handschuhe, weiße Gamaschen. Er regelt einen Verkehr, den es nicht gibt. Im Hafen herrscht Stille, die Hotels sind geschlossen, teure Jachten modern und fassen Wasser. In einem kleinen Laden gibt es Postkarten zu kaufen, auf denen Zypern als Teil der Türkei gezeigt wird.

Überall ist Militär unterwegs. Eine riesige Armee beim Manöver. Panzer rollen durch die Gegend, Panzerabwehrgeschütze werden in Stellung gebracht, Jagdflugzeuge donnern über die Kasernen. Züge im Marschtritt, Kompanien im Laufschritt, Bataillone bei der Attacke. Hier gräbt sich ein Regiment im freien Feld ein, dort erobert eine Division steile Felsen.

Eine gefährliche Armee, im Zustand der ständigen Bereitschaft. Auf der griechischen Seite ist davon nichts zu sehen, man bekommt überhaupt kaum griechische Soldaten zu Gesicht.

Nikosia, nachts, 0.10 Uhr.

Auf der griechischen Seite peitscht ein Schuß.

Eine Sekunde lang herrscht Stille.

Dann fallen auf türkischer Seite drei Schüsse.

Dann feuert die griechische Seite zehn Schüsse ab.

Dann die Türken hundert.

Dann die Griechen fünfhundert.

Dann die Türken tausend.

Dann feuern die Griechen aus schweren MGs.

Dann die Türken aus schweren MGs und Mörsern.

Dann die Griechen mit Geschützen.

Dann die Türken mit schwereren Kalibern.

Daher die Griechen mit 125ern.

Und die Türken gleich mit 164ern.

Dann die Griechen mit Brandgranaten.

Darauf die Türken mit Sprenggranaten.

Die einen schießen Sperrfeuer, daraufhin lassen sich die anderen nicht lumpen, gleichzeitig, wie auf Kommando, plötzlich und ohne Ursache, ohne ersichtlichen Grund, ohne Sinn, ohne Logik, krümmt sich dem verschlafenen Wachhabenden der Finger am Abzug, oder vielleicht ist es ein Verrückter, ein Provokateur, oder einer schießt auch nur so, zum Zeitvertreib, es reicht jedenfalls, dieser eine Schuß um 0.10 Uhr hat genügt, um innerhalb einer Minute ganz Nikosia in die Hölle eines wahnwitzigen Schußwechsels zu tauchen, in einen explosiven Ausbruch der Gewalt, der wie ein apokalyptischer Feuerregen auf die schlafende Stadt herabstürzt.

Ich sprang in meinem Zimmer im sechsten Stock des *Nicosia Palace Hotel* aus dem Bett und schaute aus dem Fenster. Zwei Wellen Leuchtspurmunition kreuzten sich über den Dächern der Stadt. Die Mauern der Häuser bebten, die Fenster klirrten. Menschen rannten über Treppen, hetzten durch Straßen, suchten in Hauseingängen Zuflucht. Keiner wußte, was passiert war, worum es ging.

Es ging um nichts.

Es ging um diesen einen Schuß.

In den Quartieren der UNO sind alle auf den Beinen. In den Kasernen der UNO gibt es Alarm. Die Verbindungsoffiziere der UNO vereinbaren mit der griechischen und der türkischen Seite, das Feuer um 0.45 Uhr einzustellen. Um 0.45 Uhr ebbt der Feuerwechsel ab. Doch der Befehl erreicht nicht alle Stellungen, irgendein Türke schießt immer noch, daher nehmen auch die Griechen wieder das Feuer auf, dann feuern die Türken aus allen Rohren, der Lärm ist so infernalisch, daß man nichts mehr hört, die entsetzliche Knallerei dauert nun schon zwei Stunden, die Menschen verkriechen sich in den Kellern, pressen sich gegen Fußböden, in Schutzräume, unter Autos, diejenigen, die in der Nähe der Frontlinie wohnen, fliehen ans andere Ende der Stadt, während die UNO mit Türken und Griechen vereinbart, das Feuer um 2.05 Uhr einzustellen, und wieder wird das Schießen leiser, doch diesmal ist es ein Grieche, der den Befehl nicht gehört hat, er feuert weiter aus seinem schweren MG, für einen Moment ist nur seine einsame Schußserie zu hören, die durch die Luft hämmert, doch das genügt den Türken als Signal, weiterzufeuern, sie eröffnen von neuem unverdrossen das Feuer, böllern zu den Griechen hinüber, die zurückschießen, was das Zeug hält, ein Gewitter aus Pulver und Stahl, und ein drittes Mal setzen die UN-Truppen für 2.45 Uhr die Feuereinstellung fest, und diesmal hat der Befehl wirklich alle erreicht, das Feuer schwillt ab, das Schießen verstummt, Stille senkt sich über die Stadt.

Am Morgen nach dieser Nacht sitzen die Griechen reglos, wortlos, als wäre nichts weiter geschehen, vor den Kaffeehäusern. Zu Mittag ziehen sie sich in den Schatten zurück. In der Dämmerung kommen die schönen Mädchen, begleitet von Müttern und Großmüttern, zum Korso heraus. Die UNO-Blondschöpfe schauen ihnen nach, bleiben jedoch sitzen und trinken weiter ihr Bier. Am Abend leert sich die Stadt, auf den Straßen ist kein Mensch zu sehen. An der Sektorengrenze zwei Soldaten: ein griechischer und ein türkischer. Sie schweigen, vor Kälte gekrümmt, und umklammern mit steifen Händen ihre Waffen.

1974

Ogaden, Herbst 76

In der Nacht wurde ich von einem Skorpion gestochen. Ich kroch bei drückender, erstickender Dunkelheit ins Zelt und legte mich auf die Pritsche. Weder Laterne noch Zündhölzer. Im übrigen hatte der Kommandant befohlen, möglichst wenig Licht zu machen, um nicht die Position unseres Lagers zu verraten. Sie liegen vielleicht nur ein paar Schritt entfernt ums Lager auf der Lauer und warten, den Finger am Abzug.

Mit einem Mal bewegte sich etwas auf dem Laken, gleich neben meinem Kopf. Ich dachte, es sei eine Eidechse. Eine Kobra konnte es nicht sein, dafür war die Bewegung zu leicht, zu schwach. Wieder regte es sich neben mir, ein Rascheln, dann neuerlich Stille. Alles ruhig. So verharrte es reglos, schweigend, unsichtbar, doch ich spürte, daß es ganz nahe verharrte, immer näher. Plötzlich ein betäubender Schlag gegen die Stirn, als schlüge mir jemand mit einem Hammer über den Schädel. Rasender Schmerz. Ich sprang auf und rief: »Ein Skorpion! Ein Skorpion!«

Gleich kam Marcos gelaufen, gefolgt von Soldaten. Einer leuchtete mit der Laterne. Auf dem Laken lag eine flache, graue, giftige Abscheulichkeit. Die Soldaten hoben vorsichtig das Laken weg, legten es auf den Boden und zerstampften den Skorpion. Andere schauten zu, als beobachteten sie einen rituellen Tanz, mit dem ein böser Geist ausgetrieben werden soll.

Mein Gesicht begann sofort anzuschwellen. Der Soldat leuchtete mir ins Gesicht, und alle betrachteten aufmerksam, wie der Kopf unförmig anschwoll, aufging wie ein Hefeteig, wie die Augen immer kleiner wurden und schließlich gänzlich verschwanden und im Fleisch untertauchten, so daß ich nichts mehr sehen konnte. Sie starrten mich an wie ein Fabelwesen, wie ein vor Schmerz wimmerndes Monster, das sich selber fremd geworden war.

Doch was konnte man tun? Skorpione stechen die Menschen, genau wie Moskitos. Wer eine größere Portion Gift abbekommt, geht zugrunde. Bis zum nächsten Krankenhaus waren es zwei Tagesreisen. Leg dich hin, sagte Marcos. Ich blieb allein im Zelt zurück. Ich saß auf der Pritsche und hatte Angst, mich zu bewegen, um nicht die Skorpione aufzuschrecken, sie nicht auf mich aufmerksam zu machen. Sie krochen im Finsteren über den Boden und die Zeltwände hoch, ihre stachelbewehrten Hinterleiber nachschleppend. Seit jener Nacht konnte ich während meines gesamten Aufenthaltes im Ogaden den Gedanken an sie nicht mehr loswerden. Sie wuchsen aus dem Sand, kamen unter Steinen hervorgekrochen, lauerten auf den Fußpfaden. Ich wollte aus dieser Gegend weg, doch wir waren in der Wüste gefangen und mußten warten, bis sich eine Gelegenheit zur Flucht bot.

Ich flog mit Marcos in einer kleinen Maschine nach Gode. Beim Aussteigen kamen wir uns wie Brote vor, die in den heißen Ofen geschoben wurden. Wir flüchteten sofort in den Schatten unter den Tragflächen. Die Polizei kam, und eine Leibesvisitation begann, Abtasten, Durchsuchen nach Waffen, Kontrolle der Passierscheine. Ich hatte keinen Passierschein. Meine Situation war zweideutig. Ich war von Addis Abeba im letzten Moment abgeflogen, ohne zu wissen, ob es gelingen würde, in den Ogaden zu gelangen, eine Provinz, die für Fremde gesperrt war. »Fahr ruhig«, sagte Y. vom Informationsministerium, »ich sende übers Radio Nachricht, daß sie dich hineinlassen sollen.« Im Flugzeug lernte ich einen jungen Burschen namens Marcos kennen. Er transportierte Gift gegen irgendwelche Würmer, die den Mais auffressen. Ich dachte, daß ich mich an Marcos halten müsse, daß er mich durch alle Kontrollen bringen könne. Um mir seine Gewogenheit zu erkaufen, half ich ihm, die Kisten mit dem Gift zu schleppen. Ich benahm mich überhaupt so, als wäre ich ihm dienstlich zugeteilt worden. Ich wich ihm nicht von der Seite, denn ich besaß keine äthiopischen Papiere und kannte niemanden im Ogaden. Wie sollte ich mich ohne Wagen in dieser Hölle fortbewegen, wo es schon eine Mühsal bedeutet, hundert Meter zu gehen, wo sollte ich schlafen, da es dort kein Hotel gab? Doch die größte Angst hatte ich davor, den Argwohn der Polizisten und der Soldaten zu wecken. Ein weißer Mann, im Frontgebiet, am Ende der Welt, was will der hier?

»Zeig deine Papiere.«

»Ich habe keine Papiere.«

»Dann fahren wir zur Kaserne, zum Verhör.«

Das Flugzeug flog ab, und wir blieben allein in der Sonne zurück, mit den Giftkisten. Wir bedeckten die Köpfe mit Zeitungen, um die Gluthitze zu lindern und nicht zusammenzubrechen, so heiß war es. Es war Mittag, und um uns herum brannte die Wüste des Ogaden. Nirgends war eine Spur von Leben zu sehen. Wir hatten ein ganz einfaches Bild vor uns, reduziert auf zwei Ebenen: unten — ein Streifen Erde, darüber, unendlich weit — der Himmel. Und dazwischen zwei Tropfen Schweiß — Marcos und ich.

Wir warteten lange, bis endlich ein Landrover kam, dem ein kleiner, bärtiger Mann entstieg. »Das ist Getahun«, sagte Marcos, »der Kommandant.« Wir luden die Kisten auf, alles wie in Zeitlupe, denn jede Bewegung war qualvoll. Ich fuhr in eine unbekannte Richtung, wie in einem über das Meer irrenden Boot. Die beiden unterhielten sich auf Amharisch, ich verstand kein Wort. Wir holperten langsam durch die Sandwehen, der Wagen wurde hin und her geschleudert.

»Und wer bist du?« fragte Getahun.

Ich sagte es ihm.

»Hast du Papiere?«

»Nein, doch sie werden euch übers Radio informieren.«

Er verstummte, dann unterhielt er sich weiter mit Marcos.

Wir befanden uns in der Dürrezone. Dort, wo die äthiopische Regierung ein Lager für die Hungernden und die Durstenden errichtet hatte, für alle diejenigen, die vor dem Tod gerettet werden konnten. Ein paar

Menschen, wie Getahun und Marcos, führten hier ihren Krieg um das Leben der todgeweihten Nomaden.

Jeden Morgen ging Getahun ins Lager, um die Leute zu überreden, in die Wüste hinauszugehen. »Wir graben einen Kanal«, sagte er, »der bringt Wasser, dann wächst Mais.« Sie wußten nicht, wie ein Kanal ausschaut, wie Mais wächst. Durch die Menge ging ein Raunen, Getahun fragte den Übersetzer, was sie wollten. »Sie wollen keinen Mais. Ihre Nahrung besteht aus Milch und Fleisch. Sie wollen Kamele.« »Ihr wißt doch«, sagte Getahun, »daß eure Kamele umgekommen sind.« — »Ja, das ist wahr, das ist alles nach dem Willen Allahs geschehen.« Die Menge schmolz dahin, die Leute verschwanden in den Hütten, verkrochen sich in den Büschen, suchten im Schatten Zuflucht. Getahun gab nicht auf. Jeden Tag begann er von neuem. Sie besaßen unerschöpfliche Geduld, er — im Erklären, sie — im Zuhören. Es vergingen Wochen, und es geschah nichts. Sie erhielten als tägliche Ration ein halbes Kilo Mais. Einen Teil aßen sie, weil sie nichts anderes hatten, und einen Teil legten sie zur Seite und verkauften ihn heimlich am Schwarzmarkt: sie sparten auf Kamele. Wer sich ein Kamel erspart hatte oder auch nur ein paar Ziegen, verschwand in der Wüste. Oft ging er in den sicheren Tod durch Verdursten, doch die Natur war stärker als der Selbsterhaltungstrieb. Leben bedeutet für diese Menschen Bewegung, das Zurücklegen von Entfernungen. Wenn sie an einem Ort blieben, vertrockneten und starben sie.

Gegen Ende des 19. Jahrhunderts eroberte der äthiopische Kaiser Menelik die Regionen südlich und östlich von den Stammgebieten Äthiopiens. Auch die Provinz Ogaden, die von den Äthiopiern heute Provinz Harar genannt wird und von den Somalis West-Somalia, war Beute dieses Eroberungsfeldzugs. Da im Ogaden somalische Nomaden wohnen, erhebt Somalia Anspruch auf das Gebiet.

Die Grenze zwischen Äthiopien und Somalia existiert nur auf der Landkarte, in Wirklichkeit kann man sie nach Belieben überqueren, solange man nicht einem Posten einer der beiden Armeen begegnet, doch solche Posten gibt es nur wenige, und es liegen viele Kilometer dazwischen. Keines der Länder verfügt über die nötigen Mittel oder über eine Armee, die zahlreich genug wäre, die Grenze streng zu bewachen. Man kann hundert, zweihundert Kilometer nach Äthiopien eindringen, ohne daß das jemand bemerkt. Auf somalischer Seite ist es ähnlich. Es gibt nur wenig feste Punkte in diesem Terrain: ein paar kleine und arme Siedlungen, die aus Lehmhütten bestehen, ohne elektrischen Strom und Kanalisation. Wer eine solche Siedlung in der Hand hat, kontrolliert das ganze umliegende Gebiet.

Der Ogaden ist eine riesige Halbwüste, eine gigantische Pfanne, über der den ganzen Tag die von der Sonne verbrannte Luft brutzelt, und alle menschliche Anstrengung reduziert sich darauf, Schatten und Kühlung zu finden. Wer Schatten gefunden hat, hat das große Los gezogen. Wer einen kühlen Luftzug spürt, empfindet ehrliche Freude. Es übersteigt die menschlichen Kräfte, einen ganzen Tag lang die Sonne zu ertragen. Früher gehörte es zu den raffiniertesten Foltern, einen Weißen nackt auszuziehen und in die Sonne zu legen.

Das Gebiet des ganzen Ogaden (der äthiopische und der somalische Teil zusammengenommen) entspricht ungefähr der Fläche Polens. In diesem Gebiet gibt es nur eine einzige Straße, die jedoch so schlecht ist, daß sie unmöglich mit einem Personenkraftwagen befahren werden kann. Auf dieser Straße kommen nur Geländewagen, Wüstenlastwagen und Panzer durch. Und es gibt auch einen Fluß — Wadi Shebele — voll gefährlicher und gefräßiger Krokodile. Wer die Straße und den Fluß kontrolliert, kann sich Herr über den Ogaden nennen.

Im Morgengrauen kehren die Nachtwachen zurück, und die Tagespatrouillen marschieren in die Wüste. Der Offizier sagt, die Grenze sei nah und Somalia könne jeden Augenblick angreifen. Es ist zweifelhaft, ob die Somalis frontal attackieren, mit der ganzen Armee, denn das Gebiet ist zu unwegsam, als daß man hier einen regulären Krieg führen könnte. Meist schicken sie lose Gruppen von Soldaten aus, die wie Partisanen kämpfen. Wenn nur ein paar Gruppen auftauchen, betrachtet man die Situation als normal. Wenn es viele gibt, dann spricht man von Krieg. Die Front ist hier immer und überall. Ich frage, ob die Partisanen Siedlungen wie Gode oder Kebri Dehar einnehmen könnten. Er sagt, das sei nicht möglich, in den Siedlungen seien starke Militärgarnisonen, Panzer und Artillerie stationiert, und die Partisanenverbände blieben stets klein, weil sie Schwierigkeiten mit dem Transport von Wasser hätten. Sie könnten einzelne Dörfer oder Autos angreifen, die auf der Straße entlangkommen, mehr nicht.

Ich frage ihn, ob er sich an den letzten Krieg erinnern kann. Er sagt ja. Ich kann mich auch erinnern. Das war im Jahre 1964. Ich war damals in Somalia. Ich saß in Hargeisa und versuchte vergeblich, nach Mogadischu zu gelangen. Das einzige ordentliche Gebäude in Hargeisa war der ehemalige Sitz des britischen Gouverneurs. In der Trockenperiode wurde Hargeisa zu einer großen Stadt — sie hatte Wasser, zu dem die Nomaden mit ihren Herden strömten. Im Frühjahr, wenn die Weiden grün wurden, starb die Stadt aus und verwandelte sich in eine kleine Wüstenstation. Das Leben sammelte sich dann um die einzige Tankstelle in der Stadt. Hier konnte man Tee bekommen und Radio hören. Von den Chauffeuren der durchfahrenden Lastwagen, die allerdings nur selten auftauchten, konnte man Nachrichten aus anderen Landesteilen, aber auch aus dem Ausland, aus Dschibuti und Aden, erfahren. Ich ging Tag für Tag in der Hoffnung hin, daß ein Lastwagen durchkäme, der mich nach Mogadischu mitnehmen würde. Eine ganze Woche hindurch blieb die Straße leer, kein Mensch zeigte sich. Bis endlich, in eine Staubwolke gehüllt, eine Kolonne von zwanzig neuen Landrovers ankam. Sie fuhren von Berbera nach Mogadischu. Ich flehte die Chauffeure an, mich mitzunehmen. Wir fuhren fünf Tage lang durch die erbarmungslose Wüste, durch unwegsames, totes Gelände, in dichten Wolken von Staub, der nicht nur hinter den Autos hochwirbelte, sondern auch vorn, so daß die Lenker die Sicht verloren. Sie fuhren nicht hintereinander, sondern in breiter Front nebeneinander durch die glühende, weglose, menschenleere Ebene. Man konnte nur den nächsten Nachbarn links und rechts sehen, die übrigen verschwanden in dichten Staubfahnen.

Fünf Tage lang bekam ich kein Wasser zu sehen. Das einzige Getränk, ja, die einzige Nahrung war herbe, bittere Kamelmilch. Diese Milch erhielten wir von Nomaden, auf die wir stießen. Sie tauchten plötzlich auf, niemand wußte, woher. Sie wanderten mit ihren Herden von Kamelen, Ziegen und Schafen auf der Suche nach Weiden und Brunnen umher.

Das Gebiet, das wir durchquerten, war das Herz des Ogaden, das Grenzgebiet zwischen Somalia und Äthiopien. Da es dort keine richtigen Straßen gibt, sondern nur einsame Felsen und ein paar Akazien, an denen die Fahrer sich orientierten, fragte ich, in welchem Land wir uns befänden. Doch das vermochte keiner mit hundertprozentiger Gewißheit zu sagen. Das heißt, ihrer Meinung nach waren wir in Somalia, weil sie der Ansicht sind, daß ihre Heimat überall dort ist, wo Wüste ist. Dennoch waren sie die ganze Zeit über unruhig und angespannt, weil sie befürchteten, versehentlich auf äthiopisches Gebiet zu geraten und in die Hände des Feindes zu fallen. Von Zeit zu Zeit stießen wir auf die frischen Spuren des immer noch andauernden Krieges: niedergebrannte und zerstörte Siedlungen, von Geierschnäbeln blankgepickte Skelette von Menschen und Tieren, die in der Nähe vergifteter Brunnen lagen. Wessen Siedlungen waren das? Äthiopische oder somalische? Ich konnte es nicht herausfinden. Wegen der vergifteten Brunnen war keine Spur von Leben zu sehen. Die Chauffeure schworen den Äthiopiern Rache, riefen den Propheten als Zeugen an und verfluchten den Kaiser auf das gemeinste. Während der ganzen Fahrt begleitete mich die Angst, in eine äthiopische Falle zu geraten; dann wäre uns ein schreckliches Ende sicher gewesen. Immer wieder kamen wir an verlassenen Siedlungen vorbei, Lehmhütten mit Strohdächern, zerstört, Spuren wütender, sinnloser Kämpfe. Einmal übernachteten wir an einem solchen Ort. In der Nacht kamen Hyänen, die das Aas rochen, und schlichen mit höhnischem, verrücktem Gelächter herum.

Als Marcos mich nun fragt, ob ich zum ersten Mal im Ogaden bin, antworte ich ja, zum ersten Mal. Es wäre ihm nicht angenehm, zu erfahren, daß ich jenen Krieg mit den Augen somalischer Chauffeure gesehen habe. Daß ich mich vor äthiopischen Soldaten fürchtete. Daß ich von einer Eskorte somalischer Soldaten für unseren Konvoi träumte. Und jetzt hat sich alles umgekehrt. Nun habe ich Angst, daß unser Lager von den Somalis angegriffen wird. Ich habe nichts gegen die einen oder die anderen, doch kraft der Situation war ich Partei im Konflikt, einmal auf dieser Seite, dann auf der anderen.

Wir gingen dorthin, wo die somalischen Zelte standen. Getahun befahl, daß der Rat der Alten zusammentrat. Vier von ihnen kamen. Ich fragte sie nach ihrem Alter. Der Älteste war vierunddreißig. Der abweisende, ja, feindliche Boden gestattet kein langes Leben. Sie sagen, daß man das Jahr einteilt in eine Regenzeit, die *gu* genannt wird, und in eine Trockenzeit — *dschilal*. Der Regen ist die Süße des Lebens. Weide bedeckt den Boden, die Brunnen füllen sich mit Wasser. Das ist die Zeit, Hochzeit zu machen, denn im Mann wächst dann die Kraft, und die Frau bekommt Lust auf alles. Doch *gu* endet jäh, und dann kommt *dschilal*. Die Sonne verbrennt das Gras und läßt die Brunnen austrocknen. Dann müssen sie ihre Zelte packen und sich auf die Suche nach Weiden und Wasser machen. Das ist eine Zeit der Gefahren und Kriege, denn die Weiden sind knapp und können nicht alle Herden ernähren. Wenn ein Klan eine Weide in Besitz nehmen will, muß er Krieg führen. Die Menschen sterben, damit die Rinder leben können. Ähnliche Kämpfe werden um die Brunnen ausgefochten, denn es gibt zu wenig Wasser, es reicht nicht für alle.

Um jeden Brunnen herum liegen Berge menschlicher Gebeine.

Auf der Suche nach Wasser und Weiden durchwandern sie die unermeßliche Weite des Ogaden. Sie sind immer unterwegs. Weil das Wandern eine Notwendigkeit darstellt, besitzt der Somali außer seinem Hemd und seiner Flinte nichts. Es gibt ihn und seine Herde. Die Frau des Somali hat außerdem noch das Zelt, einen Teekessel und einen Topf. Sie horten keine toten Gegenstände, weil diese nur eine Last wären. Die Chance zu überleben hängt davon ab, wer als erster die Weide und den Brunnen erreicht. Daher ist ihr Bestreben den Wünschen der Menschen in der industrialisierten Welt genau entgegengesetzt: Diese gehen durchs Leben und sammeln Tausende von Dingen an. Der Somali geht und wirft unterwegs alles weg.

Er schreitet stolz, hager, großgewachsen dahin und summt Koranverse.

Auf seinen Wanderungen erkennt er keine Grenzen an; für ihn ist die Welt nicht in Staaten geteilt, sondern in Orte, wo es Wasser gibt und daher Leben, und Orte, die trocken sind — dort wartet der Tod. Sie sagen, daß es seit einigen Jahren kein *gu* mehr gegeben hat, daß ewiger *dschilal* herrscht. Alles hat sich verändert. Eine Zeitlang zogen sie wie früher dahin, doch sie stießen immer seltener auf Wasser. Die Wüste wurde größer, wurde riesig, wurde grenzenlos. Zuerst kamen die Schafe um, dann die Ziegen. Dann begannen die Kinder zu sterben, nach diesen die Esel. Als nächstes starben die Frauen. Wer unterwegs auf einen Teekessel oder Topf stößt, findet in der Nähe gewiß die Gebeine von Frauen. Als nächstes kamen die Kamele um. Sie — die vier dreißigjährigen Alten — gingen weiter. Das heißt, anfangs war es ein Dutzend Männer, doch die anderen blieben langsam zurück, verdursteten und starben an Erschöpfung. Diese vier hatten auch schon keine Kraft mehr.

Sie lagen in der Sonne und waren nicht imstande, einen Schritt zu tun, einer von ihnen saß auf einem Stein.

Der Sitzende sah in der Ferne einen Landrover, mit dem Leute durch die Wüste fuhren auf der Suche nach sterbenden Somalis. Auf diese Weise gelangten sie ins Lager, wo sie heimlich Mais zurücklegen, um ein Kamel zu kaufen und in ihre Welt zurückzukehren.

Am Abend brachte Marcos die Nachricht, daß der Tankwagen versuchen wolle, sich nach Dire Dawa durchzuschlagen: neunhundert Kilometer, drei Tage Fahrt. Doch das nächste Flugzeug kommt vielleicht erst in zwei Monaten, und es gibt keine andere Chance, von hier wegzukommen. Die Chance ist auch so gering genug, denn die Partisanen verminen die Straßen, und man kann leicht in die Luft fliegen. Wir können auch in eine Falle geraten — dann werden wir entweder entführt oder erschlagen. Die Beratungen dauern die ganze Nacht, denn beim Morgengrauen wird aufgebrochen, und bis dahin müssen wir uns entscheiden. Der Tankwagen muß nach Dire Dawa durchkommen, um von dort Benzin zu bringen, das in Gode immer knapper wird. Benzin für die Motoren, die aus dem Fluß Wasser auf die Maisfelder pumpen. Wenn die Motoren stehen, vertrocknet der Mais, und der Hunger kehrt zurück. Wenn der Tankwagen in die Luft fliegt, wird der Tod die vier Alten, die ihm entkommen sind, hier doch noch erwischen.

Der Offizier fragt, ob wir die Fahrt nicht fürchten. Wir fürchten sie, doch was sollen wir tun? Wenn uns wenigstens ein Lastwagen mit Soldaten begleitete. Doch das Militär sitzt in seinen Stützpunkten und verläßt diese nur, wenn es muß. Andererseits ist es vielleicht besser, ohne Eskorte unterwegs zu sein. Wir sind unschuldige Menschen, wir holen Hilfe, um eure somalischen Brüder zu retten. Ja, aber wenn wir auf eine somalische Mine geraten, ist diese ganze Diskussion gegenstandslos. Am Morgen fahren wir zur nächsten Siedlung, um den Tankwagen zu suchen. Der Fahrer schläft unter dem Fahrzeug, wir wecken ihn auf. Um diese Zeit ist es sogar kühl.

In das Fahrerhaus gedrängt, machen wir uns auf den Weg, mit einer Geschwindigkeit von zehn Stundenkilometern über Geröll und Felsen holpernd. Der Tag bricht an, und die Sonne brennt uns direkt in die Augen.

1976

Fortsetzung der Höchsten Zeit oder des Entwurfs eines zweiten nie geschriebenen Buches, das (usw.)

13. *Dann verschlug es mich wieder auf die andere Halbkugel und später neuerlich nach Afrika. Doch hat es überhaupt einen Sinn, diese Geschichte weiterzuführen? Von der Überquerung des Sambesi zu berichten, vom Besuch bei Marschall Idi Amin? Eine Beschreibung der Welt wäre nur möglich, wenn die Menschen auf einer Erde lebten, die so klein ist wie zu den Zeiten von Marco Polo. Doch heute ist die Welt groß und unermeßlich, und sie wird ständig größer. Tatsächlich geht eher ein Kamel durch ein Nadelöhr, als daß man alles, was die Existenz von uns Milliarden Menschen ausmacht, erkennen, begreifen und verstehen könnte.*

14. Ich lese Moby Dick *von Herman Melville. Der Held des Buches, ein Seemann namens Ishmael, fährt über den Ozean. Gemeinsam mit der Besatzung des Schiffes verfolgt er einen gefährlichen, ungreifbaren Wal, der am Ende aus der Tiefe auftaucht und ihnen einen vernichtenden Schlag versetzt. In einem gewissen Augenblick hört Ishmael, wie der Kapitän, der schreckliche, gnadenlose Ahab, das Kommando erteilt: »Ruder aus! Abfallen — und rund um die Welt!«, und da denkt Ishmael: »Rund um die Welt! Das klingt wohl stolz und mag stolze Gefühle erwecken; doch wohin führen all diese Weltumsegelungen? Nur durch Gefahren sonder Zahl zurück zu dem Ort, von dem wir ausge-*

gangen, dorthin zurück, wo die, die wir in sicherer Geborgenheit daheim gelassen, die ganze Zeit über vor uns waren.«

15. Und dennoch segelt Ishmael weiter.

Ryszard Kapuściński wurde am 4. März 1932 in der ostpolnischen Stadt Pińsk, heute auf dem Gebiet der Sowjetunion, geboren. Im Frühjahr 1945 übersiedelte die Familie nach Warschau. Kapuściński studierte Geschichte an der Universität Warschau und begann im Jahre 1955, nach Absolvierung des Studiums, an der Jugendzeitung »Sztandar Młodych« zu arbeiten, für die er Reportagen über die Aufbauphase Polens schrieb. Noch in den fünfziger Jahren wurde er zum ersten Mal als Korrespondent nach Asien (Indien, Pakistan, Afghanistan) und den Mittleren Osten entsandt. Später verbrachte er lange Jahre als Korrespondent in Afrika und Lateinamerika. Kapuściński ist auch als Photograph tätig.

Bibliographie: Busz po polsku (Busch auf polnische Art) 1962; Czarne gwiazdy (Schwarze Sterne) 1963; Kirgiz schodzi z konia (Der Kirgise steigt vom Pferd) 1968; Gdyby cała Afryka (Wenn ganz Afrika) 1971; Dlaczego zginał Karl von Spreti (Warum Karl von Spreti ums Leben kam) 1970; Chrystus z karabinem na raminieniu (Christus mit dem Karabiner über der Schulter) 1975; Jeszcze dzień życia (Noch ein Tag zu leben) 1976; Wojna futbolowa (Der Fußballkrieg, dt. 1990) 1978; Cesarz (König der Könige, dt. 1984) 1978; Szachinszach (Schah-in-schah, dt. 1986) 1982; Notes (Notizen, Gedichte) 1987; Lapidarium 1990.

Inhaltsverzeichnis

DER FUSSBALLKRIEG. BERICHTE AUS DER DRITTEN WELT von Ryszard Kapuściński ist im November 1990 als einundsiebzigster Band der ANDEREN BIBLIOTHEK im Eichborn Verlag, Frankfurt am Main, erschienen.

Die Originalausgabe erschien 1988 unter dem Titel *Wojna futbolowa* im Verlag Czytelnik in Warschau. Die Übersetzung aus dem Polnischen besorgte Martin Pollack.